Catrin Jones yn unig

Meleri Wyn James

GOMER

Argraffiad Cyntaf—2000
Ail argraffiad—2001

ISBN 1 85902 907 8

ⓗ Meleri Wyn James

Mae Meleri Wyn James wedi datgan ei hawl dan
Ddeddf Hawlfraint, Dyluniadau a Phatentau 1988
i gael ei chydnabod fel awdur y llyfr hwn.

Dymuna'r cyhoeddwyr gydnabod cymorth
Adrannau Cyngor Llyfrau Cymru.

Argraffwyd gan
Wasg Gomer, Llandysul, Ceredigion, Cymru

I fy nheulu i
sydd ddim byd tebyg i deulu Catrin

Diolchiadau

Hoffai'r awdur ddiolch i Gyngor Celfyddydau Cymru am brynu hamdden i ddechrau'r nofel yma ac i Gystadleuaeth Dwy Fil Gomer am y gic pen-ôl i gwblhau'r gwaith!

Diolch hefyd i Gwenllïan Dafydd, Bethan Matthews a Karen Owen am eu llygaid craff, i Lois am fodelu ac i Siôn am y clawr trawiadol.

IONAWR

Blwyddyn Newydd Dda . . .

Llun y 5ed

Diwrnod mwya diflas fy mywyd heddiw. Gwaeth o lawer na dydd Gwener diwetha. Diwrnod yr angladd. O leia ry'ch chi'n gwybod beth i'w ddisgwyl oddi wrth ddiwrnod fel hwnnw. A beth mae pobl eraill yn ei ddisgwyl ohonoch chi. Os nag y'ch chi'n gadael i'r emosiwn lifo, yn edrych fel petai'ch byd ar ben—dyna pryd mae pobl yn meddwl bod 'na rywbeth mawr yn bod. Dyn a ŵyr pa fath o emosiwn oedd yn weddus ar gyfer diwrnod fel heddiw . . .

Ro'n i'n hwyr hefyd. Ac os oes 'na un peth sy'n gwneud Mam yn fwy anniddig na chath mewn dŵr, amhrydlondeb yw hwnnw. Fe gym'rodd hi un cip arna i yn fy jîns a chyfarth fel prifathrawes,

'Dwy funed 'te i Catrin newid a mas o'ma!'

Heb air o 'helô'.

'Bant â ni 'te. Achos wy *wedi* newid!' meddwn i gan styfnigo. Roedd gen i ben fel gordd ar ôl y bilsen gysgu 'na ges i neithiwr.

'Paid â bod yn sili, Cats!' meddai Mam wedyn gan edrych yn syn arna i yn y Levis a'r siwmper o Gap—anrhegion Nadolig oddi wrth yr hyfryd Simon. 'Wrth yr olwg ar ei hwyneb, allech chi feddwl yn iawn 'mod i'n sefyll o'i blaen yn fy mra a fy nicers.

'Beth ambytu'r sgert hir nefi neis 'na a *polo neck*?'

A chyn i mi gael cyfle i ateb,

'Ma' isie smwddo'r sgert 'na siŵr o fod. Cer i ôl y dillad. A' i i dwymo'r harn.'

Fel petaen ni ar ein ffordd i gwrdd diolchgarwch yn hytrach nag yn mynd i glywed y cyfreithiwr yn darllen ewyllys Dad. Fyddech chi'n meddwl bod pethau pwysicach ar ei meddwl hi na beth oedd ei hunig ferch yn bwriadu'i wisgo. Ond 'na Mam i chi. Gwthio materion tyngedfennol fel tlodi yn y Trydydd Byd, gwedwch, neu farwolaeth ei gŵr, hyd yn oed, i gefn ei meddwl a symud yn syth 'mlaen at bethau gwirioneddol bwysig fel 'pryd smwddes di'r sgert 'na ddwetha?' neu 'pam so ti'n gwisgo'r ffrog 'na brynes i ti Nadolig?' Yr un frown a blodau oren â'r ffrilen ar y llewys.

Roedd hi yn ei hôl cyn i mi gael cyfle i gyffro, yn chwifio'r sgert yn fuddugoliaethus fel baner y Ddraig Goch. Ro'n i'n dal i eistedd yn y parlwr yn gwylio cwest Richard a Judy am y pizza têc-awê perffaith. Nid fod y fath beth yn bodoli ym mhentre Pontawel.

'Dere! Ry'n ni'n ddigon hwyr yn barod!'

Heb feddwl bod y mymryn lleia o fai arni hi am ein cadw ni'n aros am y deg munud diwetha tra oedd hi'n smwddio rhywbeth doedd gen i mo'r bwriad lleia o'i wisgo.

Gyrru wedyn fel cath i gythraul yr holl ffordd i'r dre. Mam-gu a Mam yn y blaen. A Simon a minnau'n dal dwylo yn y cefn. Finnau'n eistedd fel petawn i wedi llyncu polyn oherwydd y sgert hir

8

nefi neis 'na a'r *polo neck* yn crafu yn erbyn fy ngwddf. Pawb yn fud fel anifeiliaid.

Wrth gwrs, roedd Mam-gu wedi mynnu dod, er nad oedd hi na'r Parch yn cael eu henwi yn yr ewyllys. Go brin bod Dad yn disgwyl huno cyn ei rieni ei hun. Dyna Mam-gu. Unrhyw esgus am galifánt. Roedd hi wedi gobeithio cael gyrru—â Dat-cu (Y Parchedig J. J. Jones) yn ddigon pell i ffwrdd ym mhen draw Pontawel. Ond roedd Mam wedi gwrthod yn deg. Dd'wedodd hi'n gwbl ddiflewyn-ar-dafod y byddai hi'n glouach cerdded. Cyfeiriad at y tro diwetha i Mam ganiatáu i Mam-gu gymryd olwyn y Toyota coch a'r ddwy ar y ffordd adre o Tesco. Yn ôl Mam, roedd Mam-gu wedi hala deg munud dda yn treial mynd mewn i gêr yn y maes parcio. Ac wedyn wedi bacio'r car yn syth mewn i res o drolis—a'r dyn oedd yn gwthio'r trolis ar y pryd.

Eisteddodd y ddwy fel dwy ddelw yr holl ffordd i'r dre. Yn dawel bach, ro'n i'n falch. Sa i'n credu y gallwn i fod wedi stumogi eiliad arall o'r ddwy ohonyn nhw'n siarad am bopeth o dan haul ond am 'Y Peth Mawr Na Ddylid Siarad Amdano'—sef Dad, wrth gwrs. Ddim o flaen y plant, chi'n gweld. Wy wedi blino'u hatgoffa nhw 'mod i'n dair ar hugain, diolch yn fawr, a phrin yn gymwys am bàs bws person ifanc. Os wy'n ddigon aeddfed i redeg cwmni PR—wel, wy bron â bod yn rhedeg y siop, cymaint o help wy'n ei gael wrth y Daniels diflas 'na—wy'n ddigon aeddfed i siarad am Dad heb gael pwl dwl.

Dyna pryd y dechreuodd pethau ddirywio go

iawn. Ar ôl i ni gyrraedd swyddfa'r cyfreithwyr Dickens, Wilkins and Jones. Arhoson ni am ugain munud cyn i lygoden o fenyw, â sbectol fel dwy soser a chardigan hyd ei phengliniau, sibrwd bod Elisabeth Dickens yn barod i'n gweld ni. Safodd pawb fel côr cydadrodd. Edrychodd Mam ar Simon fel petai'n ei weld am y tro cynta.

'Mater i'r teulu yw hwn,' meddai yn y llais ffroenuchel 'na mae'n ei ddefnyddio wrth siarad â phobl ddieithr a Chymry di-Gymraeg.

'Fyddwn ni ddim yn hir,' meddwn i mewn llais bach ar ôl iddi ddiflannu. Trodd Simon i ffwrdd yn sydyn ac fe lwyddais i'w gusanu ar ei ysgwydd a finnau'n anelu at ei wefus.

Am embaras. Erbyn i mi ddilyn y lleill reit i dop yr adeilad roedd pawb eisoes wedi eistedd yn y swyddfa fach. Wenodd Elisabeth Dickens ddim. Na finnau chwaith. Ro'n i wedi penderfynu cyn gadael y tŷ mai dim emosiwn o gwbl oedd fwya gweddus ar gyfer achlysur fel hwn.

Roedd Dad wedi dyheu am i mi fynd yn gyfreithwraig. Chwiliais am debygrwydd rhyngof i a'r ast sych hon. Roedd gwallt Elisabeth yr un brown diddim â fy ngwallt innau ond roedd ei gwallt hi'n eistedd yn un llen daclus ar ei hysgwyddau a fy ngwallt i'n ffrwydro'n rhaeadr anniben, yn poeri blew fel dŵr. O leia ro'n i'n gwybod sut oedd gwenu. Petai Elisabeth wedi gwenu fe fyddai wedi cracio'r colur oedd yn drwch ar ei hwyneb—digon i brynu tocyn dosbarth cynta iddi weithio y tu ôl i'r cownter yn Boots.

Dyna pam y gwnes i bob ymdrech i guddio fy

hapusrwydd a 'nghasineb pan ges i'r newyddion ganddi. Roedd hi'n sbecian lawr ei thrwyn arna i fel petai'n siarad â merch fach oedd yn llawer rhy ifanc i ddeall y baich cyfrifoldeb oedd newydd ddisgyn ar ei hysgwyddau.

'Mae'r rhan helaetha o'r stad yn mynd i Miss Catrin Jones, hanner y tŷ a hanner yr eiddo—mae'n cyfeirio'n arbennig at ddreser bin oedd yn berchen i'w hen fodryb a set gyfan o grochenwaith Abertawe sy'n dyddio o ddechrau'r ganrif. Cyfranddaliadau a buddsoddiadau gwerth hanner can mil, cynllun pensiwn yswiriant—oherwydd natur marwolaeth Mr Roy Jones. Mae cyfanswm y stad yma'n werth rhyw gant a hanner o filoedd.'

Fe wenais i. Ro'n i'n ffaelu helpu'n hun. Ers yr angladd ro'n i wedi bod yn cuddio fy nheimladau y tu ôl i fwgwd bregus a nawr torrodd y mwgwd fel plisgyn wy. Ro'n i'n gyfoethog! Roedd hyn fel ennill y Loteri heb orfod mynd i'r drafferth o giwio yn Woolworth am bum munud ar hugain wedi pump ar nos Sadwrn. Troais at Mam yn awyddus fel arfer am sêl ei bendith. Roedd hi'n syllu'n syth o'i blaen, ei masg hithau wedi ei dynnu'n dynn ac yn drwchus dros ei hemosiynau.

'I Mrs Brenda Jones,' meddai Elisabeth Dickens yn undonog, ar ôl saib gweddus. 'Y garafán ym Metws-y-coed, y Rover gwyrdd a gwerth deng mil o gyfranddaliadau. Fodd bynnag, Mrs Jones, mae yna un amod. Petaech chi'n penderfynu ailbriodi fe fyddai'r cwbl yn mynd yn syth i'ch merch.'

Wy wedi darllen am bethau fel hyn, wrth gwrs, am bobl sy'n darganfod cyfrinachau ysgytiol a

11

sgerbydau trydanol ar ôl marwolaeth cymar. Ei fod e'n briod â menyw arall a chanddo lond ail dŷ o blant neu ei fod wedi gamblo eu harian i gyd ar y ceffylau a'u bod nhw mewn dyled o gannoedd o filoedd o bunnoedd. Hyd heddiw, do'n i ddim yn eu coelio. Do'n i ddim yn credu Sonia Sutcliffe, chwaith. Roedd hi'n gwybod yn iawn mai ei gŵr oedd yr *Yorkshire Ripper*. Ond wir nawr, doedd gen i ddim syniad bod Dad mor gyfoethog.

Ro'n i'n gwybod nad oedd e'n brin o geiniog neu ddwy. Ro'n i'n gwybod bod y morgais wedi ei dalu ar y tŷ a digon yn y banc i redeg dau gar a charafán ym Metws-y-coed. Doedd gen i ddim syniad faint oedd Dad yn ei ennill, ond roedd e'n gyflog da, fentra i. A doedd ganddo ddim rhyw ddiddordebau mawr oedd yn mynd â'i arian. Dim ond y blincin cyfranddaliadau 'na. Ond cant a hanner o filoedd! Yffach dân! Allwn i brynu tri thŷ, pymtheg o geir, deg ar hugain o ffrogiau yn Dolce a Gabana. Hyn i gyd gan y dyn oedd wedi fy ngorfodi i dalu am wersi gyrru o'm harian poced, oedd erioed wedi mynd â ni dramor ac oedd wedi rhoi anrheg ail-law i mi yn anrheg Dolig pan o'n i'n wyth oed. Anghofia i fyth agor y parsel i ddatgelu camera oedd yn berchen i'r Parch a Mam-gu.

I sythu fy wyneb, cnoais fy ngwefus nes 'mod i'n blasu gwaed yn gynnes ac yn hallt. Paid ag anghofio o ble ddaeth yr arian 'na, Catrin . . .

Roedd wyneb taran Mam yn arwydd ei bod hi'n gwybod dim am fwriad Dad.

'Llongyfarchiade!' hisiodd gyda thrwch o goegni.

'Wna i ddim gwerthu'r tŷ tra bo ti byw,' meddwn i mewn sioc.

'Caredig iawn,' atebodd Mam. 'A hithe mor dynn 'not ti.'

Fe yrrodd Mam-gu ar y ffordd 'nôl. A Mam yn wylo'n dawel wrth ei hochr. Gofynnodd Mam-gu i mi fel petai dim byd yn bod,

'Beth ti'n feddwl neud â'r holl arian neis 'na 'te?' Fel petawn i newydd ennill ffortiwn mewn raffl.

'Ma'r *bastard* 'di mynnu ca'l y gair dwetha fel arfer!' meddai Mam.

'*For shame*, Brend,' meddai Mam-gu. ''Se dy dad yn dy glywed di!'

Yng nghefn y car ro'n innau'n falch iawn nad oedd gan Dat-cu allwedd i fy meddyliau i. Ro'n i'n meddwl pethau anghristnogol iawn, pethau na fyddai'r Parch yn eu cymeradwyo o gwbl. Pethau am Dad.

'Meddylia am yr holl ddillad 'na alli di brynu! Bydd dim byd ar ôl yn Super Seconds nawr, Cats!' meddai Mam-gu gan chwerthin yn rhy uchel mewn llais ffalseto. 'Alli di brynu car bach i fynd â ti'n ôl a 'mla'n i'r gwaith. Fydd dim raid i ti rannu lifft. Car bach, car mowr. Alli di fforddio Mercedes neu Porsche. Neu'r ddou!'

Ddylwn i fod yn ddiolchgar. Diolch i Dad, fe alla i fyw fy mywyd yn union fel wy moyn heb gael fy nghlymu, fel pobl eraill, i gonfensiwn na swyddi diflas i gadw fy mhen uwchben y dŵr. Alla i ddilyn fy mreuddwydion. Ac wrth gwrs wy wrth fy modd gyda'r arian. Person tlawd a chwerw o eiddigeddus dd'wedodd nad yw arian yn dod â hapusrwydd. Ond fe fydden i'n rhoi'r cwbl 'nôl i gael Mam a finnau'n ffrindiau eto. Oni fyddwn i? Hy! Roedd e'n gwybod yn iawn beth oedd e'n ei wneud.

So hyd yn oed Simon yn siarad â mi oherwydd 'mod i wedi penderfynu cysgu gartre heno er mwyn cadw cwmni i Mam. Nid fod honno eisiau fy ngweld i, ta beth.

'Wy 'di rhoi blynydde gore 'mywyd i'r dyn 'na,' meddai wrth frasgamu lan y staer i'r gwely. O'r cyntedd, yr unig beth a welwn i oedd cefn ei sodlau a'i phen-ôl.

'O'dd e ffaelu godde meddwl amdana i'n joio'i arian e. Hy! Ein harian ni!'

Caeodd y drws yn glep y tu ôl iddi nes bod ei chasgliad o blatiau tseina, Eisteddfodol yn crynu ar yr hoelion ar y wal. Dyn a ŵyr pryd welwn ni hi nesa. Fe gaeodd ei hun yn ei stafell am wythnos pan gafodd y ci ei ladd gan dractor. Yr unig reswm gododd hi pry'nny oedd mai ein tro ni oedd cael y gweinidog i de ac roedd angen gwneud treiffl.

Wy'n gwybod nawr sut roedd enillydd y *roll-over* Loteri cynta'n teimlo. Cael yr holl arian 'na heb godi bys a chael 'ych teulu eich hunan yn eich gwrthod. Yn ei achos ef, am ei fod wedi torri un o gyfreithiau'r grefydd Foslemaidd trwy gamblo, wrth gwrs. Felly, mewn ffordd, arno fe oedd y bai. Y gwalch! Ond beth wnes i i haeddu'r helger 'ma i gyd?

Mawrth y 6ed

Dihuno wedi drysu'n lân. Cymryd arnaf am ennyd mai breuddwyd gas oedd ddoe. Barodd hynny ddim chwinciad chwannen. Roedd canu'r piano'n diasbedain trwy'r tŷ, y bysedd yn taro'r nodau mor gynnil â gordd yn chwalu cneuen. Mam.

'Bore da!' meddai'n wên o glust i glust a chau caead y piano'n glewt.

Roedd hi'n amlwg ei bod hi ar ei thraed ers oriau. Roedd ei gwallt newydd ei olchi'n sgleiniog a'i hwyneb yn drwch o golur.

'Gysgest ti trwy'r nos?'

'O'n i'n troi a throsi,' meddwn i'n swil.

'Gysges i fel twrch no. Brecwast?'

'Wna i e nawr.'

'Sdim isie i *ti* fod yn forwyn fach i neb.'

Syllais yn syn arni ond doedd dim golwg o goegni ar ei hwyneb.

Yn y gegin, roedd hi'n chwibanu a'r llestri'n clindarddach yn ei dwylo.

'Ti'n iawn?' mentrais.

'Odw!' meddai'n syn. 'Beth wyt ti a Simon yn neud heddi 'te?'

Fues i bron â gadael i'r gyllell gwympo'n glewt ar lawr. Yn y chwe mis mae Simon a minnau'n caru, so hi erioed wedi ei gydnabod, heb sôn am holi amdano. Saeson o Fanceinion yw'r Tuckers. Ac er eu bod nhw'n byw ym Mhontawel ers pymtheng mlynedd, Saeson o Fanceinion fydd y Tuckers i Mam am byth. Mae'n gobeithio mai rhywbeth dros dro yw'r berthynas. Wy'n meddwl weithiau mai dyna'r rheswm ry'n ni wedi para cyhyd.

15

'Wyt ti'n cofio am Wncwl Barry ac Anti Helen, on'd wyt ti?'

Crafais fy mhen. O'n i wedi anfon cerdyn i ddiolch am y cerdyn Dolig a'r talc a'r hylif corff Musk o Boots?

'Maen nhw'n dathlu pum mlynedd ar hugain o briodas ar y nawfed ar hugain. Yffach, Cats! Ma' dy gof di fel rhidyll!'

Roedd hi fel petai wedi anghofio'n lân bod yna un neu ddau o bethau bach wedi digwydd i mi'n ddiweddar. Yng nghanol yr holl drybini, fiw i mi anghofio pen-blwydd priodas Wncwl ac Anti nad oedden nhw'n Wncwl ac Anti iawn i mi.

'Drincs am hanner awr 'di saith. Byta am wyth. Maen nhw'n disgwl chi'ch dou.'

Dweud nid gofyn.

'Ti . . . ti'n siŵr dy fod ti moyn mynd?'

Roedd Mam a Dad wedi dathlu'r un garreg filltir y llynedd.

'Catrin Helen, sa i'n bwriadu byw fel meudwy!'

'Cats' ydw i fel arfer. 'Catrin' gydag 'a' hir Seisnigaidd pan fo Mam am wneud argraff ar bobl ddieithr. 'Catrin Helen' pan fydda i ar fin cael llond pen. Nid heddiw oedd y diwrnod i drafod.

Mercher y 7fed

Feddyliais i y byddai'n haws sgwrsio dros y ffôn. Wyneb yn wyneb mae Mam yn fwy arswydus o lawer. Roedd fy nwylo'n crynu. Prin y gallen i ddeialu'r rhif.

'The number you have dialled has not been recognised.'

Dwy waith. Cyn i mi glywed y dôn gyfarwydd. Fuodd hi oes yn dod at y ffôn.

'Jiw, Catrin, ti sydd 'na,' meddai.

Ro'n i'n siŵr 'mod i'n clywed y piano yn y cefndir.

'Gronda, wy moyn siarad â ti ambytu'r ewyllys,' meddwn i cyn i mi newid fy meddwl.

'Nawr?'

'Ie. Os yw hi'n gyfleus.'

'Nag yw wir! Ma' Martha Tŷ Draw'n ca'l gwers. Bydd y Steddfod Gylch 'ma glatsh!'

Wy'n bwriadu rhoi cynnig arall ar ôl cinio.

Hy! Sa i'n gwybod pam wy'n trafferthu 'da'r fenyw 'na. Sdim rhesymu i gael!

'O't ti'n gwbod yn net, Catrin Helen!' arthiodd i lawr y ffôn.

'Nag o'n wir, Mam! O'dd e'n gyment o sioc i fi ag o'dd e i ti.'

'Sioc pleserus iawn i ti!'

'O'dd . . . nag o'dd!'

'Wy 'di ennill yr arian 'na am aros 'da dy dad yr holl flynydde 'na. Byse neb arall wedi rhoi lan â dyn mor . . . mor od!'

'Mam, plîs!'

'O, 'na ni. Cymryd 'i ochr e. Babi Dadi!'

Rhois y ffôn i lawr yn glep ar y wrach. Ddylwn i fod wedi dal fy nŵr.

Iau yr 8fed

Roedd gwep Mam-gu'n ddigon i godi ofn ar rywun. Roedd ei gwallt du gloyw wedi ei guddio â sgarff ysgarlad, dychrynllyd o liwgar. Doedd dim tamaid o golur ar ei hwyneb deg a thrigain. Dreulion ni bum munud yn gwenu ar ein gilydd y naill ochr i'r drws tra oedd hi'n dadwneud y myrdd o gloeon oedd yn peri i Fort Knox ymddangos yn ddiofal yn eu trefniadau diogelwch.

'Yn ei chanol hi, Mam-gu?' meddwn i gan weld yr oferôl.

'Fel'na mae bob dydd arna i, t'wel.'

Hanner cellwair oedd hi. Allech chi feddwl o wrando arni hi ei bod hi'n byw mewn palas â chwe stafell wely *en suite* a dau barlwr ac nid tŷ teras bocs 'sgidiau. Roedd y lle'n drewi o Jif.

Roedd y Parch yn sipian te'n hamddenol yng nghanol yr holl weithgaredd. Gwisgai siwt drwsiadus er nad oedd newydd ddychwelyd o unman nac ar ei ffordd chwaith.

'Shwt ma'r hwyl lawr yr hewl?' gofynnodd Mam-gu gan sgwrio'r ganhwyllbren efydd na welodd yr un gannwyll erioed. Roedd hi'n polishio'n ffyrnig ac roedd hi'n syndod bod y ganhwyllbren yn gyfan.

'Ma' Mam bytu hala fi'n benwan!'

'Câr dy gymydog fel ti dy hun,' meddai'r Parch gan fwytho fy ysgwydd. Typical o'r genhedlaeth hŷn. Beth bynnag oedd wrth wraidd y gwrthdaro, arna i oedd y bai bob tro.

'Wy 'di treial siarad 'da'i ambytu'r arian ond mae'n pallu'n deg â grondo.'

'Rhag pob clwyf eli amser,' meddai'r Parch.

'O'dd hi wedi gobitho ca'l yr arian i'w hunan, t'wel,' hisiodd Mam-gu. 'Byse hi 'di ca'l lot o sbort yn 'i wario fe'n Audrey B.'

'Catrin,' sibrydodd y Parch.

Paratoais fy hun am ragor o gyngor da-i-ddim. Ond estyn ei baned wag tuag ata i'n awgrymog wnaeth y Parch.

'Dishgled arall ife?' gofynnais yn methu coelio'i hyfdra.

Da chi, peidiwch â gadael i 'mhroblemau i fennu dim ar eich hamdden!

Tra bod y Parch yn gwylio'r snwcer, roedd Mam-gu ar ei phengliniau yn y gegin yn twrio am y llestri te gorau. Roedd tincial y tseina'n fyddarol. Pam yffach nag yw hi'n gwisgo'i sbectol?

'So hi fyth yn mynd i fadde i fi,' meddwn i.

'Twt! Amynedd, Cats . . . Hei, beth ti'n feddwl 'te?'

'Ambytu beth?'

'Yr Anthea Turner 'na. Mae'n priodi Bovey!'

Gwelais y *News of the World* o dan y glustog.

'Mae e'n salw fel pechod ond ma' fe'n filiwnêr!'

'Pawb at y peth y bo,' meddwn i. 'Beth o'dd Mam yn gweld yn Dad?'

''Run peth ag Anthea, sbo. Sicrwydd. Arian.'

'Mam-gu, wy 'di bod yn meddwl am yr arian. Fyse fe'n haws rhoi'r cwbwl i Mam. Ddaw e i gyd i fi 'to ryw ddydd.'

'Pwff! Cadw fe i'n hunan nelen i. Fel 'na o'dd hi fod.'

Gallai Mam-gu leddfu pob siomedigaeth a

chyfiawnhau'r trychinebau mwya creulon gyda'r geiriau 'fel'na o'dd hi fod'.

'Ti'n gwbod beth nelen i 'sen i'n ennill y Loteri?' meddai, gan droi tair llwyed o siwgr ym mhaned y Parch. 'Brynen i *apartment* yn Efrog Newydd.'

Hyn wrth fenyw sydd erioed wedi bod dramor.

'Paid â becso, Cats. Mae hi 'di pwdu. Ddaw hi at ei choed 'to. Mae 'di bod 'run peth erio'd. Os nag yw hi'n ca'l 'i ffordd 'i hunan, pwdu'n strêt! Dere, wy'n gwbod beth gewn ni 'da'r ddishgled 'ma— cacen Nadolig!'

Gwener y 9fed
Cuddio yn nhŷ Simon. Dim awydd gwneud dim. Dim awydd codi. Dim ond codi i fynd i bî-pî.

Sky gan Simon. Does dim Sky ganddon ni gartre. Dim ond gan bobl gomon mae Sky, meddai Mam. Wy'n dwlu ar Sky. Sianel gyfan yn dangos *Jerry Springer*, *Oprah* a *Ricky Lake*.

Dyheu am gael bod yn swp sâl. Gallu gwneud dim byd wedyn heb deimlo'n euog. Pawb yn deall yn iawn wedyn.

Sadwrn y 10fed
Jerry Springer yn well nag *Oprah* a *Ricky Lake*. '*My Lesbian Lover is a Man!*' Ffantastig!

Sul yr 11eg

Hen bryd i mi godi, yn ôl Simon. Mae'n coethi arna i i ffonio Elisabeth Dickens i holi pryd fydda i'n cael yr arian.

Sgwn i a ydi Jerry'n briod?

Eleri (ffrind gorau) wedi ffonio. Ond mae'r ffôn lawr staer.

Llun y 12fed

Arhosodd Gandhi yn y gwely am flynyddoedd. Wrth gwrs, roedd e'n rhy wan i godi am ei fod yn newynu i farwolaeth dros ei egwyddorion.

Sgwn i beth sydd i swper?

Mawrth y 13eg

Beth ydw i'n mynd i'w wneud â'r arian? Cant a hanner o filoedd o bunnau! Ffiw! Angen cynllun.

Cynllun 1: Dim byd. Rhoi'r cwbwl yn y banc neu PEP neu gyfranddaliadau.

Cael cyngor ariannol da. Hynny yw, nid oddi wrth Wncwl Barry na Mam-gu.

O blaid: O'r fesen y tyf y goeden. Hyd yn oed mwy o arian i'w wario nes 'mlaen.

Yn erbyn: Diflas. Mae bywyd yn rhy fyr. Beth petawn i'n colli pob ceiniog oherwydd *Black Monday* arall? Nawr wy'n ifanc ac yn iach.

Cynllun 2: Dim byd o gwbl.

O blaid: Dim gwaith. Bywyd yn nefoedd pur

unwaith eto trwy esgus bod pethau yn gwmws fel oedden nhw.

Yn erbyn: Ddim yn gweddu i'r fi newydd gyfrifol a llwyddiannus. Bywyd ddim yn nefoedd pur cynt. Diawledig o ddiflas, dweud y gwir.

Cynllun 3: Teithio'r byd neu symud i fyw dramor.

O blaid: Breuddwyd gen i erioed. Cael hoe fach oddi wrth Mam a'r byd. Blasu diwylliannau gwahanol. Aeddfedu a datblygu trwy gael profiadau helaeth newydd—o bosib rhai rhywiol hefyd. Gwag-symera yn yr haul ac yfed Sangria trwy'r dydd.

Yn erbyn: Do'n i erioed yn disgwyl i'r freuddwyd droi'n realiti, o'n i? Pa fath o epil didostur fyddai'n gadael ei mam ar adeg fel hyn?

Cynllun 4: Gwario'r arian mewn ffordd fyddai'n deyrnged deilwng i Dad. Gwireddu ei freuddwyd amdanaf.

O blaid: Wel, byddai'n deyrnged deilwng i Dad. Gwybod fy mod yn gwneud fy nyletswydd fel merch dda ac ufudd.

Yn erbyn: Amhosib. Beth yffach oedd ei freuddwyd i mi? Pianyddes ryngwladol neu fardd Cadair y Genedlaethol. Dydi arian ddim yn prynu talent. Dydi beirniaid y Genedlaethol ddim yn derbyn llwgrwobrwyon.

Cynllun 5: Gwario'r cwbwl. Tŷ crand, dillad *designer*, partïon gwyllt.

O blaid: 'Na beth fyddai sbort!

Yn erbyn: Beth dd'wedai'r Parch? Heb sôn am Mam a gweddill cymdeithas wâr.

Cynllun 6: Rhoi'r arian i elusennau da.
O blaid: Cael gwobrwyon yn y byd nesa, yn ôl y Parch.
Yn erbyn: Beth ambytu fi?

Dim tamaid agosach i'r lan. Rhaid gofyn i Mam. Mam yn grac â fi. Rhoi hanner yr arian i Mam i leddfu ei thymer. Yna, gofyn ei chyngor ynglŷn â beth i'w wneud â'r gweddill. Nodyn. Peidio â dweud wrth Simon 'mod i wedi rhoi hanner yr arian i Mam.

Mercher y 14eg
Mae Mam wedi ffonio.

Iau y 15fed
Pan gyrhaeddais i, doedd yr un enaid byw yn y tŷ. Ddes i o hyd i Mam yn y tŷ haul yn darllen *Woman* a'i thraed lan.

'Mae'n flin 'da fi 'mod i 'di bod mor ddieithr,' meddwn i. 'O'dd isie llonydd arna i i feddwl.'

'Hia Cats!' meddai'n llon. Prin y tynnodd ei llygaid oddi ar *Woman.* 'Rho'r meicrodon i fynd, wnei di? Sa i 'di ca'l muned o lonydd. Wy'n disgwl Martha Tŷ Draw mewn chwarter awr.'

Feddyliais i ddwywaith cyn agor fy ngheg. Wir yr! Ond fel dd'wedes i wrth y caserôl wrth ei droi hanner ffordd, doedd hyn ddim fel Mam. Fu ganddi erioed ddiddordeb mewn gyrfa. Rhoi ambell wers biano i blant ffrindiau oedd hi. Gweithio i blesio Dad. Gweithio i gael arian poced i'w wario yn Audrey B.

'Paid â'i gor-wneud hi. Ma' isie amser i dy hunan, cofia,' meddwn i.

'Mae'n rhaid i fi neud rhwbeth i gadw dau ben llinyn ynghyd!' atebodd Mam yn siarp.

Mi oedd ar flaen fy nhafod i ofyn pam. Doedd dim morgais i dalu ar y tŷ a doedd hi ddim fel petai arni eisiau mwy o arian am ddillad. Stopiais fy hun mewn pryd. Ro'n i'n troi mewn i 'Nhad.

'Wyt ti 'di derbyn mwy o blant 'te?'

Atebodd hi ddim ar unwaith. Yna meddai,

'Wy'n meddwl rhoi hysbyseb yn y papur. Ma' digonedd o rieni cefnog yn whilo am athrawon da. Ma'r athrawon yn y dre'n codi dwyweth cyment â fi.'

'O'n i moyn gair â ti.'

'O'n i moyn gair â ti hefyd. 'Na pam ffones i.'

Ond cyn i mi gael cyfle i agor fy ngheg, gwaeddodd, 'Y caserôl!'

Roedd hi'n pigo fel dryw dros ei chinio a finnau'n synnu dim ei bod hi mor denau â sgimren ac yn dyfalu o ble des i.

'Ti gynta,' meddwn i.

'Beth o't ti'n feddwl wisgo? I ben-blwydd priodas Wncwl Barry ac Anti Helen? O'n i'n meddwl fyse fe'n neis 'set ti'n gwisgo sgert. Ti'n byw mewn trowsus. Beth ambytu'r sgert hir lwyd 'na?'

Roedd Simon yn dweud bod llai o ddefnydd mewn pabell.

'Sa i 'di meddwl,' meddwn i'n simsan.

'A' i â hi draw i'r *dry cleaners* prynhawn 'ma.'

Roedd hi o dan yr argraff 'mod i wedi cytuno.

'So fe'n deg!' meddwn i'n magu plwc. 'Ambytu'r arian.'

'Fel 'na ma' bywyd! So ti 'di gwisgo'r flows hufen 'na ers sbel.'

Cnoai Mam ei chinio'n swnllyd.

'Wyt ti'n meddwl ambytu Dad?'

Ar wahân i yn yr angladd, do'n i heb ei gweld hi'n llefain. Roedd pawb yn llefain yn yr angladd. Hyd yn oed Mam-gu.

''Nath e'n siŵr o hynny ondofe! 'Sen i ond yn gwbod . . . Cats?'

'Ie?' meddwn i'n eiddgar.

'Cer i ôl banana, wnei di?'

Erbyn fy mod i'n ôl roedd buddugoliaeth Martha Tŷ Draw yn Eisteddfod Fach Pontawel wedi rhoi'r ceubosh ar drafod yr arian.

Sadwrn yr 17eg

Sa i'n gwybod pam gytunais i. Do'n i ddim eisiau mynd o'r dechrau'n deg. Ond nawr 'mod i wedi ypsetio Mam wy'n ofalus iawn i beidio ag ypsetio rhagor o berthnasau. Maen nhw'n ddigon prin fel ma 'ddi.

Dyna fi prynhawn yma, yn y siop bapurau yn nôl y *Western Mail* i'r Parch a'r *Sun* i Mam-gu (ond peidiwch â dweud wrth y Parch). Roedd Mair y

Post a Wenna'r Hafod yn edrych i lawr eu trwynau arna i ac yn cymryd arnynt eu bod nhw'n llawn cydymdeimlad ar yr un pryd.

'O Catrin fach! Shwt wyt ti?' gofynnodd Mair y Post. Pa ryfedd bod honna'n flaenllaw yn y Gymdeithas Ddrama?

'Oreit,' sibrydais i.

Fyddai 'iawn' ddim yn weddus a do'n i ddim am ennyn ei chywreinrwydd trwy ddweud 'gwael'. Anadlodd Mair y Post lond ceg o nicotîn. Does dim syndod bod nenfwd y siop yn felyn fel hen dafarn.

'Alla i ga'l *Western Mail* Dat-cu plîs?'

'A shwt ma' Mam? So ni 'di'i gweld hi ers dwrnode.'

'Ni' oedd hi a Wenna'r Hafod, oedd yn helpu yn y siop o dro i dro. Mae'n byw a bod yno os y'ch chi'n gofyn i fi. Mae yno bob tro wy'n galw, ta beth.

'Cystal â'r disgwyl,' meddwn i.

Edrychodd Wenna'r Hafod arna i'n llawn consýrn ac yna ar fy anorac simsan a throwsus combat. Ro'n i'n rhegi'n hun am beidio â'u smwddio cyn gadael y tŷ.

'Rhwbeth arall?' arthiodd Mair y Post. Fe ddylai fod yn ddiolchgar am fy arian, o gofio bod dwy siop bapur ym Mhontawel a phum archfarchnad o fewn pymtheg milltir. Ond rhythai arna i'n gyhuddgar am beidio â phrynu mwy i'w chefnogi.

'Hwn,' meddwn i. Pam ro'n i'n teimlo mor euog am brynu'r *Sun*? Ond roedd gwaeth i ddod. Pan edrychais yn fy mhwrs allen i fod wedi marw. Ro'n i am i'r anorac fy llyncu. Doedd gen i ddim byd ond ychydig geiniogau a phapur ugain punt!

'Sori!' meddwn i gan gynnig y papur piws.

Edrychodd y ddwy ar ei gilydd yn awgrymog. Roedd eu llygaid nhw'n fawr fel wyau estrys.

'Sdim byd llai 'da *chi*, sbo,' meddai. Ai fi ddychmygodd y pwyslais?

'Sori!' Fel llygoden, cuddiais yn y goler ffwr.

''Na gyd y'ch chi moyn?'

Edrychais o fy nghwmpas yn wyllt.

'*Chocolate fingers*,' meddwn.

'Cofiwch ni at eich mam. Mae hi wedi diodde.'

'Diolch,' meddwn i.

Diolch? Ddylwn i fod wedi rhoi'r ddwy santes sych-dduwiol yn eu lle. Ond ro'n i fel babi blwydd heb air yn fy mhen. Digon hawdd meddwl am atebion ffraeth nawr. Ond petawn i yn y siop y funud hon . . .

Sul y 18fed

Dychmygu mai fi yw Sonia Sutcliffe yr ail. Ym Mhontawel, wy mor ddrwg-enwog â gwraig yr *Yorkshire Ripper*.

Y gwahaniaethau rhyngdda i a Sonia Sutcliffe: Mae ganddi ŵr oedd yn mwynhau llofruddio puteiniaid. Roedd e'n honni mai Duw oedd yn ei orfodi i weithredu'n waedlyd. Felly, hefyd yn honco bost. Wy'n ddibriod. Unig wendid Simon yw ei fod yn dod o deulu di-Gymraeg. Yng ngolwg Mam, mae hynny bron cyn waethed â llofruddio puteiniaid. Yr unig un yn ein teulu ni sy'n cael negeseuon gan Dduw yw'r Parch ac mae hynny trwy Ei Lyfr, *Y Beibl.*

Yr hyn sy'n debyg rhyngdda i a Sonia Sutcliffe: Fe droion ni'n destunau siarad dros nos am resymau y tu hwnt i'n rheolaeth. Nid arnon ni oedd y bai am hynny. Fel Sonia, mae'n debyg, mae pobl sa i'n nabod yn syllu arna i ar y stryd. Mae pobl wy'n eu nabod yn croesi'r heol i osgoi siarad â mi. Os y'n nhw'n ddigon anffortunus i beidio â 'ngweld i er mwyn croesi'r stryd mewn pryd heb ymddangos yn rhy ddigywilydd, so nhw'n gwybod beth i'w ddweud wrtha i. Fe gafodd y ddwy ohonom lond côl o arian, diolch i amgylchiadau anffortunus. Wrth gwrs, werthodd Sonia ei stori i bapur newydd. Mae fy moesau i hefyd yn amheus oherwydd wy weithiau'n meddwl am yr arian ac yn gwenu. Ry'n ni'n dwy wedi cael ein twyllo gan ddynion.

Doedd gen i ddim syniad bod Dad mor gyfoethog.

Faint o gyfran o arian Dad oedd yn enillion Loteri? Dim. Faint o gyfran oedd yn arian oddi wrth hen berthnasau? Tŷ hen fam-gu. (Ond roedd honno'n byw mewn tŷ cyngor.) Fentra i ei fod e'n ennill cyflog dda. Ei unig ddiddordeb difrifol oedd y cyfranddaliadau. Gwneud arian oedd y rheini, nid ei lyncu. Cyfranddaliadau a buddsoddiadau. Ciw sgyrsiau diflas, diddiwedd rhwng Wncwl Barry a Dad am Peps, pensiynau a'u tebyg. Gwariant mawr ar anrhegion? Dim. Na, wy'n gwneud cam ag e. Pan ddechreuais i weithio, roiodd e gan punt i mi ddechrau cynllun pensiwn preifat. Sa i'n gwybod faint o gomisiwn gafodd Wncwl Barry yn sgil hynny.

Gwaith! Am ba hyd ydw i'n mynd i allu ei osgoi?

Llun y 19eg
Ffonio Daniel Diflas. Roedd wedi mynd am ginio cynnar. Syrpreis, syrpreis. Gadael neges yn ei rybuddio na fydda i'n ôl yn y gwaith mis 'ma. Rhoi'r bai ar bwysau teuluol.

Mawrth yr 20fed
Sa i'n gwybod pam maen nhw'n dweud mai menywod sy'n conan. Yn fy mhrofiad i, fel arall mae hi. Chlywa i ddim ei diwedd hi wrth Simon nes 'mod i wedi ffonio. Tan hynny, mae rhyw wedi ei wahardd! Gwell ffonio ar fyrder. So fy esgus parod 'mod i wedi bod yn rhy brysur yn tycio dim. 'Na ni, so fe a gweddill y criw yn Swyddfa Bost y dre yn gwybod beth yw gwaith.

Doedd y gwaharddiad yn mennu dim arna i i ddechrau. Ond mae wythnos wedi mynd heibio erbyn hyn. Mae Simon yn styfnig fel mul. Wy wedi rhoi cynnig ar bob darn o ddillad isa yn fy nrôr X. So hyd yn oed ei hoff nicers PVC yn tycio dim. Sa i'n siŵr pa mor hir alla i oddef.

Mae'n rhaid ffonio Elisabeth Dickens. Fydda i'n cael cic gan Simon am wneud dim, a chic gan Mam fel arall. Sa i'n siŵr ble fydd hyn yn fy ngadael yn llyfrau da ED. Sa i moyn iddi feddwl 'mod i'n hen gadno sydd ffaelu aros i gael ei chrafangau ar yr arian. Ond mae rhesymu â Simon yn amhosib.

'Dy arian di yw e nawr, cariad. Cynta gyd i ti sorto'r gwaith papur, gore gyd. Fydd e'n *weight off your shoulders*.'

Roedd e'n tylino fy 'sgwyddau wrth bregethu. Ond mewn ysbryd brawdgarol yn unig.

'A beth ambytu hawlie Mam?' meddwn i.

'Wy'n gwbod ei fod e'n swno'n *harsh*, ond nid dy broblem di yw hynny, cariad.'

Ro'n i'n gorwedd ar y gwely'n borcyn. Gwisgai Simon ddim ond siorts a gwên angylaidd. Sgrechiai'r siorts, cyffyrddwch. Sgrechiai gwep Simon, peidiwch! Dim nes i chi ffonio ED.

'Ond mae'n fam i fi.'

'Ac o'dd Roy yn dad i ti. Fe ddewisodd roi'r arian i ti. *No one else*. Jawl, o't ti ddim hyd yn o'd yn gwbod. *So stop feeling guilty*.'

Plannodd gusan dyner ar fy ngwar a sythodd y blew meddal yn gyffrous.

'Wy 'di bod yn meddwl cynnig peth o'r arian i Mam,' mentrais gan guddio fy mhen yn y cynfas.

'Sdim byd fydden i'n lico'n fwy, Cats. Ond se 'nny ddim yn *fair* ar dy dad. A fyse fe ddim yn *fair* arnot ti a dy blant di. Ein plant ni.'

Troais i'w wynebu a'i gusanu'n eiddgar.

'Ar ôl i ti ffonio,' meddai a chusanu fy ngwefus yn gyfeillgar.

Digon yw digon.

Iau yr 22ain

Ffoniodd Elisabeth Dickens. Ro'n i'n mynd i'w ffonio peth cynta ar ôl cinio. Wir. Ond fe achubodd y blaen arna i. Ro'n i'n gwylio cwpwl yn cwympo mas y tu fas i'r siop tships ar draws y ffordd. Roedd eu hwynebau'n mynd yn debycach i Mam a fi bob munud. Dychmygwn fy hun yn dweud wrth Mam yn ddiflewyn-ar-dafod bod yn rhaid i ni wynebu problem yr arian a thrafod fel oedolion. Yna, canodd y ffôn.

'Miss Catrin Jones?' meddai llais fel prifathrawes. Rhewais yn gorn.

'Ie?'

'Elisabeth Dickens o Dickens, Wilkens and Jones. Mae'n flin gen i'ch poeni yn nhŷ Mr Simon Tucker. Ges i'r rhif ffôn gan eich mam.'

Dduw Mawr, roedd hi wedi ffonio Mam!

'Mae gen i bapurau i chi arwyddo. Pryd fyddai'n gyfleus i chi ddod draw i'r swyddfa?'

Wy'n mynd fore Gwener. Bore Gwener yma. Mam fach!

Er gwaetha'r gwaharddiad, sa i 'di dweud wrth Simon. Do'n i ddim am gynnig testun pregeth barod, *'When are you going to grow up* a siarad 'da dy fam?'

Mam. Sut ddiawl wy'n mynd i daclo Mam?

Sul y 25ain

Yng nghanol yr helynt, anghofiais ei bod hi'n ŵyl y cariadon! Trwy lwc, fe gofiodd Simon. Fyse hi'n Amen arno fel arall.

Daeth e adre o'r gwaith â hanner dwsin o rosynnau coch.

'Wrth gwrs, *my love for you is the full dozen,'*

31

meddai. 'Ond blodau, *they're so expensive* amser 'ma'r flwyddyn.'

Beth yw cost lle mae cariad? fel dd'wedai Dad.

Llun y 26ain

Pan gyrhaeddais i'r tŷ heno, digwyddodd rhywbeth rhyfedd. Roedd Mam yn y lownj yn gwylio ffefryn Dad, *Pobol y Cwm*. Roedd e ar flaen fy nhafod i ofyn ble roedd Dad.

'Wyt ti 'di rhoi dy ddyfodol mewn trefn?' gofynnodd Mam.

Roedd hi'n lolian ar y *chaise longue* mewn pabell o wisg sidanaidd, lliw oren y machlud. Roedd wedi clymu sgarff am ei phen yn steil John McEnroe. Edrychai fel Indiad Coch wedi colli ei llwyth.

'Sa i 'di gweld honna o'r bla'n,' meddwn i wedi drysu'n lân.

'Ti'n swno'n debycach i dy dad bob dydd.'

Roedd hi'n gwybod yn iawn beth i'w ddweud i droi'r gyllell.

'O'dd e'n casáu hon,' meddai gan edmygu'r babell yn wên o glust i glust.

Safodd i mi gael edmygu mantell meistres y llwyth. Roedd y ffrog rhywbeth rhwng gŵn nos a wigwam.

'Nage ti yw'r unig un i gael gwŷs gan Miss Dickens. Wy'n mynd draw brynhawn fory.'

Ro'n i ond yn gobeithio ei bod hi'n bwriadu newid. Os oedd hi'n bwriadu gwisgo'r wigwam ro'n i'n gobeithio na fyddai'n gweld neb o fy ffrindiau i.

'Wy'n mynd i'w gweld fore dydd Gwener,' meddwn i. 'Ond 'sen i'n lico ca'l sgwrs gynta.'

'Sdim byd i'w drafod. Ma' popeth wedi setlo.'

'Fyse fe'n decach i ni rannu.'

'Wna i dderbyn dy gynnig caredig di i aros yn y tŷ. Am nawr. Ond 'sen i ddim moyn ei arian e se fe'n dod yn ôl o uffern mewn sachliain a lludw!'

Dylen i fod yn dawel fy meddwl heno. Ry'n ni wedi trafod ac wedi cytuno. Ond wy methu cysgu. Wy'n troi a throsi, yn gorfforol ac yn feddyliol. Chi'n gweld, tra oedd Mam yn siarad, wnaeth hi ddim edrych i fyw fy llygaid i unwaith.

Gwener y 30ain

Dylai'r arian fod yn fy nghyfrif banc erbyn Ebrill y 1af. Simon wrth ei fodd! Roedd e moyn mynd allan i ddathlu nos fory. Newidiodd ei gân ar ôl i mi ei atgoffa o ddigwyddiad y ganrif. Parti pen-blwydd priodas Wncwl Barry ac Anti Helen.

Sadwrn yr 31ain

Ro'n i'n hwyr, wrth gwrs. Mynnodd Simon fynd i siopa'n Abertawe. Roedd y ddamwain newydd ddigwydd wrth i ni ymuno â'r M4. Buon ni'n eistedd yn stond am awr. Doedd dim amser i fynd adre gynta a newidiais i yn y car y tu allan i dŷ Anti Helen ac Wncwl Barry. Roedd gweddillion colur bore 'ma ar fy wyneb a chwys y dydd o dan fy ngheseiliau.

Anti Helen agorodd y drws. Cusanodd fi

ddwywaith. Unwaith ar bob boch. Mae wedi newid ers iddi ddechrau cael y gwersi Ffrangeg yna yn y ganolfan gymuned. Ro'n i'n gweddïo bod yr *Impulse* wedi llwyddo i guddio'r oglau amheus.

'Simon! *How are you?*' meddai'n llon.

'Iawn, diolch yn fawr. A chithe?' atebodd hwnnw'n syn.

'Mae ei Gymraeg e'n gwella, Cats! *It's coming along,* Simon!'

Ody. Ac ystyried mai dim ond ers pymtheng mlynedd mae'n byw yng Nghymru ac mai dim ond deng mlynedd gafodd e o addysg trwy gyfrwng y Gymraeg, mae ei Gymraeg yn syndod o dda! Dyna pam mai Simon yw swyddog iaith Gymraeg y Swyddfa Bost. Mae ei Gymraeg yn well na rhai o frodorion Pontawel. Dd'wedes i ddim byd, wrth gwrs. Ro'n i wedi blino egluro wrthi.

Nawr eu bod nhw wedi gwneud iddo deimlo'n gartrefol gallen nhw dreulio gweddill y noson yn siarad Cymraeg Prifysgol gydag ambell '*Don't you agree*, Simon?'—rhag ofn iddo deimlo allan ohoni.

Er mwyn fy nghoesau, a minnau mewn sgert, ro'n i'n sobor o falch deall bod y cŵn (y peth agosa oedd ganddyn nhw i blant) gyda'r hen lanc drws nesa.

'Catrin . . . Simon,' meddai Wncwl Barry yn ffurfiol gan roi sieri yr un yn ein dwylo. Fuodd y gwydryn *cut-glass* yn fy llaw bron â chwympo ar lawr pan welais i'r ffedog ddigri am Wncwl Barry—un â bronnau a nicer *g-string*.

Ond o'i gymharu â Mam, edrychai Wncwl Barry'n gwbl normal. Gwisgai hi sgidiau *flip flop*, *v-neck* mentrus, hyd ei thethau, a sarong oedd yn bygwth dangos ei nicers bob chwipstits. Ac o'r ffordd lloaidd roedd hi'n gwenu ar Wncwl Barry, ro'n i'n cael yr argraff na fyddai hi'n ystyried hynny'n drasiedi fawr. Wrth gwrs, o'i gymharu â'i gwallt roedd ei gwisg yn ddof. Roedd hi'n amlwg wedi treulio'r dydd yn y siop drin gwallt. Mae ganddi ddelwedd newydd—sy'n gwneud dim byd iddi, os y'ch chi'n gofyn i fi. Mae wedi torri'r cwrls du yn grop a'u lliwio'n felynwyn. Dim ond ar ôl i Anti Helen fy ngorfodi i gŵian dros y gacen, y cofiais beth roedd hi'n fy atgoffa ohono. Edrychai fel *meringue*. Ro'n i ffaelu tynnu fy llygaid oddi ar ei gwallt. Roedd Wncwl Barry'n ffaelu tynnu ei lygaid oddi ar ei bronnau.

'Mae sŵn cas ar hwnna!' meddai Wncwl Barry wrth i mi dagu ar y sieri ar ôl gweld nicers Mam am y pumed tro. Ro'n i'n tagu gormod i ateb ac yn berwi tu mewn. Doedd neb yn cynnig codi bys i fy helpu.

'Mae yswiriant arbennig i'w gael am yr union gyflwr 'na.'

Am dagu dros eich sieri?

'Am ryw dri deg punt y mis byddai'r yswiriant yn talu dy gyflog petaet ti'n rhy sâl i weithio.'

'Lawr ffordd 'rong,' meddwn i gan fwldagu. Ro'n i'n biws fel bitrwten. Ond roedd Wncwl Barry wedi colli diddordeb yno' i.

'Beth ambytu Simon? Yn y Swyddfa Bost o hyd? *Post Office!* Pwy fath o bensiwn sy 'da ti? Cwmni neu breifat? *Pension!*'

Chafodd Simon ddim amser i ateb. Roedd Anti

Helen—mewn ffedog ddigri o frest flewog dyn—yn canu'r gloch yn groch i'n tywys i'r stafell swpera. Mewn gwirionedd, ro'n ni yno'n barod. Roedd y stafell yn barlwr a stafell fwyta'n un.

Bu'n rhaid i Mam fagu plwc cyn mentro allan heno, wy'n siŵr. Oherwydd 'mod i'n hwyr ac wedi fy nychryn gan y gwallt, ro'n i'n eistedd wrth y bwrdd cyn i mi sylwi mai dewrder potel gwrw oedd hwnnw.

'I Helsie a Barry!' meddai'n uchel gan chwifio'r *cut-glass* uwch ei phen yn beryglus. 'Pum mlynedd ar hugain hapus! Fentra i fod popeth yn gwitho cystal ag erio'd.'

Winciodd yn awgrymog. Sythodd Wncwl Barry ei drowsus. Plygodd Mam dros y bwrdd er mwyn rhannu cyfrinach ag Anti Helen. Doedd hi ddim yn gwisgo bra.

'Ti'n fenyw lwcus, Helen.'

'Ma' prisie tai ar fin codi,' meddai Wncwl Barry.

'Dyn ffigyrs fuodd hwn erio'd!' chwarddodd Mam.

'Mam!' meddwn i'n fygythiol. Doedd hi ddim yn hoffi hynny.

'Pryd y'ch chi'ch dou'n priodi?' gofynnodd Anti Helen dros y tiwna ac afocado.

'*Marriage!*' bloeddiodd Wncwl Barry gan daro Simon ar ei gefn yn galed.

Yn sydyn, roedd Mam yn cymryd diddordeb mawr ym mhlygiadau'r sarong. Tan hynny, bu hi'n ddigon hapus i ddangos y sioe i gyd.

'Ma' un sioc yn ddigon mewn blwyddyn!' meddai'n siarp.

'Nage ti fyse'r unig un i gael sioc. Ma' Simon yn wyn fel y galchen! *You're as white as a sheet, myn.*'

Edrychais o gwmpas y bwrdd yn gyhuddgar ar bawb yn rhochio chwerthin. Do'n i ddim yn gwybod ar bwy i edrych yn gas gynta. Penderfynais ar Simon. Wy'n fenyw annibynnol y mileniwm newydd. Wy'n rhy brysur o lawer yn meddwl am fy ngyrfa i briodi, ond wy'n dal i ddisgwyl i Simon roi'r argraff ei fod yn torri ei fol eisiau 'mhriodi i.

'Beth oedd dy oedran di'n priodi, Brend?' gofynnodd Wncwl Barry. 'O't ti'n bert fel pictiwr!'

'Sdim isie dilyn un camgymeriad gyda chamgymeriad arall,' meddai Mam.

Nid sipian gwin oedd hi ond ei daflu lawr ei chorn gwddf. Roedd hi'n pigo ar y cyw iâr mewn saws lemwn a heb gyffwrdd â'r parseli o *mange tout* a moron bach.

'Ifanc neu beidio, ry'n ni i gyd wedi llwyddo i gyrraedd pum mlynedd ar hugen.'

'Ac yn haeddu medal am wasaneth hir!' meddai Mam.

Am unwaith ro'n i'n ddiolchgar i Wncwl Barry am ofyn cwestiwn heb ddisgwyl am ateb. Roedd e'n fy achub i o dwll.

'Ma' heddi'n un o ddwrnode hapusa fy mywyd!' gwenodd Wncwl Barry.

Chwarddodd Anti Helen fel croten ysgol. Llowciodd Mam hanner gwydraid mewn un.

'Pum mlynedd ar hugen yn ôl fe wnes i benderfyniad mowr. Penderfynu mentro heb wbod yn iawn beth fydde'r canlyniadau. Do'n i erio'd 'di dychmygu'r fath hapusrwydd.'

Trodd Anti Helen yn glwtyn llestri.

'Pum mlynedd ar hugen yn ôl fuddsoddes i fil o bunnau—lot o arian bryd 'nny. Heddiw mae e werth deg gwaith cyment!'

Sa i'n gwybod ai'r gwin neu gic fileinig Anti Helen oedd y rheswm dros yr olwg boenus ar ei wyneb, yn sydyn.

''Sen i 'di ca'l carchar am 'i ladd e ar y mis mêl, fyswn i'n rhydd yn gynt,' hisiodd Mam.

'O's diddordeb 'da chi mewn buddsoddi, Simon? *Investments*!' gofynnodd Wncwl Barry.

''Sen i 'di pledio amgylchiade arbennig, creulondeb ymenyddol. Fydden i mas o'r carchar 'na whap!'

Un peth oedd beirniadu Dad yn y cartre, pan oedd e'n fyw. Ro'n i wedi gwneud hynny droeon fy hun. Ond peth arall oedd tynnu ei enw trwy'r llaca ac yntau wedi marw—a hynny o flaen Wncwl Barry ac Anti Helen.

'Ry'n ni'n mynd gartre!' meddwn i, gan sefyll ar fy nhraed mewn chwinciad.

'Ond beth am y gacen?' gofynnodd Anti Helen.

Sdim ots 'da fi beth dd'wedodd Anti Helen am alar ac alcohol wrth lapio'r gacen mewn *serviette*, sdim esgus dros ymddygiad Mam. Sa i'n gwybod beth sy'n fy mhoeni fwya—yr hyn wedodd hi neu'r ffaith y bydd pawb yn y pentre'n gwybod fory.

Un newydd da. Simon yn teimlo'n flin drosta i. Mae'r gwaharddiad ar ben.

CHWEFROR

Rhagolygon Oer a Gwlyb

Sul y 1af

Cuddio yn nhŷ Simon. Dim awydd codi. Dim gronyn o awydd gwneud dim. Dim Sky. Jake Tucker (tad Simon) wedi 'anghofio' talu am y ddysgl ers tri mis. Rupert Murdoch wedi bygwth danfon ei weision bach i nôl y ddysgl. Dim ots gan Jake Tucker. Dim ond dros y Nadolig roedd e moyn Sky. Dim amser ganddo i wylio'r teledu. Rhy brysur ar y seit (yn y dafarn). Digon o amser gen i i wylio'r teledu. Dim dysgl, dim *Jerry*.

Dychmygu fy hun yn destun rhaglen *Jerry*. 'Ges i ffortiwn gan Dad—ond difethodd fy mywyd!'

'Wel, Jerry, fy stori i yw 'mod i 'di colli fy nhad ac fel canlyniad wy wedi colli Mam. Diolch byth am Simon, fy nghariad, neu fyswn i'n byw mewn bocs cardbord yn y gwter.'

'Sut golloch chi'ch mam, Catrin?'

'Fe adawodd Dad ei arian i gyd i fi. Cant a hanner o filoedd o bunne. So Mam wedi siarad â fi byth!'

Y gynulleidfa'n ochneidio'n anghrediniol.

'Ond pam, pam, pam, Jerry?'

Pam wnaeth Dad hyn i mi?

1. Roedd yn dymuno difetha'r berthynas rhyngdda i a Mam—perthynas roedd e'n eiddigeddus ohoni erioed.

Yn erbyn: Byddai'n rhaid iddo fod yn bwdr i'r craidd i ddymuno chwalu ei deulu. Anodd credu hyn. Diystyru.

2. Roedd e'n casáu Mam. (Hmm. Dim gweld bai arno.)

Tystiolaeth: Erioed wedi gweld y ddau'n cusanu. Cwympo mas yn rheolaidd. Y naill yn cwyno am y llall yn ei dro.

Yn erbyn: Mmm. 'Casáu' yn air cryf.

3. Roedd e'n fy nghasáu i.

Yn erbyn: Rhoi rhodd o gant a hanner o filoedd yn ffordd ryfedd iawn o gosbi rhywun. Arian yn llosgi tyllau crasboeth yn fy mhocedi. Onid o'n i'n fwy tebygol o fod wrth fy modd â'r arian? 'Casáu' yn air creulon. Rhaid bod yn fwy positif.

4. Roedd yn dymuno rhoi'r arian i mi.

Yn erbyn: Roiodd e fawr o ddim byd yn ariannol i mi tra oedd e byw. Tystiolaeth arbennig. Anrheg pen-blwydd 18 oed? *Concise English Dictionary*. Anrheg pen-blwydd 21 oed? *Y Geiriadur Mawr*. Anrheg pen-blwydd Ler (ffrind gorau) gan ei rhieni yn 18 oed? Wats aur. Anrheg pen-blwydd Ler yn 21 oed? Car.

Nodyn. Trueni nad oedd wedi awgrymu ar beth y dylwn i wario'r arian—ar ffurf llythyr o'r bedd. Efallai ei fod wedi bwriadu gwneud, ond heb gael cyfle.

5. Yr arian yn etifeddiaeth i'r genhedlaeth nesa.

O blaid: Posibilrwydd. Dad yn rhy dynn i wario clincen. Gobeithio i Dduw nad hwn oedd ei gynllun, oherwydd mae hyn yn golygu nad wyf i fod i wario ceiniog.

6. Arian fel llwgrwobr.

O blaid: Cael tomen o arian gan Dad yn ei ewyllys. Atgofion cynnes am Dad tra oedd e byw.

7. Doedd e ddim am i Mam gael yr arian am reswm arall. Er enghraifft, ei fod wedi darganfod bod ganddi lond gwely o gariadon.

Yn erbyn: Cariadon? Mam? Rhwng siopa, y piano, ysgol Sul a thonic sol-ffa, does dim amser ganddi i gariadon.

8. Pan oedd yn sgrifennu'r ewyllys roedd yn cymryd yn ganiataol y byddai e'n byw'n hwy na Mam.

9. Dim ffydd yn Mam i beidio â gwario'r cwbl.

10. Meddwl 'mod i'n rhy dwp/didalent i lwyddo heb help tomen o arian.

11. Roedd e'n dymuno i mi gael cyfleoedd na chafodd e.

Yn erbyn: Fel beth? Roedd e'n gwneud yn gwmws fel y dymunai.

So hi'n rhy hwyr go wir i wneud eich addunedau ym mis Chwefror. Ionawr yn pasio mewn niwl. Penderfynol y bydd y fi newydd yn defnyddio'r arian i lwyddo mewn ffordd y bydd y teulu cyfan yn falch ohonof. Dechrau heddiw. Ffonio Daniel Diflas i ddweud 'mod i'n dychwelyd i'r gwaith.

Un diwrnod arall o lonydd cyn y storm. Ffonio Daniel Diflas fory.

Llun yr 2il

Rhy hwyr i newid fy meddwl. Newydd ffonio DD gyda'r newyddion da o lawenydd mawr (fel dd'wedai'r Parch).

'Wyt ti'n siŵr?' gofynnodd. Ai consýrn oedd y tinc anghyfarwydd 'na yn ei lais? 'Dw i'n andros o falch. Mae'n draed moch 'ma! 'Dan ni newydd ennill tender Ffermwyr Cymru. Ein gwaith ni fydd gneud maip organig yn trendi.'

'Grêt,' meddwn i, gan wneud ymdrech i swnio'n frwdfrydig.

'Wyt ti gartre heddiw? Cyfle perffaith i feddwl. Deg syniad ar sut i werthu maip. Mae pawb wrthi fel lladd nadroedd. Mae'n debyg mai ti fydd yn gyfrifol am y PR. Does gin i neb arall.'

Mae 'mywyd i ar chwâl. Ond fe fyddwn i wrth fy modd yn anghofio am fy mhroblemau er mwyn canolbwyntio ar ddyfodol maip organig! Twpsyn!

'Dw i 'di gweld isio pâr arall o ddwylo. Diolch byth am Rhian Haf!'

Blwmin Rhian Haf. Syth mas o'r coleg. Roedd gen i flwyddyn gyfan o brofiad gwaith cyn ymuno â'r cwmni. Mae Rhian yn siarp fel cyllell—yn arbennig pan mae'n dod i weld ei chyfle. O fewn chwinciad, roedd hi'n gofalu am brosiectau PR. Ar ei phen ei hun!

Gwaeth fyth, mae DD yn ei defnyddio fel chwip i fy fflangellu i. Pan mae'n glanio rhagor o waith yn fy nghôl mae'n dweud y geiriau hud, 'Dw i 'di rhoi llwyth tebyg i Rhian Haf'. Amhosib cwyno wedyn.

'Un dda 'di Rhian Haf,' meddai DD ar ôl mis.

'Mi fydd hi'n ras fawr rhyngoch chi'ch dwy am swydd "Rheolwr Marchnata".'

'Swyddogion' Marchnata y'n ni ar hyn o bryd. Ry'n ni'n gwneud yr un gwaith yn union â'r Rheolwyr. Does dim dewis ers i DD ei benodi ei hun yn Uwch-reolwr a phenderfynu ei fod yn rhy brysur o lawer i wneud gwaith caib a rhaw fel PR.

Anfanteision mynd yn ôl: bydd yn rhaid i mi weithio. Gweler uchod.

Manteision mynd yn ôl: llai o amser i wneud fy hun yn sâl fel ci yn pendroni ynghylch fy sefyllfa.

Darllen *Best* a *Chat*, hoff gylchgronau Sandra 'Sandy' Tucker (mam Simon). Mae storïau anhygoel yn *Chat*—menyw'n priodi gŵr ei chwaer a rheolwr banc yn gwisgo sanau merched o dan ei siwt. Grêt.

Talu £200 am stori.

Sgwn i a oes rhaid i chi roi eich enw iawn?

Mawrth y 3ydd

Diwrnod cynta'n ôl yn y gwaith. Ych! Wynebu Daniel Diflas am y tro cynta ers hydoedd. Ych a pych! Diwrnod rhyfedd iawn.

Hynod-beth un. Wy wedi mynd yn ôl i'r gwaith—er mawr syndod i fi fy hun. Ro'n i'n meddwl erioed na fyddwn i'n gweithio oni bai fod rhaid. Gweithio i gael arian i allu anwybyddu'r *house wine* a phrynu Chablis wrth swpera; mynd heibio Dorothy Perkins a Top Shop yn stryd fawr Caerdydd ac anelu'n syth am French Connection.

Ond nid yw craig arian Dad yn ddigon i mi ymddeol arno. Penderfynu dychwelyd i'r gwaith nes 'mod i'n penderfynu beth i'w wneud. Nawr 'mod i ddim yn dibynnu ar fy nghyflog yn unig, mae'r pwysau wedi lleddfu. Wy'n gallu ymlacio. Heddiw, do'n i ddim yn teimlo rheidrwydd i godi bys i helpu neb.

Hynod-beth dau. Pawb yn llawn cydymdeimlad. 'Roedd yn ddrwg gen i glywed . . .' oddi wrth hwn. 'Os oes rhywbeth alla i neud . . .' oddi wrth y llall. Ystrydebau. Geiriau wy wedi eu clywed droeon dros yr wythnosau diwetha. Ond, rhyfedd mor gysurlon maen nhw'n swnio o enau pobl ry'ch chi'n poeni beth yw eu barn. Dweud y gwir, ro'n i'n emosiynol iawn. Ro'n i'n clipad y dagrau'n ôl. Do'n i ddim eisiau neb yn meddwl 'mod i'n groten dda i ddim yn methu ymdopi.

Hyd yn oed Rhian Haf yn mentro defnyddio pum munud o amser y cwmni i gydymdeimlo. Llwyddo i wneud i mi deimlo'n waeth, nid gwell.

'Wyt ti 'di bod yn brysur?' gofynnais gan lygadu'r sgert fini oedd yn prin cuddio'i chluniau. Dim rhyfedd mai hon oedd ffefryn DD.

'Sa i 'di stopo—rhwng fy ngwaith i a dy waith di. Sa i'n cwyno cofia. Ma' fe 'di bod yn brofiad grêt. Wy wedi dysgu cyment! Wy'n teimlo 'mod i 'di bod 'ma erio'd.'

Hynod-beth tri. Roedd DD'n ffeind iawn! Ei wep ddiflas yn gweddu i'r gwaith o gydymdeimlo. Fe ddylai fod yn ymgymerwr nid dyn PR. Ddylwn i ddim fod wedi rhuthro'n ôl, meddai. Pam na dd'wedodd y ffŵl yn gynt? Fyddwn i wedi manteisio ar ddiwrnod neu ddau arall gartre. Heb droi'n Santes eto.

Treulio'r rhan fwya o'r dydd yn edrych mas trwy'r ffenest neu'n gwneud coffi. Fy sialens fwya oedd llungopïo. Sa i'n credu y byddai'n rhesymol iddyn nhw ddisgwyl i mi weithio'n galed iawn heddiw. Wy wedi diodde'n ddiweddar.

Hynod-beth pedwar. Wy ar ddeiet. Cael gwaith cau fy nhrowsus. Pan ddigwyddodd 'Y Peth' wnes i addo i mi fy hun na fyddwn i'n poeni am bethau bach fyth eto. Byddai dod i ddiwedd y botel shampŵ wrth olchi fy ngwallt ddim yn fy mlino, na disgwyliadau afresymol DD na choethan Simon. Yn ôl y Parch, mae pethau gwaeth yn y byd na fy mhroblemau i—hynny yw, tlodi yn y Trydydd Byd, trychinebau naturiol a mwynhau blas y ddiod feddwol. Hawdd iawn i'r Parch, on'd yw hi? Mae e'n ddyn ac yn hen. Does dim rhaid iddo fe boeni am ei siâp. Rhaid fy mod i'n dod yn ôl at fy nghoed—er gwaetha Mam.

Hynod-beth pump. Y diwrnod yn hir heb ddim byd i'w wneud. Am bump o'r gloch heno dechrau poeni ble oedd y maip organig. Ystyried gofyn i DD amdano. Fi? Yn chwilio gwaith?

Mercher y 4ydd

Yn y gwaith, mae fy annwyl gyd-weithwyr yn gweld eu cyfle i gydymdeimlo ac, ar yr un anadl, yn llwytho rhagor o waith arna i.

'Catrin, mae'n ddrwg gen i am dy dad. O, gyda llaw dyma brosiect bla-bla-diflas-diflas. Sdim brys. Rhywbryd rhwng nawr ac amser cinio.'

Mae fy nesg i'n ymdebygu i ddaeargryn o bapur.

Finnau yw'r lafa wynepgoch oddi tano sy'n bygwth ffrwydro.

Iau y 5ed

Wedi danto â'r ffôn! Maen nhw'n canu'n ddi-baid yn y swyddfa. Rhaid bod y sŵn yn rhoi pwysau aruthrol ar fy nghlustiau. Pan fydda i'n hen ac yn fyddar fel postyn, sgwn i a fydda i'n gallu dwyn achos llys yn erbyn DD? Bydd croen ei din ar ei dalcen go iawn wedyn!

Gwener y 6ed

Ro'n i'n edrych mas trwy'r ffenest am y canfed tro, yn treial penderfynu a oedd chwarter i ddeg yn rhy gynnar i gael te un ar ddeg, pan biciodd DD heibio.

'Yli, ti 'di gneud y peth iawn 'ngenath i,' meddai, gan hwpo'i big i 'musnes. 'Dringo'n ôl ar ben y ceffyl. Y peth gwaetha fedret ti 'di neud fydda eistadd adre'n hel meddyliau.'

Siaradai DD fel petai'n hen gant. Gwisgai'n henaidd hefyd. Trowsus *corduroy* llwyd, siaced frethyn a choler a thei. Ond crwtyn ysgol oedd e mewn gwirionedd, fel y datgelai'r smotyn aeddfed ar ei ên.

'Ar beth wyt ti'n gweithio?' gofynnodd.

'Wy'n treial cael trefn ar fy nesg . . .' atebais yn llipa.

Dychmygais fy hun yn gwasgu'r smotyn rhwng fy ewinedd. Ffrwydrodd y crawn fel corcyn siampên a llifodd y drwg yn ewyn hufennog.

'Be sy'n dod i dy feddwl di pan wy'n deud "maip"?'

'Cinio ysgol?' atebais i.

Chwarddodd. 'Yli, yr her i'r Rheolwr Marchnata ydi dod o hyd i'r rhinweddau. Syniadau ar fy nesg erbyn diwedd wthnos nesa.'

'Ac ar beth wyt ti'n gweithio?' meddwn i, gan ei watwar y tu ôl i'w gefn. Mae DD'n dalentog iawn. Mae'n arbenigwr ar siglo'n ôl a 'mlaen yn ei gadair a siarad â'i ffrindiau ar y ffôn ar yr un pryd. Gallai hefyd sgrifennu llyfr o esgusodion dros fynd i gael cinio'n gynnar.

6.00 pm. Adre. Wedi ymlâdd.

Sadwrn y 7fed

Aros yn y gwely trwy'r dydd. Wedi blino'n swps. Jake a Sandy mas heno. Noson dawnsio llinell yn neuadd y pentre. Ffarwelio â nhw o'r gwely i osgoi gorfod dweud yn gelwyddog eu bod nhw'n edrych yn cŵl mewn stetsons a sgidiau cowboi. Byddai'n ymdrech i hyd yn oed Kate Moss edrych yn cŵl mewn stetson a sgidiau cowboi.

Ar ôl i'w fam a'i dad fynd, Simon yn ymuno â fi yn y gwely.

Nawr, wy'n fwy lluddedig byth.

Sul yr 8fed

Anodd credu. Yn ôl yn y gwaith ers llai nag wythnos ac wy'n cwyno'n barod. Record hyd yn oed i fi. Yn ôl Simon dyw hyn ond yn naturiol oherwydd 'mod i wedi bod o dan lawer o bwysau'n ddiweddar. Dweud hyn wrth fy ngoglais trwy lyfu fy mola.

Hoffi'r syniad ohonof fel rhywun o dan bwysau sy'n ymdopi â holl anawsterau bywyd.

Ei dafod yn wlyb ac yn gynnes ac yn gwneud i mi chwerthin yn uchel. Catrin Jones—*Wonder Woman* y mileniwm newydd.

Yn ôl Simon, mae dychwelyd i'r gwaith yn gam mawr a phwysig ar ôl y trawma diweddar.

Wonder Woman yn brwydro ac yn llwyddo yn erbyn yr elfennau.

Dywed Simon y bydd hi'n sialens ymdopi â phwysau gwaith unwaith eto.

Roedd wedi cwpla llyfu fy mol ac yn llyfu'r rhych o dan fy mron.

Yn ôl Simon, ddylwn i ddim ychwanegu at y pwysau gwaith trwy fy mlino fy hun â phwysau teuluol. Er mor anodd yw hi i mi dderbyn hynny, dywed, ar hyn o bryd mae Mam yn un o'r rheini. Efallai y dylwn ystyried symud oddi cartre am gyfnod, meddai, a symud i mewn ato fe.

Mmm. Ro'n i'n dwlu ar beth roedd e'n gwneud i fy mronnau.

Simon yn synhwyrol iawn weithiau. Wedi bod yn meddwl llawer, meddai. Digon o amser i feddwl oherwydd ei swydd yn y Swyddfa Bost.

Pwysleisio nad yw am ladd ar Mam. Ond dyna'r sefyllfa. Ar hyn o bryd. Pethau'n gwella mewn amser, meddai. Rhag pob clwyf eli amser, meddwn i. Golwg ddryslyd ar Simon. Nid yw'n blentyn yr ysgol Sul fel fi a'r Parch.

Jake a Sandy'n hapus gyda'r trefniant. Simon

wedi gofyn iddyn nhw eisoes. Rhaid ei fod e'n fy ngharu'n fawr.

Ei garu e'n fawr.

Hoffi'r syniad o fyw o dan yr un to â Simon. Mwy o amser gyda'n gilydd. Hyn yn beth da oherwydd mae'r gwaharddiad ar ben ac mae angen gwneud iawn am yr amser a gollwyd.

Iau y 12fed

Ffonio Ler. Ler braidd yn oeraidd i ddechrau.

'Ti *yn* cofio sut mae'r ffôn yn gweithio, 'te!' meddai'r ast sych.

Yn y cefndir gallwn glywed y radio'n sgrechian a chyrn yn bloeddio. Sylweddolais fod gwaeth synau na chanu'r ffôn.

'Sdim lot o whant siarad â neb 'di bod arna i. Mae 'di bod yn ddrama fowr gartre. Ond wy'n ôl yn y gwaith nawr. Wyt ti'n ffansi mynd am ddrinc nos Sadwrn? Gei di'r hanes i gyd.'

'Brenda'n rhoi amser caled i ti, ody hi?'

Ry'n ni'n galw rhieni'n gilydd wrth eu henwau cynta, y tu ôl i'w cefnau. 'Mrs Jones' foesgar fyddai Mam i'w hwyneb.

'Gad i fi weld os wy'n rhydd.'

Eiliadau yn unig fuodd Ler yn edrych yn y dyddiadur a chytuno. Roedd hi'n dwlu ar glonc. Ei hoff beth am werthu siocled oedd cleber y siop— a'r siocled am ddim, wrth gwrs. Llyncodd yr abwyd fel pysgodyn yn llyncu mwydyn tew.

'Ody hi'n amser y mis?' gofynnodd. 'Ma' Simon yn gadel ti mas i whare.'

'Wine Bar erbyn saith,' meddwn i. 'Gewn ni lenwi'n stumogau cyn y sesh.'

'Saith. Lyfli. Digon o amser i ti neud swper i *loverboy* gynta.'

So Ler yn caru â neb. Dyw hi ddim yn deall y ffin denau rhwng cadw'r cariad a'r ffrindiau yn hapus.

Gwener y 13eg

Ych fyth bythoedd! DD wedi cael y gorau arna i.

'Oes gen ti ddigon o amser rhydd dros y penwythnos?' gofynnodd.

Ro'n i'n meddwl ei fod e'n cyfeirio at y maip organig. Ro'n i wedi methu'n deg â meddwl am ddelwedd newydd iddyn nhw.

'Ar y penwythnos, oes gen ti ddigon o amser rhydd?' gofynnodd eto.

'Oes.'

'Dim cynlluniau mawr am y mis neu ddau nesa?'

'Dim byd. Ma'r doctor wedi gweud wrtha i am orffwys.'

Ro'n i'n gobeithio y byddai'r awgrym fy mod yn cael help meddygol yn ennyn cydymdeimlad, o gofio'r diffyg syniadau am faip.

'I'r dim. Ma' isio i rywun fynd â'r stondin i Sioe Fach Fawr Aberafanc wythnos i ddydd Sadwrn. 'Swn i'n mynd 'yn hunan yli, ond 'y nhro i 'di hi hefo'r plant.'

Roedd trefnwyr Sioe Aberafanc yn uchel iawn eu cloch mai hon oedd yr unig sioe o'i math yng Nghymru oedd yn cael ei chynnal ym mis Chwefror.

Yn fy nhyb i, mae rheswm da iawn dros hynny. Pa dywydd sy'n ddelfrydol ar gyfer sioe? Haul tanbaid. Pa dywydd sy'n arferol ar gyfer mis Chwefror? Eira mawr neu stormydd glaw.

'Bydd o'n gyfle i ti arbrofi efo'r maip trendi. Fydd isio deunydd newydd—posteri, datganiadau. Mi wyt ti'n gwybod y drefn.'

Prin roedd ei sodlau rwber wedi peidio â gwichian yn fy nghlustiau cyn 'mod i'n swp o gynnwrf. Y diawl yffarn ag e! Diolch byth am yr e-bost.

'Wrth fy modd yn gweithio wythnos i ddydd Sadwrn, ond wedi anghofio'n lân am y swper arbennig. Ffrindiau agos iawn i'r teulu yn dathlu achlysur pwysig. Fel arfer, esgusodi fy hun ond maen nhw wedi bod mor dda i mi dros yr wythnosau anodd yma.'

Dylai hynna fod yn ddigon i wneud i hyd yn oed DD deimlo'n euog.

Fflachiodd yr ateb mewn eiliadau.

'Faint o'r gloch?'

'Bwyta am chwech. Maen nhw'n hen iawn.'

'Fydd gin ti ddigon o amser. Mae'r Sioe'n gorffen am bump.'

'Sgwn i a allai rhywun arall bacio'r stondin? Mae'n awr yn y car i Bontawel.'

'Petai 'na rywun arall 'swn i ddim yn gofyn i chdi, Einstein. Ond os wyt ti'n methu, allen i ofyn i Rhian Haf. Mae'n weithwraig fach dda.'

Sadwrn y 14eg

Noson briliant, piliant. Caru Ler. Ler yn caru fi. Ni'n ffrinds gorau. Wiii! Sgrifennu'n waith caled. Dyddiadur a beiro'n troi a throi. Ha, ha!

Sssh! Rhaid bod yn dawel fel llygoden. Simon yn chwyrnu cysgu. Ha, ha! Simon yn ddigri pan mae'n chwyrnu. Ei drwyn yn gwingo fel trwyn cwningen. Wy'n starfo! Allen i fwyta cwningen! Wedi cael swper. Cyw iâr mewn saws ac enw Ffrengig, hir arno. Lyfli. Poteli gwin hefyd. Sa i'n cofio faint. Mynd i lawr fel dŵr. Siarad am bopeth—Dad, Mam a Simon.

Ler yn yfed i fagu plwc i siarad â Llion (un o'r efeilliaid, blwyddyn yn hŷn na ni yn yr ysgol). Clustiau mawr gan Llion. Chwaeth ryfedd gan Ler erioed. Yn y Black, Llion yn wincio arni.

Ler yn dweud i beidio â phoeni am Brenda a'r arian. Hi'n dweud bod yr arian yn ffantastig—ond nid colli Dad, wrth gwrs. Tad Ler wedi gadael pan oedd hi'n chwech oed. Ler byth yn gadael i ni anghofio'r ffaith iddi golli ei thad yn chwech oed, yn enwedig pan wedi yfed gwin. Ler yn dweud i beidio â gadael i Simon reoli fy mywyd. Ler yn dweud hyn oherwydd ei bod hi'n eiddigeddus— dim cariad ganddi hi. Fi'n dweud 'mod i'n fenyw'r mileniwm newydd, neb yn rheoli 'mywyd i. Ler yn fy atgoffa bod Mam yn rheoli fy mywyd.

Mynd i Porky's Niteclub am fŵgi. Caru danso. Danso i 'Dancing Queen'. Caru Abba. Caru Ler.

Llion yn Porky's Niteclub. Ler yn yfed dau Bacardi a Coke ar eu pennau ac yna'n mynd i ofyn i Llion am ddans. Llion a Ler yn danso. Ond yna,

52

ffeindio mas nad Llion roedd hi'n danso ag e ond Gwion. (Gwion—efaill Llion â'r clustiau mwy fyth.) Ler yn danso, ta beth. Fi'n danso gyda ffrind Llion a Gwion, Gary Rhys. Mae Gar yn fardd. Mae Gar yn gorjys, porjys. Danso trwy'r nos. Dim ond fel ffrindiau, wrth gwrs. Sssh! Dim gweud wrth Simon.

Wwww! Dyddiadur yn troi. Stafell yn troi.

'*Siwp-py-py-yr, trwp-py-py-yr, lights are gonna blind me . . .*'

Wps! Stŵr gan Simon am oleuo'r lamp.

Sul y 15fed

Y-y-y! Mae gen i ben fel bwced. Sa i fyth, fyth yn yfed 'to. Bai mawr ar Ler am fy arwain ar gyfeiliorn. Dim cydymdeimlad oddi wrth Simon. Dweud mai arna i mae'r bai. Mor annheg!

Simon wedi dod o hyd i rywbeth newydd i goethan amdano. Ydw i wedi ffonio Mam? Ydw i wedi ffonio Mam? Fel Poli Parot. Y-y-y! Oes raid gweiddi? Mam fach, 'mhen i!

Gwener yr 20fed

Yr wythnos ddiwetha wedi hedfan, yn gorwynt o weithgaredd. Dim amser hyd yn oed i sgrifennu yn y dyddiadur. Gwneud ymdrech i gael popeth yn barod ar gyfer Y Sioe Fach Fawr ddydd Sadwrn. Ymdrechu i gael y balans yn iawn rhwng edrych fel petawn yn rhoi pob gewin ar waith oherwydd fy ymrwymiad i'r maip organaidd heb edrych fel petawn i mewn panig gwyllt oherwydd 'mod i'n ffaelu ymdopi. Rhian Haf yn fythol cŵl fel ciwcymbr.

Chwilio yn y *Geiriadur* am ysbrydoliaeth. Mae gair arall am faip—erfinen! Meddwl am slogan i werthu'r maip. 'Erfyniwch am erfinen!' Byddai honna'n gwneud argraff ar Gary Rhys y bardd. Os wy'n cofio fy Lefel 'A' Cymraeg yn iawn, mae'n gynghanedd. Traws gytbwys? Dylai blesio DD sy'n aelod o'r Orsedd. *Yes!* Mae gen i fwy o frêns na Rhian Haf. Roedd yn rhaid iddi ofyn, 'Beth yw erfinen?'

Mae gen i ddawn naturiol am sloganau. Dyma rai o'r lleill. 'Panas—llysiau â *panache*!' 'Sweden —llysiau â *swing*!' DD ar ben ei ddigon.

Gwrthod cynnig Rhian Haf am help. Wy eisiau'r clod i gyd i fy hun. Dechrau difaru nawr. Mae ymhell wedi chwech a dim ond fi sydd ar ôl yn y swyddfa. Wy'n clywed synau amheus o lawr staer bob chwipstits ac yn brwydro yn erbyn dychymyg byw sy'n mynnu mai llofrudd sydd yno. Pawb yn y pyb. Cynghanedd draws?!

Cyn iddo fynd, DD'n gofyn, 'Beth yw erfinen?' Y twpsyn twp!

Sadwrn yr 21ain
Sioe Fach Fawr Aberafanc. Doedd hi ddim yn cael ei chynnal mewn cae wedi'r cwbl ond mewn anferth o babell fawr grand. Sdim smotyn o faw na llaca ar y welingtons ro'n i wedi eu prynu'n arbennig.

Siom pan gyrhaeddais i. Ein stondin ni drws nesa i'r tŷ bach! Roedd e'n lle da iawn erbyn meddwl. Mae hyd yn oed pwysigion Ffermwyr Cymru yn mynd i'r tŷ bach.

Teimlo'n bwysig fel pobl bwysig Ffermwyr Cymru. Siampên a *canapes* i bawb! Lyfli! Y Ffermwyr i gyd mewn siwts—dim un pâr o welingtons rhyngddyn nhw! Fy llongyfarch ar yr arddangosfa. Y bobl bwysig yn annerch a finnau'n gwrando. Digon o amser i wneud tolc yn y siampên a'r *canapes*.

Ar ôl i mi egluro iddo beth oedd 'erfinen', Llywydd Ffermwyr Cymru yn gofyn i mi a ydw i'n fardd! Byddai Dad wedi ei blesio'n fawr. Wy'n credu bod gen i dalent barddoni. Ystyried holi am wersi.

Cael help dau Ffermwr Ifanc cryf i ddadbacio'r stondin a'i rhoi yn y car. Chwerthin yn lloaidd wrth i un gynnig 'help llaw yn y sedd gefn'!

Llun y 23ain

Uwchben fy nigon. Allen i wynebu unrhyw beth. Hyd yn oed Mam. Bwriadu wynebu Mam penwythnos hwn, yn bendant.

Diwrnod i'r jawl yn y gwaith. DD wrth ei fodd gyda hanes dydd Sadwrn. Yr Is-lywydd wedi ffonio i ddiolch. Un cwestiwn ganddo: 'Beth yw erfinen?'

DD'n gofyn i mi ddechrau gweithio'n syth ar Eisteddfod Fawreddog Llanbidlog. Y brîff yw denu mwy o bobl ifanc. Oddi wrth wep ddiflas DD, ro'n i'n casglu na fyddai croeso cynnes iawn i gynlluniau ar gyfer cynnal rêf yn lle cystadleuaeth y corau cymysg, rhoi Hooch am ddim i gystadleuwyr o dan ddeugain oed a chael gwared ar yr emyn o dan hanner cant er mwyn cynnal cystadleuaeth dawnsio disgo.

Hmmm. Hon yn sialens. Coffi gynta.

Daeth DD heibio cyn mynd adre. Roedd hi'n hanner awr wedi pedwar. Roedd e'n byw rownd y gornel.

'Mae gin i newyddion da.'

Daliais ati i deipio.

'Ddylwn i'm deud.'

'Wy'n dyall,' meddwn i. Roedd hi'n amlwg ei fod e'n torri'i fola eisiau gadael y gath o'r cwd.

'Cadw lygaid barcud ar yr hysbysfwrdd wthnos nesa.'

'Chi'n hysbysebu?' meddwn i'n methu cuddio'r cyffro.

'Wela i chdi fory,' meddai gan wincio.

Cyfle i ddringo'r ysgol. Bydd Mam wrth ei bodd.

Mawrth y 24ain
Roedd y tawelwch wrth i mi gamu i'r cyntedd yn gysur. Dim sôn am neb yn chwarae'r piano. Roedd Mam yn y lolfa yn ei gŵn nos. Edrychais i ddwywaith ond gŵn nos oedd hi ac nid cafftan na wigwam. Edrychai wedi ymlâdd. Roedd hi'n ddigolur ac roedd angen crib ar y crop melynwy.

'Wel, wel!' meddai wrth fy ngweld am y tro cynta.

Ro'n i'n haeddu honna. Sa i'n credu 'mod i erioed wedi bod mor nerfus, ddim hyd yn oed wrth gyfadde wrth Miss yn yr ysgol fach mai fi roddodd y tywod yn y toiled. Roedd fy stumog yn troi a fy nghalon yn curo fel drwm.

'Sut wyt ti?' gofynnais.

'Cystal â'r disgwyl,' crawciodd. Ofynnodd hi ddim sut o'n i.

'Ma' newyddion 'da fi i ti.'

Gallech chi glywed chwannen yn neidio. Pry'nny sylwais i ar y gwydr yn ei llaw.

'Maen nhw'n hysbysebu swydd Rheolwr.'

'Diolch byth! So ti'n feichiog.'

'Wedodd Daniels 'tha i ei hunan,' meddwn gan ei hanwybyddu. 'Wy'n bwriadu neud cais, wrth gwrs. Ma' 'da fi cyment o brofiad â neb.'

Roedd Mam wedi troi ei phen. Edrychai trwy'r drysau patio.

'Ma' newyddion arall 'fyd.'

Trodd i edrych arna i unwaith eto. Roedd golwg bell yn ei llygaid.

'Ma' Simon a fi 'di bod yn siarad. Wy'n mynd i symud mas o gartre dros dro.'

'Wyt ti'n dal i fyw 'ma, 'te?'

'Wy'n credu 'nele fe les i'r ddwy 'non ni ga'l amser i feddwl. Wrth gwrs, fydda i'n dod i dy weld di'n aml.'

'Gwna fel lici di. Ti jyst fel dy dad.'

'Wy'n mynd i baco, 'te.'

Dd'wedodd hi ddim byd. Allen i fod wedi ei thagu.

Gyrrais i'n syth i dŷ'r Parch a Mam-gu, yn

benderfynol o dorri'r newydd cyn i mi lewygu oherwydd yr holl adrenalin yn fy nghorff.

'Byw 'da Simon, sbo!' meddai Mam-gu'n sbeitlyd.

O'dd hi'n meddwl am ymateb Chwiorydd eraill y capel.

'Ma' Mr a Mrs Tucker wedi cynnig y stafell sbâr i mi.'

'Wel wir, Catrin! Sa i'n gwbod beth i'w ddweud,' meddai'r Parch ac yna mynd yn ei flaen i bregethu:

'Ma' dy fam yn wynebu un o stormydd mwya tymhestlog ei bywyd. Ddylet ti aros gartre er ei mwyn hi—mewn undod mae nerth. Mae cysur mewn rhannu cystudd.'

Porai Mam-gu yn ei *Woman's Weekly* gan borthi o dro i dro.

'Wy 'di meddwl yn ddwys. Fydd y ddwy 'non ni'n elwa o gyfnod ar wahân. Gweud y gwir, sa i'n credu fyse Mam yn becso lot 'se'i byth yn 'y ngweld i 'to!'

'Catrin!' bloeddiodd Mam-gu gan dynnu ei sylw oddi wrth y Croesair Cyflym.

Roedd rhyddhad mawr yn fy ngolchi'n lân. Yn y car, gwasgais y sbardun i lawr i'r llawr a gyrru nerth gwallt fy mhen. Roedd 'Dancing Queen' yn fy myddaru. Ond ro'n i'n methu twyllo Simon.

'Beth sy'n bod?' gofynnodd yn syth bìn. Dechreuais lefain y glaw.

Iau y 26ain
Mam heb ffonio.

Gwener y 27ain

Mam heb ffonio o hyd. Mae'n rhaid ei bod hi'n gacwn.

Sadwrn yr 28ain

Mam-gu'n ffonio.

'Pryd wyt ti'n galw i'n gweld ni, 'te?' gofynnodd.

Sylwer. Dim 'helô' na 'sut wyt ti?'

'Sori Mam-gu. Wy 'di colli cyment o waith, o'dd lot o ddala lan i'w neud. Sa i 'di stopo.'

'Digon o amser i weld Simon, sbo.'

Ynganodd 'Simon' fel petai'n llond ceg Seisnig fel '*Reginald Major*'.

'Ma' Dat-cu 'di bod yn dost.'

'O'n i ddim yn gwbod.'

''Set ti 'di galw, fyset ti'n gwbod. *Sickness*, *diarrhoea*. O'dd bwyd yn mynd trwyddo fe fel dŵr. Pŵr dab. So fe 'di codi o'r gwely ers dwrnode.'

Rhwystredig iawn i Mam-gu. Doedd y Parch ddim yn caniatáu iddi yrru'r car ac roedd bod yn gaeth i'r tŷ yn dân ar ei chroen.

'O'n i'n meddwl byse dy fam wedi gweud 'thot ti.'

'Sa i 'di gweld Mam. Y'ch chi moyn i fi fynd i siopa drostoch chi?'

Roedd Mam-gu'n mynd i Tesco bob dydd Mercher yn ddi-ffael. Dyna uchafbwynt ei hwythnos.

'Na. Fuon ni'n siopa bore 'ma.'

'Ond o'n i'n meddwl bo Dat-cu'n dost.'

'O, ma' fe lot yn well heddi! Arhosodd e yn y car. O'dd e wedi ca'l dosad o foddion.'

Dŵr, Vic a chymaint o bupur ag oedd e'n gallu'i ddiodde. Rysáit Mam-gu ar gyfer pob salwch o arthritis i boenau geni babi. Ro'n i'n cydymdeimlo â'r Parch.

'Dere draw heno!'

Nos Sadwrn. Mi fyddai Simon yn blês.

10.15pm. Wedi blino'n gorn heno ar ôl dwy awr gyda'r Parch a Mam-gu. Roedd Mam-gu'n mwydro fy mhen am salwch y Parch. Roedd y Parch yn mwydro fy mhen am aelodau'r capel sydd newydd farw neu sy'n sâl iawn ac ar fin marw. Dim sôn am Mam.

MAWRTH
Y Mis Mawr . . . a ladd

Llun yr 2il

Mae 'na feddyg cystal ag amser. Nid yn ôl y Parch—nad yw'n amau gair Duw yn ei ffurf ysgrifenedig, hynny yw *Y Beibl*—ond yn ôl y doctor. Mae 'gwaith' hefyd yn feddyg da, meddai'r doctor.

Mynnodd Simon fy mod i'n mynd i weld y doctor (eto). Mae'r syrjeri'n ail gartre ac wy'n dechrau teimlo fel un o'r bobl ofnadwy 'na sy'n diodde o ryw afiechyd neu'i gilydd bob gafael. Prin y galla i edrych i lygaid y ddynes yn y dderbynfa.

Wy wedi treulio tridiau yn beichio crio. Yn ôl Simon, mae gwrando arna i'n beichio crio dros y diwrnodau diwetha wedi bod yn debyg iawn i wrando ar gi bach amddifad yn llefain. I ddechrau, roedd e'n llawn cydymdeimlad am yr un bach, truenus ond ar ôl noswaith arall ddi-gwsg, fe flinodd arni ac yn y diwedd roedd am ei boddi! Roedd y syniad bod Simon am fy moddi yn gwneud i mi lefain yn fwy byth.

Ro'n i'n falch bod Simon wedi aros yn y car y tu fas i'r syrjeri (i glywed cyfweliad â Noel Gallagher ar y radio) rhag ofn iddo argymell i'r doctor fy mod yn cael fy rhoi i gysgu.

Roedd y doctor yn gyndyn i roi rhagor o dabledi i mi—diolch byth. Sgen i gynnig i dabledi. Edrychwch beth mae blynyddoedd o gamddefnyddio tabledi wedi ei wneud i Mam-gu. Go brin ei bod hi o gwmpas ei phethau. Mae'r doctor wedi awgrymu fy mod yn bwrw fy hun i'r gwaith.

Wy'n hoffi'r syniad o fwrw fy hun i'r gwaith—mewn ffordd sa i fyth wedi ei wneud o'r blaen. Dychmygu fy hun yn hollol ymrwymedig a chyd-wybodol iawn, yn rhoi pob gewin ar waith o fore gwyn tan nos. Fi fydd y cynta i gyrraedd, y diwetha i adael. Ennill teitl 'gweithiwr y mis' (pe bai gan DD ddigon o ddychymyg i sefydlu'r fath deitl). Licen i weld wep Rhian Haf petai'n fy ngweld â chlamp o fathodyn mawr, swyddogol. Cyn hir, bydd DD'n dweud,

'Mae Catrin Helen yn weithwraig fach dda.'

Prynu briffcês newydd—yn lle'r bag o Harrods fyddai'n debyg iawn i fag siopa pe na bai'n dod o Harrods.

Bwriadu dechrau o'r newydd ddydd Llun.

Mawrth y 3ydd

Yn y gwaith erbyn chwarter i naw. Allwch chi fentro bod 'gweithiwr y mis' yn cyrraedd y gwaith yn gynnar—yn hytrach na phum munud yn hwyr oherwydd traffig/dim lle yn y maes parcio agosa. Cyrraedd cyn DD a Rhian Haf. Byddwn i wedi bod yno'n gynt ond roedd yn rhaid i mi droi'n ôl. Ro'n i wedi anghofio'r briffcês newydd—a'r ffeiloffacs newydd oedd am ddim wrth ei brynu.

Ro'n i'n bwriadu gwneud iawn am y chwarter awr goll trwy weithio'n hwyr. Yna, cofiais fy mod wedi addo bod adre'n gynnar i Sandy Tucker (sydd, yn wahanol i'w mab, yn deall pam wy'n llefain yn iawn ac yn credu bod hynny'n naturiol o dan yr amgylchiadau. Mae'n gofyn bob gafael, 'wyt ti'n iawn?').

Sandy Tucker yn gwneud swper cynnar oherwydd y parti Ann Summers yn y tŷ heno. Ges i orchymyn i gofio dod adre i swper. Mae'n credu bod angen magu pwysau arna i! Hoffi'r syniad o fod mor denau (oherwydd fy holl broblemau) nes 'mod i mewn perygl o ddiflannu. Yn anffodus, tystiolaeth i'r gwrthwyneb oddi wrth y trowsus sy'n gwrthod cau. Dweud wrth DD mai parti Tupperware yw'r rheswm dros fy ymadawiad cynnar yn hytrach nag Ann Summers. Sa i moyn iddo feddwl bod gen i (na neb sy'n perthyn i mi) obsesiwn rhywiol. Byddai'n gwneud byd o les i DD fynd i barti Ann Summers. Gweld sawl peth yn y catalog i roi gwên ar ei wyneb! Dim am ddangos gormod o ddiddordeb yn y catalog Ann Summers o flaen Sandy rhag ofn ei bod yn meddwl fy mod yn cymryd mantais o'i chrwtyn bach.

DD yn fwy diflas nag arfer heddiw. Trafod Eisteddfod Fawreddog Llanbidlog. Fy awgrym i gael gwared ar y gystadleuaeth emyn a chynnal cystadleuaeth canu roc yn ei lle yn cael cymaint o groeso â niwmonia adeg gwyliau. Oherwydd hynny, cadwais y syniad o ddileu'r Eisteddfod yn gyfan gwbl a chynnal Gŵyl Roc gyda bandiau byw a system sain i fy hun, gan y byddai'n ddigon i beri i glustiau Pwyllgor yr Eisteddfod gorco!

Mercher y 4ydd

Ble aeth amser cinio? Dirgelwch mawr. Ro'n i wedi bwriadu gweithio trwy ginio. Ond wrth fwyta brechdan wrth fy nesg, dechreuais freuddwydio bod Jake a Sandy Tucker yn rhieni iawn i mi. Hyn yn gwneud fy mherthynas â Simon yn amheus iawn—ac, www, llawer yn fwy cyffrous!

Dadi Tucker a Mami Tucker yn gwneud mwy na rhoi bwyd yn fy mol a tho dros fy mhen ond hefyd yn ffrindiau da sydd ddim yn hanu o arch Noa o ran eu meddylfryd. Mae Dadi Tucker wedi prynu CD Steps ac mae Mami'n gallu enwi'r Spice Girls i gyd (yn wahanol i Mam sy'n byw er mwyn tonic sol ffa). Fyddai Mam fyth, fyth, bythoedd yn gadael i Simon a fi gysgu yn yr un gwely—'nid o dan fy nho i!' Duw a ŵyr beth wedai'r Parch. Byddai siŵr o gael harten!

Y funud nesa roedd hi'n ddau o'r gloch. Mae'n bosib fy mod wedi llwyddo i roi'r argraff fy mod yn gweithio drwy'r weithred o fod yn eistedd wrth fy nesg. Mae hawl gan hyd yn oed 'gweithiwr y mis' i dynnu ei meddwl oddi ar y gwaith am ennyd.

Gweithio fel slaf trwy'r prynhawn! Ond heb fawr i ddangos am hynny. (Dim bai arna i.)

Fy nghynlluniau (gwael) i fywiogi Eisteddfod Fawreddog Llanbidlog:

1. Gweler ddoe parthed dileu'r blwmin lot!

2. Mwy o gystadlaethau i ddenu'r ifanc megis cân roc, dawnsio disgo, grŵp pop/roc ac ati. Llai o gystadlaethau hen a diflas megis canu emynau a chorau.

3. Gwared yr arfer o wobrwyo ar ffurf cwpanau a bagiau sy'n crogi o amgylch eich gwddf, a chyflwyno gwobrau ariannol sylweddol.

4. Symud y cystadlu i'r prynhawn—mae pawb ifanc a chall ar sesh ar nos Sadwrn.

5. Rhoi arian am ddim os ry'ch chi'n griw o fwy na deg ac o dan ddeg ar hugain.

Syniadau i roi cic tin i Eisteddfod Fawreddog Llanbidlog fyddai'n dderbyniol i'r pwyllgor gwaith a DD:

1. Dim un o'r uchod.

Swper yn y meicrodon pan gyrhaeddais i adre. Ysfa Mami Tucker i fy nhewhau trwy goginio swper blasus wedi diflannu'n ddisymwth iawn. Sandy a Jake wedi mynd i wersi dawnsio llinell. Y tŷ'n wag. Ond ers i mi daflu fy hun i'r gwaith wy wedi blino gormod i gymryd mantais llawn o'r ffaith fy mod nawr yn byw o dan yr un to â Simon.

Iau y 5ed

Yn y gwaith erbyn chwarter i naw. Yr eilwaith yr wythnos hon! Ond colli chwarter awr yn ystod y bore oherwydd sgwrs ffôn gyda Mam-gu. Wedi meddwl gweithio'r chwarter awr coll amser cinio ond ar fy nghythlwng erbyn un o'r gloch. Heb wneud brechdanau oherwydd fy mod bellach yn colli chwarter awr yn y bore.

Wy'n gallu cyrraedd y gwaith yn gynt heb godi chwarter awr yn gynt! Llwyddo i wneud hyn trwy

hepgor gweithgareddau nad ydynt yn angenrheidiol
—peidio â gwneud brechdanau, peidio â segura
gyda fy mhaned o flaen y *Big Breakfast.*

'Wyt ti'n y gwaith?' gofynnodd Mam-gu.

Cwestiwn diangen gan mai hi oedd wedi fy
ffonio i. Pam na allai aros a ffonio amser cinio?

'Mae Dat-cu wedi slipo lawr i'r Post.'

Aha! Roedd hi'n cymryd mantais o absenoldeb y
Parch i ffonio'r dre, ganol dydd. Rhaid ei bod wedi
maddau i mi.

'Shwt y'ch chi?' gofynnais.

Beth y'ch chi moyn? ro'n i'n feddwl.

'Wy'n iawn! Ond Dat-cu, ma' fe'n isel iawn.'

'O. Pam?' gofynnais gan ddychmygu ei fod yn
sâl. Eto. Gwelwn Rhian Haf yn pipo arna i dros
ben ei chyfrifiadur a gwnes ymdrech i edrych fel
petawn yn siarad â chwsmer pwysig iawn.

'Ma' fe'n siomedig iawn,' meddai Mam-gu.

Ro'n i'n dechrau ogleuo mwg.

'Ei wyres e o bawb!'

Teimlwn y fflamau crasboeth yn fy fflangellu.

'Byw tali! Sa i 'di 'weld e mor isel!'

Llosgwch y wrach!

'Mam-gu, sa i'n byw 'da Simon. Wy'n byw 'da
Mr a Mrs Tucker a Simon. Wy'n cysgu yn y stafell
sbâr.'

'Shwt dŷ yw e, 'te?' meddai. Ffan rhif 1
cylchgrawn *Hello.* Yna, yn sydyn,

'O 'na chi 'te, Mrs Pritchard. Ie, diolch i chi am
ffono.'

'Mam-gu?' meddwn i'n drysu.

'Ody, ma' fe newydd gyrra'dd yn ôl o'r Post.'

Bingo!

Ailadroddais y sgwrs yn fy mhen. Am 'fe' darllenwch 'fi'.

Ar ôl ailosod y ffôn cofiais nad oeddwn wedi gofyn sut oedd Mam. Byddai'n llai o drafferth ffonio Mam ei hun nag ailffonio Mam-gu i ofyn.

Gwener y 6ed

Yr hysbyseb ar yr hysbysfwrdd! Ffantastig! Mega! Gogoniant yn y Goruchaf! (yng ngeiriau'r Parch).

'Gwahoddwn geisiadau am y swydd Rheolwr/wraig PR.'

(PC iawn, DD.)

'Cyflog rhwng £14,595 a £24,495 yn unol â phrofiad.' (£24,000!)

'Rydym yn chwilio am berson brwdfrydig (fi) ac ymrwymedig (fi eto) i ymuno â swyddfa brysur (ha, ha) yn y dre. Profiad yn fanteisiol.'

(Fi eto fyth. Caws caled, Rhian Haf!)

Pam gythraul roedd Rhian Haf yn gwenu?

Sylweddoli ar y ffordd adre'n y car 'mod i heb ddweud wrth Simon.

'*I can't believe it!*'

'Pam? Mae gyrfa'n bwysig i mi.'

Llwyddais yn rhyfeddol i beidio â gwenu.

'*It'll mean* mwy o waith, Catrin!'

'Ar ôl dwy flynedd, wy'n barod am fwy o gyfrifoldeb.'

Ro'n i'n dechrau teimlo fel petawn i mewn cyfweliad swydd.

'Fydd e'n *too much* i ti. Ar ôl popeth!'

'Fydd e'n gwmws beth sy 'i isie arna i! Sialens newydd.'

'Sa i byth yn dy weld di fel ma' ddi!'

'Wy'n neud y gwaith yn barod. Mae ond yn iawn 'mod i'n cael 'y nhalu amdano fe.'

Roedd hi'n bryd newid tact.

'Yr arian sy'n bwysig ife? Mae digon 'da ti'n barod! *I don't understand you!* Sdim rhaid i ti weithio. *Full stop!*'

'A beth nelen i trwy'r dydd wedyn? Ishte ar fy nhin yn grondo ar records canu gwlad 'da dy fam a disgwyl i ti ddod 'nôl o'r gwaith. Mae'n bwysig i fi, Simon! Dylet ti gefnogi fi!'

'A beth ambytu beth wy moyn? *You should respect that too.*'

Ydi e'n siarad sens? Sa i'n siŵr. Na, meddai'r ffeminydd ynddo i. (Dylanwad Ler.) Ond mae'r ochr heddychlon, yr ochr sydd moyn plesio, yn gweld ei safbwynt. Mae mwy o gyfrifoldeb yn mynd i olygu mwy o bennau tost. Ac fel dd'wedodd Simon, mae gen i ddigon o arian.

So Simon prin yn siarad â mi. Wy'n bwriadu gweithio oriau ychwanegol dros y penwythnos yn yr adran 'gwely'r Olympics'.

Ar ben y cwbl, dylwn i sgrifennu fy CV heno— er mwyn osgoi panig munud ola. Ond sdim tamaid o amynedd 'da fi. Dim ots. Digon o amser dros y penwythnos.

Sadwrn y 7fed

Sgrifennu hwn prynhawn dydd Sul, ar ôl gwella. Llawysgrifen yn sigledig o hyd.

68

'Blincin *cheek*!' oedd geiriau Ler. Ro'n i rhwng dau feddwl p'run ai dweud wrthi am ymateb Simon neu beidio. Gwyddwn y byddai'n rhoi esgus iddi ddweud pethau cas amdano.

'Pwy hawl sy 'da fe i weud 'thot ti beth i'w neud! Ry'ch chi ond yn caru ers cwpwl o wthnose!'

'Chwe mis,' atgoffais hi.

Ro'n i yn y Wine Bar (eto) yn dathlu pen-blwydd Ler gydag Elen (chwaer Ler, clyfrach na hi), Kevin (gŵr Elen, pennaeth adran ond coch ei wallt), Julia, Nia a Nia fach (mwy o athrawon ond ffrindiau ysgol felly rhaid eu gwahodd), Eirug (yn y Coleg o hyd, eisiau bod yn ddeintydd) a Cheidiog (pishyn mwya ein blwyddyn ysgol, nad oedd yr un ohonom wedi llwyddo ei fachu). Roedd hyd yn oed Simon yno. Yn ôl Ler, rhaid ei bod yn ben-blwydd arni os o'n i wedi llwyddo i dynnu Simon allan gyda'r criw.

'So ti'n meddwl y dylen i ystyried teimlade Simon, 'te?'

'So chi'n briod! Fyddi di 'di ca'l llond bola arno fe mewn chwe mis! Fydd hi'n rhy hwyr wedyn. Fydd y swydd wedi mynd!'

Roedd hi'n ail-lenwi'r gwydrau yn glouach nag y gallwn i yfed.

'Ond ry'n ni'n byw o dan yr un to.'

'Am nawr. Fydd arian 'da ti chwap i gael lle dy hunan. Os yw e'n dy garu di cyment ag y mae e'n 'i 'weud, fydd e'n parchu beth wyt ti moyn.'

Wy'n edrych 'mlaen i'r adeg pan fydd Ler yn caru er mwyn i mi gael pregethu o'r un llyfr testun.

Ro'n i ar fin dweud y dylai Simon a minnau barchu teimladau'n gilydd pan ddaeth Simon o rywle ac eistedd rhyngddom ni.

'*No prizes for guessing* ambytu beth y'ch chi'n siarad,' meddai.

Rhoiodd gusan mawr i mi. Clywais Ler yn gweiddi,

'Ceidiog! Ga i gusan? Mae'n ben-blwydd arna i!'

Wy'n edrych 'mlaen at fy mhen-blwydd i. Medi'r 24ain. Ydi hi'n rhy gynnar i ddechrau meddwl am anrhegion?

Sul yr 8fed

Ffonio Mam. Ffonio ar y Sabath, yn draddodiadol yn ddiwrnod o orffwys. Ro'n i'n gobeithio bod hynny'n cynnwys diwrnod o orffwys rhag y cwympo mas tragwyddol. Diwrnod o amnest. Siarad am bopeth o dan haul—perm newydd Anti Helen (ych a fi, er anodd dychymygu ei fod yn waeth na gwallt Mam), peswch y Parch (gwael, yn ôl Mam-gu). Siarad am bopeth ond Dad a'r ewyllys. Wedi torri'r garw ond sa i'n siŵr os wy'n teimlo'n well neu'n waeth.

Wy'n gweld eisiau Mam. Nid y fam bigog, sy'n edrych i lawr ei thrwyn arna i fel petawn i'n ddarn o lysnafedd, ond y fam sy'n cefnogi pob dim wy'n ei wneud (ar wahân i fy ngharwriaeth â Simon). Wy'n hiraethu am ei brwdfrydedd dros ben llestri pan wy wedi gwneud rhywbeth pitw yn gymharol dda. Dros y blynyddoedd, hi oedd yn cadw fy nghefn pan oedd Dad yn arthio arna i am fethu'r arholiad Mathemateg (ei arbenigedd e oedd rhifau) neu oherwydd fy mod yn dymuno rhoi'r gorau i wersi piano.

'Call iawn, dyfalbarhau â dy yrfa. Paid dibynnu ar neb!' meddai Mam pan glywodd fy mod yn bwriadu gwneud cais.

'So Simon yn hapus iawn,' atebais.

'Nag yw . . . Fentra i.'

'Beth wyt ti'n feddwl?'

Ro'n i'n gobeithio nad oedd ar fin lladd ar yr unig berson sydd wedi bod yn gefn i mi.

'Fydd gan Reolwr PR ddim diddordeb mewn swyddog Swyddfa'r Post.'

'Wy'n caru Simon.'

'So cariad yn ddigon.'

Dyna'r agosa iddi ddod erioed i gyfadde ei bod hi'n caru Dad. Unwaith. Yn ôl yn niwl hanes, pan oedd hi'n ifanc a ffôl a nwydwyllt. Ry'n ni'n deulu agos yn yr ystyr ein bod ni'n cadw cysylltiad rheolaidd ac yn gwybod busnes pawb arall. Ond 'dyn ni fyth erioed wedi dweud ar goedd 'wy'n caru ti'. Sa i fyth moyn priodas fel Mam a Dad. Dyna haerllugrwydd ieuenctid. Pwy a ŵyr nad oedd perthynas Mam a Dad ar y dechrau nwydwyllt mor gadarn â pherthynas Simon a finnau.

Wedi dechrau ar y CV. Heb ddechrau ar y gwaith ysgrifenedig ond wedi dechrau ar y gwaith meddwl, sydd yr un mor bwysig yn ei ffordd ei hun.

Llun y 9fed

Allen i fyth â bod cant y cant yn siŵr ond wy'n credu i mi weld gwên ar wyneb DD! Efallai mai'r haul oedd yn chwarae triciau. Ro'n i ar fy ffordd i'r tŷ bach ac yntau ar ei ffordd 'nôl. Yn y bore, mae'r coridor bach yn dal golau'r brif ffenestr. Hwyrach fod y pelydrau wedi stumio wyneb DD ac ar yr un pryd wedi fy hanner dallu innau. Lledrith. Twyll.

Os gwên oedd hi, pa fath o wên? Ai gwên 'wy'n falch o dy weld oherwydd wy'n dy hoffi' neu wên faleisus, 'wy'n falch o dy weld er mwyn llwytho mwy o waith arnat ti'.

'Yli Catrin, ga i'r syniadau Eisteddfod gin ti erbyn amser cinio,' gorchmynnodd Ei Fawrhydi.

Roedd yr hysbysfwrdd uwch ein pennau yn taflu cysgod.

'Oes problem?' gofynnodd eto, yn cyffwrdd yn fy mraich. Roedd newydd fod i'r tŷ bach. Gobeithio ei fod wedi golchi ei ddwylo.

'Na,' meddwn i.

O mam fach!

Un ar ddeg. Digon o amser. Cyfrif i ddeg wrth y ddesg i ymlacio. Panig wedi gwyngalchu fy nhipyn ymennydd yn lân o syniadau. Edrych o gwmpas. Un, dau. Ffaelu canolbwyntio. Rhian Haf yn gwenu. Gwenu'n ôl. Tri, pedwar.

Chwarter wedi un ar ddeg. Sut gythraul mae disgwyl i mi feddwl yn gall o dan yr holl bwysau? Mae fy mhen yn mynd i ffrwydro. Pump, chwech. Dim o flaen Rhian Haf. Caiff fy mhen ffrwydro ar ôl oriau gwaith.

Mae gen i syniadau, dros ben llestri efallai, ond

maen nhw'n sail. Mae modd eu lliniaru a'u cyflwyno i DD.

Syniadau (wedi eu lliniaru) i roi tân ym mol Eisteddfod Fawreddog Llanbidlog:

1. Mwy o gystadlaethau i'r ifanc e.e. cân gyfoes, adrodd darnau barddoniaeth gyfoes.

2. Edrych ar y posibilrwydd o gael nawdd i ambell gystadleuaeth—er mwyn cynnig gwobrau ariannol sylweddol.

3. Hysbysebu trwy fudiadau ieuenctid lleol—ffermwyr ifanc, clwb ieuenctid, yr Urdd ac ati.

4. Dechrau'r Eisteddfod yn gynt yn y dydd.

5. Ffurfio panel ieuenctid i ddenu pobl ifanc leol.

6. Tocynnau hanner pris i bobl ifanc o dan ddeg ar hugain.

7. Gig roc yn neuadd yr Eisteddfod ar y nos Wener cyn yr Eisteddfod.

Wy'n credu 'mod i wedi gwneud argraff ar DD. Fe ofynnodd i Janice (ei ysgrifenyddes ers oes pys, sy'n eilunaddoli DD—yr unig un yn y swyddfa) wneud coffi i mi.

Wy wedi gwneud cymaint o argraff mae DD eisiau gweld ail ddrafft! Cymaint yw'r argraff mae wedi rhoi dau brosiect newydd i mi!

1. Tail Cymru—delwedd newydd. (Wy o ddifri!)

2. Dathliadau pen-blwydd Castell Cynnin (am 'gastell' darllenwch adfeilion).

Mae wedi gofyn am y syniadau erbyn dydd Gwener nesa. Agor fy ngheg i gwyno pan ofynnodd sut hwyl ro'n i'n 'i gael ar y CV?

Wy'n siŵr i mi ei weld yn gwenu. Roedd yr haul yn machlud.

Mercher yr 11eg

Ro'n i'n mynd i ddechrau ar y CV heno (ar ôl ffiasgo'r ffraeo a phen tost y penwythnos). Wy'n benderfynol o beidio â'i adael tan y funud diwetha. Os dechreua i heno, wedyn gallaf osgoi panig munud diwetha a chael cyfle i gnoi cil fory dros unrhyw gwestiynau anodd.

Noson dawnsio llinell. Edrych 'mlaen i fanteisio ar noson heb Sandy a Jake, a heb gerddoriaeth canu gwlad Sandy na sŵn dril Jake (fe ddylai weld doctor am ei obsesiwn â DIY). Ond newyddion drwg, y wers dawnsio llinell wedi ei gohirio oherwydd salwch. Sandy a Jake yn cael y syniad 'gwych' o gynnal y dosbarth yn y tŷ. Y lle'n diasbedain gyda stomp stomp 'sgidiau cowboi a chlap, clap dwylo. Yr 'Yee-haas!' yn fy hala i'n benwan. Os glywai unwaith eto am yr 'Aikey breaky heart' ddiawl 'na fe dorra i'r blwmin stereo'n fwy o ddarnau bach na chalon Billy Ray!

Iau y 12fed

7.00pm. Aaah! Nos Iau. Noson cyn y dyddiad cau! Sut?

Heb hyd yn oed ddechrau llenwi'r ffurflen—dim hyd yn oed y cwestiynau hawdd. Wedi hala Simon mas i'r dafarn gyda Sandy a Jake.

8.00pm. *Enw:* Catrin Helen Jones
Oed: 23 (Ha, hyn yn hawdd!)
Rhyw: (Plîs—Ha, ha!) Reit. Angen canolbwyntio o hyn 'mlaen. Llenwi ffurflen am swydd yn waith difrifol iawn.

11.00pm. Wedi penderfynu mai fi yw'r ymgeisydd perffaith ar gyfer y swydd. Yn fy meddwl, wy wedi cael cyfweliad ac mae DD wedi fy ngalw i'r swyddfa i fy llongyfarch. Rhian Haf wedi cael siom fawr.

Yn ôl y Parch, mae'n iawn i gyfri'ch bendithion. Amhosib peidio pan ry'ch chi'n gweld fy CV.

Profiad perthnasol: Fel aelod o dîm bach ers dwy flynedd, wy wedi bod yn gyfrifol am brosiectau PR ar fy liwt fy hunan gan greu syniadau a'u gweithredu, gan gynnwys cynlluniau llwyddiannus diweddar fel maip organig—efallai y byddwch yn cofio'r llinell gofiadwy 'erfyniwch am erfinen' ers Sioe Fach Fawr Aberafanc. Mae'r gallu i weithio o dan bwysau yn hanfodol, ynghyd â sgiliau cyfathrebu da.

Hynny yw, wy'n gwneud y blincin job yn barod o dan gyfyngiadau amser amhosib o dynn i fòs uffernol. Mae'n hen bryd i chi ddechrau fy nhalu'n iawn cyn i mi ei heglu hi o'ma am gynigion gwell.

Sawl 'r' sy'n 'ymgymryd'?—o dudalen 4: 'Mae fy mharodrwydd i ymgymryd â chymaint o sialensau newydd mewn cyfnod byr yn dangos fy ymrwymiad i'r cwmni bach ond llwyddiannus hwn.'

Gobeithio na fyddan nhw'n croesholi gormod

am fy niddordeb mewn aerobics a materion cyfoes. Wy wedi bod i aerobics unwaith yn y ddwy flynedd ddiwetha ac mae fy niddordeb mewn materion cyfoes wedi ei gyfyngu i wylio'r deg munud cynta o *Newsnight*. Weithiau.

Ymgymryd. Hmm. Sdim pwynt gofyn i Simon. Mae ei Gymraeg e'n waeth na'n un i.

Petai Dad yma, fe fyddai e'n fodlon bwrw golwg arni—a marcio pob camgymeriad â beiro goch. Roedd ganddo amser i unrhyw beth yn ymwneud ag ysgol, gyrfa a dod 'mlaen yn y byd.

Sgwn i beth mae Rhian Haf yn ei wneud nawr? Cysgu, debyg. Mae wedi hen gwpla'i CV.

Gwener y 13eg

Yn benderfynol o fod yn bositif er gwaetha'r dyddiad.

Stopio Janice â phaned boreol DD y tu allan i Orsedd Ei Fawrhydi. Cymryd y baned oddi wrthi er mwyn cael esgus i roi fy CV ar ei ddesg yn bersonol. Janice ddim yn fodlon o gwbl ond yn plygu i fy statws uwch. Gobeithio y bydd y baned yn fodd i seboni, heb awgrymu y bydd yna wasanaeth tebyg os caf y swydd.

Pwy yw'r ymgeiswyr posib eraill?

Enw: Rhian Haf
Oed: 21 oed. (Newydd roi'r gorau i wisgo clytiau.)
Rhyw: Os bydd yn helpu fy ngyrfa.
Profiad perthnasol: Er nad wyf yma megis chwipstits, ac yn syth-mas-o-goleg-newydd-anedig

a dibrofiad, rwyf wedi llwyddo i wneud argraff mewn cyfnod byr iawn, iawn trwy grafu a gwisgo sgertiau byr. Wy'n hoff iawn o wirfoddoli am ragor o waith a chynnig help i bobl eraill. Mae'r arfer hwn wedi fy ngwneud yn boblogaidd gan bobl sy'n rhy ddiog i wneud y gwaith eu hunain ond yn hynod o amhoblogaidd gan y rhai sy'n casáu crafwyr.

Sgôr: 7 a hanner allan o 10. Posib cynyddu'r sgôr trwy dynnu sgert fer iawn o'r het yn y cyfweliad.

Enw: Jason Matthews

Oed: 20 oed. Babi.

Rhyw: Plîs. Bydda i'n ddyn fel y lleill wedyn.

Profiad perthnasol: Profiad wedi ei gyfyngu i ateb y ffôn, llungopïo a chwerthin ar 'jôcs' prin DD. Bydd gen i yffach o feddwl o fy hun i ystyried ymgeisio o gofio fy niffyg profiad tost a phrofiad helaeth ymgeiswyr eraill. Ond, yna wy yn ddyn. Dylid rhoi ystyriaeth arbennig i'r ffaith bod fy mrawd, Nigel Matthews, eisoes yn gwneud y swydd hon o fewn y cwmni. Mae ganddo hefyd y geg fwya a welodd y cwmni erioed.

Sgôr: Wy'n gwybod am *nepotism* ond heb y profiad angenrheidiol i'w sillafu.

Enw: Janice Hughes (Miss)

Oed: Wy mor hen, mae hwnna'n gwestiwn anfoesgar.

Rhyw: Dim erioed.

Profiad perthnasol: O diar, dim i wneud y swydd hon ond fi yw'r unig berson arall yn y cwmni nad yw eisoes yn rheolwr neu'n uwch-reolwr. Dw i ddim yn ymgeisydd difrifol ond wy wedi bod yn was da a ffyddlon erioed ac wedi cadw trefn ar DD o'i ddiwrnod hapus, cynta hyd heddiw. Wy wedi datblygu sensor arbennig sy'n fy rhybuddio pryd mae angen coffi ar DD ac mae gen i radd dosbarth cynta mewn gwneud esgusodion dros ei absenoldeb. *Sgôr:* Dim gobaith caneri.

DD yn estyn dros fy ysgwydd ac yn ei helpu ei hun i'r Maltesers. Holi sut hwyl ro'n i'n ei gael ar y tail. Dweud ei bod hi'n argoeli'n dda. Dylwn i fod wedi dweud, arogli'n dda!

Penderfynu peidio â dweud wrth Simon fy mod wedi gwneud cais nes i mi glywed am y cyfweliad.

Noson hwyr arall. Sandy a Jake yn gwahodd ffrindiau mynwesol a chyd-gowbois i'r tŷ am noson cyri a chwrw. Yn ôl i glywed y crawcian a'r sgrechian. Mae'n dri o'r gloch y bore ac yn hwyr bryd iddyn nhw fod yn eu gwelyau. Simon yn chwyrnu cysgu.

Os wy am barhau i fyw yma bydd yn rhaid i mi fuddsoddi mewn pâr o blygiau clust.

Llun yr 16eg

Y Snichwyr bach yn stafell y Rheolwyr (yr Oruwch ystafell) yn tewi pan gerddais i mewn ddiwedd y prynhawn. Dim byd newydd yn hynny. Mae'n rhan o'r drefn naturiol eu bod nhw'n treulio'u dyddiau'n lladd ar y staff oddi tanyn nhw. Dyna pam does dim amser gyda nhw i weithio eu hunain ac maen nhw'n gorfod gofyn am ein help ni.

'Dyma'r llungopïe i chi. Wy'n mynd gartre, 'te,' meddwn i mewn llais fel llygoden. Gallwn glywed cleren yn anadlu. Roedd y blew mân yn sythu ar gefn fy ngwddf.

'On'd wyt ti'n ferch lwcus!' meddai Nigel Matthews. (Ceg fawr ac ego mwy byth. Sdim ots gan hwn pwy mae'n ei frifo.)

Teimlwn fel petai rhywun wedi fy mwrw.

Wy wedi chwarae ac ailchwarae'r olygfa yn fy mhen fel hen ffilm. Does bosib eu bod nhw wedi darganfod y gwir?

Mae'n haws stumogi'r digwyddiad fel enghraifft o baranoia llwyr. Edrych yn llyfr y Doc, *10 Cam Galar*. Ydi mae e yno. Rhif 5—paranoia. Jyst fy lwc i i ddiodde o bob cam, o anghrediniaeth i gynddaredd, ar wahân, wrth gwrs, i rif 8. 'Rhif 8— Mae'n bosib y byddwch yn colli'r awydd i fwyta. Dydy hi ddim yn anarferol i'r teimlad hwn barhau am rai wythnosau.' Wy'n starfo! Wy newydd fod i'r ffridj. Mae'n wag fel ogof oni bai am un letysen lipa yn diferu hylif brown a dau iogwrt blas ceirios y dylid fod wedi eu bwyta ddydd Gwener diwetha. Mae Sandy Tucker wedi anghofio mynd i siopa. Eto!

Mawrth yr 17eg

Cynnig mynd i siopa dros Sandy yn ystod fy awr ginio. Pwysleisio'r geiriau 'awr ginio' wrth gynnig er mwyn rhoi proc i'w chydwybod. Dyn a ŵyr mae ganddi fwy o amser na fi. (So *hi'n* gweithio.)

'Na, mae'n oreit bach,' meddai'n hwyliog.

Cymerais yn ganiataol, felly, ei bod hi'n bwriadu mynd i siopa ei hun. Ro'n i'n gynddeiriog pan gyrhaeddais i adre i swper o bîns (nid Heinz) a tships (o'r rhewgell).

'Mae'r cwpwrdd yn wag!' meddai Sandy'n hwyliog.

Crybwyll y digwyddiad wrth Simon (heb awgrymu bod y bai i gyd ar Sandy). Simon yn cadw cefn ei fam. Dylwn fod yn ddiolchgar iddi am ei chroeso a'i chefnogaeth (*which is more than your own flesh and blood!*). Yn amlwg, so Simon wedi maddau i mi ers ffradach y swydd. Anodd bod yn ddiolchgar i yffach o neb ar stumog wag.

Mercher y 18fed

Ler wedi meddwl am gynllwyn i sicrhau na fydd neb yn cymryd mantais o'r un ohonom eto. Ond y ddwy ohonom yn esgusodi Ceidiog Evans rhag y gwaharddiad i beidio â 'chymryd mantais'.

Na, so Ler wedi awgrymu 'mod i'n cael syrjeri i dynnu'r nerfau gorsensitif sy'n difetha fy mywyd a'u trwco am nerfau Arnold Schwarzenegger. Mae'n cynnig ein bod yn cael gwersi hunan-amddiffyn. Mae eisiau i mi galedu, yn ôl Ler. Bydd gennyf wedyn yr arfau i ddweud 'na' wrth DD, Mam a Simon (a Sandy Tucker os na fydd hi wedi bod yn siopa). Ddim wedi mentro gofyn pam fod Simon, druan, wedi cael ei ychwanegu at y rhestr.

Hunanamddiffyn hefyd yn ffordd o gadw'n ffit. Camu'n agosach at gael corff fel Kate Moss (fy uchelgais mewn bywyd). Uchelgais anodd iawn i'w chyrraedd oherwydd fy nghariad at fwyd a 'nghasineb at unrhyw waith corfforol (ar wahân i ryw, wrth gwrs!). Ler a fi'n anobeithiol ar chwaraeon erioed. I ni, gwersi chwaraeon yn gyfle i gael clonc yn hytrach na chyfle i gadw'n heini. Ffeindio aerobics yn syrffedus o ddiflas a nofio yn ormod o ymdrech. Mae'n rhaid i chi sychu'r hyn sydd wedi gwlychu.

Yn ôl Ler, mae corff iach yn gyfystyr â meddwl iach. Am ryw reswm mae Ler yn benderfynol y byddaf yn cael y swydd. Gobeithio nad y 'rhyw reswm' yw ei bod hi'n gwybod y byddai hynny'n destun cwympo mas rhyngof a Simon Tucker.

Sgiliau hunanamddiffyn yn bwysig iawn i fenywod y 90au, meddai Ler. So merched fel ni'n gallu cerdded ar ein pennau ein hunain heb ofni y bydd rhyw ddihiryn yn ymosod arnon ni'n anweddus. (O, Ceidiog!)

Ar ôl y cip cynta ar yr athro (pishyn o Albanwr o'r enw Ethan England. Mae yn ei dridegau, ond heb fod yn rhy hen) ein dwy'n ymrwymo i chwech o wersi. Ry'n ni'n dwy'n cytuno y câi Ethan England ymosod arnom yn anweddus. Er mwyn ymarfer, wrth gwrs!

Ro'n ni'n dwy'n edrych 'mlaen i'w daclo ar y mat. Ond siom, dim ond siarad ynglŷn â'r cyfrifoldeb sy'n dod law yn llaw â dysgu sgiliau hunanamddiffyn fuon ni. Dim ond i amddiffyn y dylid defnyddio'r sgiliau newydd. Breuddwydio am fod mewn sefyllfa beryglus er mwyn gwneud argraff ar bawb o fy nheulu a'm ffrindiau. Ond nid cyn cwpla'r cwrs hunanamddiffyn.

Heno ddysgon ni ddim un cam. Sa i'n gallu amddiffyn fy hun rhag yffach o neb.

'Lwcus ein bod wedi dod yn y car,' meddai Ler.

Hanner awr o wrando ar lais melfedaidd Ethan England yn werth pob ceiniog o'r £2 (pris rhagarweiniol).

'*If you're still interested come and see me later.*'

Syllu arno'n gegrwth fel dau lo.

'Cau dy geg!' meddai Ler.

Iau y 19eg

Paranoia! Pants! Wy'n mynd i racso'r bennod ar 'paranoia' o'r llyfr *10 Cam Galar* yn jibidêrs! Y llipryn da-i-ddim! (Ond nid y bennod ar gynddaredd—mae honno'n i'w lle.) Y llyfr sydd ar fai am fy mherswadio fy mod yn diodde o baranoia. Mewn gwirionedd, dylwn wrando ar fy ngreddf.

Camgymeriad 2. Ro'n i'n tybio mai mantais gweithio mor bell oddi cartre yn y ddinas fawr (wel, tre ganolig ei maint) oedd na fyddai pawb yno'n gwybod fy musnes. Ond wy wedi bychanu gallu'r winwydden Gymreig i wybod pob manylyn am eich bywyd personol (yn enwedig y pethau so chi moyn i neb wybod amdanyn nhw. Fyth!).

'Wyt ti 'di neud cais, 'te?' gofynnodd Nigel Matthews yn larj. O flaen Rhian Haf o bawb. Do'n i ddim yn rhy grac. Ro'n i'n gobeithio y byddai'n gofyn yr un cwestiwn iddi hi nesa. Ro'n i bron â marw eisiau clywed ei hateb. Do'n i ddim wedi gofyn iddi fy hun, er mwyn rhoi'r argraff na fyddai

82

hynny'n mennu dim arna i naill ffordd na'r llall. Fy mwriad yw rhoi pwysau ychwanegol arni trwy ymddwyn yn siwpyrcŵl ac yn hyderus (ond heb fod yn rhy hyderus—cwymp sy'n dilyn balchder). Ond at darged arall roedd Matthews yn anelu ei fwa.

'Wyt ti 'di neud cais?'

'Odw,' atebais gan geisio ymddangos yn cŵl.

'Ti'n unigryw yn y swyddfa 'ma, 'te!'

Oedd e'n canmol neu beidio?

''Sen i'n ennill ffortiwn, fydden i'n stwffo'r job a jolihoetan!'

Teimlwn fel petai wedi fy mwrw.

'Mae pawb yn wahanol,' meddwn i.

Pawb yn wahanol? Sut fath o ateb yw hwnna?

Pam na fuaswn wedi dweud . . . 'Rwyt ti'n gwneud 'nny'n barod yn y gwaith!'

Neu . . . ''Set ti 'di colli dy dad, y peth dwetha fyset ti moyn fyse jolihoetan!'

Neu . . . 'Meindia dy ffycin fusnes!'

Mae'n amlwg bod fy 'ffortiwn' wedi chwyddo a 'stumio ar ei thaith i lawr y winwydden Gymreig. Dyblu, treblu, pwy a ŵyr? Efallai fod ambell un yn credu fy mod yn filiwnydd! Petawn i'n filiwnydd allen i lwgrwobrwyo DD. Roiai hynny wên ar ei wyneb. Fyddai'r wên yn diflannu'n go glou o wep Rhian Haf. Wy'n amau ei bod hi Madam wedi mwynhau'r pantomeim.

Llun y 23ain

Ha! Beth dd'wedes i? Mae gen i gyfweliad. Fentren nhw ddim peidio, wrth gwrs. Fyse fe'n

83

blwmin *cheek*! Ond serch 'nny, mae e'n newyddion briliant! Ffantastig! Wy ar ben y byd! Yn cerdded ar y cymylau!

Wythnos gyfan i fynd nes C-day, diwrnod y cyfweliad. Eisoes, pan wy'n meddwl amdano wy'n teimlo pilipalas yn dechrau cyffroi yn fy mola. Wy'n gwybod o brofiad y bydd yr egin yma'n ffrwydro'n goelcerth o nerfau-cyn-yr-arholiad dros y penwythnos.

Manteision cael cyfweliad ar ôl y penwythnos: Mae gennych ddau ddiwrnod cyfan i baratoi, byddwch chi fel y gog ar ôl dau ddiwrnod i ffwrdd o'r gwaith.

Anfanteision cael cyfweliad ar ôl y penwythnos: Difetha'r penwythnos yn llwyr, mwy o amser i boeni fy hun yn sebon o chwys.

Simon prin yn siarad â fi. Neb i rannu'r newyddion â nhw. Sandy Tucker yn fy anwybyddu ers iddi 'nghlywed i'n dweud wrth Simon 'mod i'n casáu tships wedi eu rhewi. Cael fy nhemtio i ffonio Mam. Ond sa i am roi'r argraff iddi fod Simon a finnau'n cwympo mas yn dragywydd. Bydd hi'n dechrau gofyn pam ry'n ni'n caru o gwbl.

'Mae gen i gyfweliad,' meddwn i.

'O'n i'n geso 'nny,' meddai Simon heb edrych arna i.

Nid dyna'r ymateb ro'n i'n ei ddisgwyl. Ble roedd y llongyfarchiadau calonnog? Ro'n i'n grac.

'Diolch am dy gefnogaeth,' meddwn i'n sych.

'Ti'n gwbod beth yw'n *feelings* i.'

'Mae'r cyfweliad ddydd Llun, diolch am ofyn.'

'Pam ti'n mynd i'r *bother*?'

'Wy moyn mwy o fywyd na ishte ar fy nhin!'

Cnoais fy nhafod rhag dweud 'yn y Swyddfa Bost'.

'Pwy fydd yn gorfod grondo 'not ti'n complainio am y job newydd? Fi. Pwy fydd yn byw 'da'r *moods* a'r "o, wy 'di blino"? Fi! Cyn Nadolig? *I'd understand*. Nawr? *It doesn't make sense!*'

Mae'n gwneud synnwyr perffaith i fi. Sa i'n mynd i fyw'n hir ar gant a hanner o filoedd. Wy moyn gyrfa lwyddiannus. Dyna pam es i i'r Brifysgol. Oreit, falle 'mod i wedi cwympo mewn i'r swydd PR. Roedd hi'n cael ei hysbysebu ar yr adeg ro'n i'n chwilio am waith. Ond wy yn mwynhau'r gwaith (nid trwy'r amser) ac yn gallu ei wneud yn dda (ar y cyfan). Mae'n naturiol 'mod i eisiau dringo'r ysgol.

Sa i erioed wedi bod mor grac. Wy'n tampan! Bydd raid i Simon Tucker fynd ar ei liniau i ymddiheuro am hyn. O leia roedd Dad yn onest am ei deimladau. Wnaeth e erioed honni ei fod yn fy ngharu.

Mawrth y 24ain

2.30pm. Amhosib canolbwyntio heddiw. Sdim lot o ddiddordeb 'da merch o'r dre mewn tail (syrpreis, syrpreis). Sut mae perswadio'r Cymry i gefnogi tail Cymreig—yn lle tail rhatach o Loegr? Rhoi cynnig ar sgrifennu taflen yn tynnu sylw at rinweddau tail, ysgrif delynegol deilwng o Goron yr Eisteddfod Genedlaethol. Ysgrifennu am gaeau glas Cymru, gwartheg cadarn wedi eu magu ar awyr iach a chynnyrch maethlon, ffres, rhoi yn ôl i'r tir yr hwn a ddaeth o'r tir, yn unol â threfn natur . . .

Amhosib! Mae'r caeau glas yn diferu o waed coch Simon Tucker!

11.00pm. Gartre. Dim siw na miw. Jake a Sandy wedi mynd i'r dafarn ag £20 oddi wrth Simon (o'i enillion prin ar ôl slafio yn y Swyddfa Bost). Simon wedi gwneud swper i ni'n dau. Nid tships wedi'u rhewi ond cyw iâr mewn saws gwin coch a madarch a bresych gwynion mewn saws caws (nid ffres ond wedi eu rhewi o Tesco. Roedd yna feddylgarwch y tu ôl i'r weithred). Rhannu potel o siampên (nid siampên iawn—roedd eisoes wedi rhoi pris Moet i Jake a Sandy). Noson berffaith petai Simon wedi ymddiheuro. Simon a Mam wedi cael eu gwneud yn yr un ffatri, sef yr un lle maen nhw'n gwneud unigolion nad y'n nhw'n gallu dweud 'sori'.

Yn ôl Simon, roedd e'n poeni amdana i, ar ôl popeth wy wedi ei ddiodde. Ond os 'na beth wy moyn, mae'n iawn 'da fe.

Yna, d'wedodd Simon (a dyma'r darn cyffrous iawn) ei fod e'n fy ngharu ac yn mwynhau byw 'da fi yn fawr iawn.

Dd'wedais innau 'mod i'n gallu bod tam'bach, bach yn anodd i fyw gyda hi, weithiau.

Gofynnodd a o'n i'n mwynhau byw 'da fe?

Ffaelu ateb oherwydd llond ceg o cauli.

Fe'n cymryd hyn fel ateb positif. Gofyn a hoffwn i gael fflat i ni'n dau.

Byrlymu mwy na'r siampên (oedd yn fflat).

Hapus iawn—fydd ddim rhaid i mi fyw gyda Jake a Sandy rhagor.

Simon eisoes wedi bod i'r dre i nôl rhestr o fflatiau. Tynnu fy sylw at un neu ddau roedd e'n eu hoffi. Awgrymu ein bod yn mynd i'w gweld dros y penwythnos.

Tynnu ei sylw at yr angen i mi ganolbwyntio ar y cyfweliad dros y penwythnos (er mwyn talu rhent y fflat).

Nid oedd yn edrych mor hapus am hyn, ond fe gytunodd i aros nes wythnos nesa.

Cyffrous, cyffrous! Efallai 'mod i tam'bach, bach yn galed ar Simon bore 'ma.

Mercher y 25ain

Dweud yr hanes i gyd wrth Ler. Cyfadde fy mod wedi gorliwio wrth ailadrodd yr hanes wrth Ler. Adrodd sut i mi roi rhybudd ola i Simon—fi a'r swydd neu ta-ra. Ler wrth ei bodd. Cadarnhad bod pum punt yr wythnos ar wersi hunanamddiffyn yn werth pob ceiniog.

Ler ddim mor gadarn wrth drafod ag Ethan England: 'Iawn, Ethan', 'O na, Ethan', 'Hi, hi, hi, Ethan'!

Heno dysgu sut i sefyll yn gadarn. Hyn yn ei gwneud hi'n anoddach i ymosodwr ein tynnu oddi ar ein hechel. Llais a chorff cyhyrog Ethan yn ei wneud e'n fwy nag abl i'n tynnu oddi ar ein hechel!

Ler yn hyderus y bydd y gwersi'n ein gwneud yn fwy positif (yn hytrach na negatif) er mwyn i ni lwyddo i gyrraedd ein gôls mewn bywyd a chael ein ffordd ein hunain trwy'r amser. Atgoffa Ler o fy uchelgais i fod fel Kate Moss. Hi'n fy atgoffa mai am gôls realistig roedd hi'n sôn. Amlwg wrth y ffordd mae'n ei lygadu ei bod hi am ddechrau trwy gael ei ffordd gydag Ethan England.

Iau y 26ain

DD yn anfon neges e-bost. Mae fy syniadau tail yn drewi.

DD yn anfon ail e-bost. Jôc oedd y cynta. DD wedi dweud jôc! Rhaid cofio danfon llythyr at yr Ysgrifennydd Gwladol yn gofyn am gael gwneud Mawrth y 26ain yn Ddiwrnod Gŵyl Cenedlaethol —y diwrnod y d'wedodd DD jôc! Hyn yn rhoi'r esgus iddo lwytho mwy o waith arna i ac yna gofyn yn syth sut hwyl ro'n i'n cael ar adolygu ar gyfer y cyfweliad.

Ei weld (ei ddal) yn brîffio (fflyrtio gyda) Rhian Haf nes 'mlaen. Yn dal heb fagu plwc i ofyn pwy arall sydd ar y rhestr fer. Ydi hi'n foesgar gofyn y cwestiwn yma ai peidio? Byddai Dad yn gwybod.

Cofio fy mod heb ddweud wrth Mam, na Mam-gu na'r Parch am y Cyfweliad. Penderfynu ffonio Mam-gu a'r Parch i brofi'r dŵr. Ffonio Mam fory. Wy wedi ymlâdd oherwydd yr holl waith ychwanegol. So'r gwersi hunanamddiffyn wedi rhoi'r ynni i mi daclo'r ddau beth yr un dydd.

'Wel 'na dda!' meddai Mam-gu. (Ymateb da.)
'Beth wedest ti o'dd e?' (Colli marciau.)

Am y canfed tro, cyfweliad am swydd Rheolwr!

'Mwy o arian?'

Ody.

'Lot yn fwy o arian?'

Odw i'n gofyn i chi faint yw'ch pensiwn?

'Wel 'na dda . . . Glywest ti, JJ! Mae Catrin yn
Rheolwr. Mae'n ca'l lot o arian!'

Yn y cefndir, clywn rywbeth am 'olud daearol' a
'rhoddion nefolaidd'.

'Sa i 'di ca'l y swydd 'to, Mam-gu.'

'O. Pryd ma'r cyfweliad?'

Weithiau, wy'n amau a ydy hi'n gwrando gair.

'Ma' Bovey'n Rheolwr. Mae e'n rhedeg ei
gwmni ei hun!'

Mae'n dal i rygnu 'mlaen am hwnna!

'Druan o Anthea! Ma' Dat-cu moyn gair!'

'Rhoddion a ddaw i'r rhai a'u haedda,' meddai'r
Parch.

'Dydd Llun mae'r cyfweliad!' meddwn i.

'O! . . . Pob bendith!' meddai'r Parch.

Gwener y 27ain

DD mewn cyfarfod trwy'r prynhawn (h.y. wedi dod
o hyd i esgus dros beidio â chodi bys i helpu).
Ffoniais Mam o'r gwaith. Mewn argyfwng, byddai
gennyf yr esgus parod wrth law fy mod yn cael fy
ngalw ar frys.

'Allen i feddwl 'nny. Yr holl orie wyt ti'n
'weithio.'

Roedd llais Mam yn fflat fel pancosen, fel petai'n disgwyl y newyddion. Roedd Mystic Mam eisoes wedi rhagweld C-day yn ei phêl grisial.

'Wyt ti'n meddwl bod gobeth?' gofynnais iddi.

Beth arall roedd hi'n ei weld yng nghanol niwloedd y bêl?

'Dibynnu pwy yw'r ymgeiswyr eraill.'

Paid â dweud! Roedd ymateb Mystic Mam yn ddigon amwys i gael swydd ar y Loteri.

'Ar ôl y cyfweliad fydd mwy o amser 'da fi i alw.'

Sylweddolais yn sydyn fy mod heb fod adre o gwbl ers i mi symud.

''Na ti, 'te.'

Roedd hi'n rhy falch, yn rhy styfnig, i ofyn i mi alw.

Dd'wedes i'm gair am yr ewyllys. Doedd dim angen pêl grisial i wybod y byddai fel cadach coch i darw. Wy'n gweld ffigur mewn du (DD yn ei wisg cnebrwng). Wy'n gweld menyw heb sgert (Rhian Haf). Mae hi'n edrych yn siomedig iawn. Ha, ha!

Deg rheswm dros deimlo'n nerfus:

1. Wy ar fin dweud wrth Mam (athrawes yr ysgol Sul ac epil y Parch) fy mod yn disgwyl babi llwyn a pherth.

2. Wy'n sefyll yn y coridor y tu fas i stafell yr arholiad, mewn môr o wisgoedd ysgol yn crawcian yn gelwyddog, 'sa i 'di edrych ar ddim byd!'

3. Mae Mam wedi fy ngorfodi i ddweud wrth y Parch (sydd wedi cael galwad gan Dduw) fy mod yn disgwyl baban llwyn a pherth.

4. Mae Ethan England yn dymuno fy nhaclo o flaen y dosbarth i gyd—a Ler.

5. Wy'n fy ffrog wen (enghraifft o godi pais ar ôl piso) yn y festri pan wy'n sylweddoli nad wyf eisiau ei briodi.

6. Ar fy noson iâr—beth mae'r stripyr am wneud â mi? Byddai'n rhaid cael stripyr. Mae'n draddodiadol!

7. Ar y llwyfan ym Mhafiliwn yr Eisteddfod, cannoedd (a Mam) yn y gynulleidfa, miloedd (a Mam-gu a'r Parch) adre. Wy wedi anghofio'r geiriau.

8. Wy ar fin cael rhyw am y tro cynta—y tro cynta i mi weld dyn yn noethlymun.

9. Wy ar fin cael fy nghanlyniadau arholiad. Fydda i'n mynd i'r Brifysgol? Mae fy ffrind gorau wedi cael 2 'A' ac 1 'B'. A hithau wedi dweud ei bod heb adolygu.

10. Wy'n sefyll y tu fas i stafell DD, eiliadau cyn Y Cyfweliad.

Simon yn mynd mas gyda'i ffrindiau. Fi (Santes) yn aros mewn i baratoi. Y prif reswm dros y gwaith paratoi yw fy mod heb gael cyfle yn ystod y prynhawn oherwydd fy mod yn rhy nerfus.

Sul y 29ain
Top tips Ler ar sut i lwyddo mewn cyfweliad:

1. Paratoi a pharatoi.

2. Gwisg. Sdim ots beth mae Germaine Greer yn ddweud (a gwneud) mae ymddangosiad yn holl-

bwysig. I ferch, sgert i ddangos eich bod yn ffeminin (ac nid yn lesbiad) a siaced i ddangos eich bod yn fenyw alluog.

3. Gwenwch. Hyd yn oed os ry'ch chi eisiau piso yn eich nics rhowch yr argraff eich bod yn hyderus a hapus mewn argyfwng. (Hynny'n rhan o'r disgrifiad swydd.)

4. Paratowch atebion ar gyfer y cwestiynau sy'n debygol o gael eu gofyn. E.e. Pam ry'ch chi moyn y swydd? Pam ddylwn ni roi'r swydd i chi? (ac nid i Rhian Haf).

5. Siglwch law â'r rhai sy'n cyfweld. (Dangoswch eich bod chi'n rheoli'r sefyllfa ac yn barod i achub y blaen.)

6. Ar y diwedd, pan maen nhw'n gofyn a oes gennych chi gwestiwn, gofynnwch gwestiwn. Mae hyd yn oed 'Pryd ga i wybod?' yn well na dim.

7. Dim chwerthin, sgrechian, llefain na fflyrtio.

8. Peidiwch â dweud y peth cynta sy'n dod i'ch meddwl. Mewn argyfwng, gofynnwch am y cwestiwn eto er mwyn cael amser i feddwl.

9. Meddyliwch yn bositif. (Meddyliwch yn bositif a chi a gewch.)

10. Peidiwch â phanico! Wedi'r cyfan, dim ond cyfweliad yw e.

Mam yn ffonio i ddymuno'n dda! Caredig iawn, yn arbennig o dan yr amgylchiadau. Mae'n falch fy mod i wedi penderfynu mynd amdani, h.y. mae'n gobeithio mai'r cam nesa fydd rhoi lluch i Simon da-i-ddim, dechrau caru â doctor o deulu Cymraeg a dod adre i fyw.

Hefyd, sgwrs dda iawn am ragolygon y tywydd ar gyfer fory.

Gysga i fyth heno.

2.00pm. Ler wedi rhoi mantra i mi, 'Wy'n mynd i gael y swydd, wy'n mynd i gael y swydd!'

Llun y 30ain

6.00pm. Y Cyfweliad. Aargh! Trychineb sy'n gwneud i dynged y *Titanic* ymddangos fel te parti.

Sythais fy sgert (uwch y pen-glin), anadlais yn ddwfn ac agor y drws. Yno 'steddai DD, dynes sa i erioed wedi ei gweld o'r blaen a (suddodd fy nghalon) Nigel Matthews. Diflannodd y wên. Teimlwn fy ngheg yn gwingo wrth i mi wneud ymdrech i wenu eto.

'Ry'ch chi wedi cael gorchymyn i fachu cleient pwysig. Ond mae llond stafell o bobl PR tebyg i chi sydd eisiau ei fachu hefyd. Y cwmni i ennill y cleient fydd y cynta i feddwl am dri syniad gwych am sut i werthu slacs i fechgyn pymtheg oed.'

Nigel Matthews ac nid DD oedd yn holi. Ond ble roedd y cwestiwn am pam wy moyn y swydd? Ers i mi eistedd, roedd y sgert fel petai wedi diflannu.

'Ga i funed i feddwl?' gofynnais.

'Ai dyna'ch ateb chi?' gofynnodd DD.

'Beth yw'r gyllideb?'

''Dach chi'n gwastraffu amser,' meddai DD.

Tynnais y sgert i lawr.

'Fyddwn i'n gofyn i Red a Dead ailgynllunio'r

93

slacs ar gyfer y stryd fawr, Oasis i'w gwisgo yn yr ymgyrch farchnata a Westlife i'w gwisgo ar *Top of the Pops*.'

Chwarddodd Nigel Matthews.

'So chi'n meddwl o ddifri y byse plant hip a threndi pymtheg oed yn gwisgo slacs?'

'Nid fy ngwaith i yw beirniadu'r cynnyrch. Do'n i erio'd 'di bwyta maip organig ond llwyddais i i greu cynllun marchnata cyffrous.'

'O, ie. "Erfyniwch am erfinen". Beth yn gwmws yw ystyr erfinen?'

'Dewisais y geiriau er mwyn eu sain, y cyflythrennu. Mae "erfyniwch" yn awgrymu "mynnu", gair cryfach na gofynnwch. Mae'n air tafodieithol, hynny yw yn agos at y ddaear fel y maip ei hun ac yn wir fel y bobl fydd yn eu prynu.'

'Beth am bobl sydd ddim yn gwybod beth ydi erfinen?' gofynnodd DD.

'Tynnu sylw at y cynnyrch yw'r nod. Os ydi pobl yn gofyn beth yw'r cynnyrch, yna mae'r ymgyrch wedi llwyddo.'

''Dan ni'n gwybod am eich rhinweddau, beth ydy'ch gwendidau?' gofynnodd DD.

O'r diwedd! Cwestiwn oddi ar restr Ler.

'Does neb yn berffaith, wrth gwrs, ddim hyd yn oed fi!' meddwn a gwneud ymgais lipa i chwerthin ar fy jôc. Chwarddon nhw ddim.

'Wy'n tueddu i fod yn ormod o berffeithydd, rhoi gormod i'r gwaith—ar draul oriau hamdden.'

'Ie, hamdden. Wy'n deall bod gennych ddiddordeb mawr mewn aerobics. Pa dîm ry'ch chi'n aelod ohono? Fe fyddai fy nith wrth ei bodd yn dod i'ch gweld yn cystadlu.'

Tarodd Nigel Matthews yr hoelen ddiwetha yn yr arch.

I roi halen yn y briw, pan gamais i'r coridor roedd Rhian Haf yno mewn sgert newydd sbon danlli, arbennig-ar-gyfer-y-cyfweliad. Estynnai'r sgert hyd ei thraed.

Roedd Simon yn llawn cydymdeimlad. Gwnaeth ymdrech i godi fy nghalon gyda'r rhestr fflatiau. Wy'n ymladd yn erbyn y teimlad y byddai'n falch pe na bawn i'n cael y swydd. Byddai gennnyf fwy o amser i chwilio am fflat.

8.00pm. Wy newydd siarad â Ler. Rhif 11 o reolau cyfweliad, meddai, yw peidiwch, peidiwch â'i ail-fyw yn eich meddwl. 'Fydd hynny wastad yn gadael blas cas yn eich ceg ac yn eich twyllo i gredu eich bod wedi gwneud yr annibendod rhyfedda.' Tri rheswm dros fod yn bositif: Un, wy wedi llwyddo i ateb bob cwestiwn yn gymharol o gall. Dau, so'r gallu i wneud aerobics yn y disgrifiad swydd. Tri, fydd dim rhaid aros yn hir am y canlyniad. Wy'n teimlo fy mod ar fin cael fy nedfrydu.

EBRILL
Ffŵl Ebrill

Mercher y 1af

Dihuno am chwarter i saith, diolch i Jake Tucker.
Mae wedi rhoi'r gorau i'w yrfa fel cowboi er mwyn
rhoi cynnig ar gomedi. Hyd yn hyn ei ymdrechion
yn chwerthinllyd (ond am y rhesymau anghywir).

Twpsyn yn unig fyddai'n credu mai jôc oedd fy
nhynnu i o'r gwely, dau ddiwrnod ar ôl C-day, gan
esgus bod 'DD ar y ffôn ac eisiau gair ar hast'.
Doedd dim rhaid i Simon Tucker chwerthin mor
galed arna i, yn fy jim-jams a chyda fy ngwynt yn
fy nwrn, yn cyfarch y *speaking clock*. Nid y fi yw'r
unig ffŵl yn y tipyn tŷ 'ma. Ond mae'n gysur
mawr 'mod *i* ond yn ffŵl ym mis Ebrill!

Gormod i ddisgwyl y byddai DD wedi taro'r
haearn tra'i fod e'n boeth a chyhoeddi enw'r
ymgeisydd llwyddiannus heddiw. Byddai hynny
wedi golygu gwneud penderfyniad.

Os ydw i wedi cael y swydd, fydd e siŵr o
ddweud wrtha i wyneb yn wyneb. Caf fy ngalw i
mewn i'r oruwch ystafell i ddathlu dros un o
baneidiau Miss Preis. Wy'n gwrthod ystyried
unrhyw bosibiliadau eraill. Mae'n rhaid meddwl yn
bositif.

Iau yr 2il

Yn ôl Ler, mae'n arwydd o bwysigrwydd a statws
y swydd eu bod nhw'n meddwl mor ddifrifol yn ei

chylch. Amau bod Ler yn rhy brysur yn 'meddwl o ddifrif' am Ethan England i gydymdeimlo'n llawn â fy sefyllfa i.

Sa i'n siŵr bod y busnes 'meddwl o ddifrif' 'ma'n beth da o gwbl. Beth sydd i'w ystyried? Un person yn unig sy'n deilwng o goron cwmni PR DD. Sdim blewyn o brofiad gan yr un o'r lleill.

10pm. Wrth gwrs, mae'n rhaid i'r cwmni gael ei weld yn ystyried yn ddwys rhag pechu'r lleill drwy roi'r argraff (cywir, fel mae'n digwydd) bod y penderfyniad yn hawdd fel dŵr.

Gwener y 3ydd

Unwaith eto, dangos fy ymrwymiad i'r cwmni trwy weithio ar un o ddiwrnodau pwysica'r calendr Cristnogol. Dydd Gwener y Groglith. (O leia, dyna dd'wedodd y Parch pan glywodd e 'mod i'n gweithio heddiw.)

Yn anffodus, cafodd Rhian Haf yr un syniad. Treulio'r dydd (ac yn wir yr wythnos i gyd) yn cadw llygaid barcud ar Rhian Haf (yn hytrach nag ar y brîff Tail Cymru) am yr arwydd lleia o hunan-fodlonrwydd yn ymledu oddi arni fel oglau tail.

Nodyn: Awgrymu i DD ein bod ni'n sefydlu gwobr 'Miss Tail Cymru' ac yn cynnig y goron eleni i Rhian Haf. Rhoi ei hwyneb hawddgar ar gefn pob bws o Foncath i Fethesda. Byddai Mami a Dadi yn falch iawn.

Ceisio darllen Nigel Matthews wrth ddangos iddo sut i chwyddo ar y llungopïwr. (Nid chwyddo'i ben. Mae hwnnw eisoes yn anferth.) Oedd rhywbeth sinistr yn ei oerni proffesiynol?

Ar bigau'r drain trwy'r bore. DD yn gwneud cyflwyniad i Eisteddfod Fawreddog Llanbidlog. Hynny yw, yn cyflwyno fy syniadau gwych i fel ei syniadau e. Prin ei fod wedi dychwelyd ers pum munud pan ofynnodd,

'Sgen ti funud?'

Neidiodd fy nghalon a llamais ar fy nhraed.

'Yli, sdim brys. Cyn diwedd y dydd.'

Er mwyn arbed fy hunan-barch, roedd yn rhaid i mi gymryd arnaf fy mod ar fy nhraed am reswm arall-dim-byd-i'w-wneud-â-DD. Wy'n credu i mi lwyddo trwy wneud sioe fawr o fynd â'r tun Pepsi Max (dim ond un calori) i'r bin metel yn y gornel bella. Treuliais ddeugain eiliad yn siglo'r tun ger y bin, er mwyn dangos ei fod yn hanner llawn, a dweud yn ddidaro—wrth Rhian Haf a oedd fel arfer yn gwylio pob symudiad—nad o'n i eisiau trochi fy min sbwriel i. Ro'n i'n difaru nes 'mlaen pan oedd fy ngheg yn sych fel cesail camel.

Roedd hi'n ddeg munud i bump pan ddaeth yr alwad. Y snichyn bach! Nodwch y dyddiad yng nghofnod y byd o'r ugeinfed ganrif—DD yn y swyddfa o hyd, ar ôl tri, ar ddydd Gwener y Groglith.

'Mae'r Eisteddfod yn licio'n syniadau ni.'

Ein syniadau ni?!

'. . . hysbysu mudiadau ieuenctid, chwilio am noddwyr a ffurfio panel ieuenctid. Dw i'n awyddus i ti ddechrau ar daflenni hysbysebu'n syth bìn. A bydd isio i ti dynnu dy fys allan, fel petai, ar y busnas gwerthu tail.'

Gwnes ymdrech i chwerthin, a llwyddo i swnio mor jonac â Mam-gu pan fo hi'n cymryd arni ar y ffôn i werthwyr ffenestri, ei bod hi'n Saesnes ronc.

Ro'n i'n eistedd o hyd, yn disgwyl y newyddion 'arall'. Ro'n i'n siŵr y byddai DD yn gwneud y cyhoeddiad cyn y penwythnos hir—er mwyn i'r lleill gael cyfle i ymdopi â'r sioc. Câi Rhian Haf fenthyg fy macyn i. Sa i'n gwbl galongaled.

'Beth sydd haru ti 'ngenath i? Adre â chdi! Wrth gwrs, mae croeso i ti aros fa'ma i weitho ar y brîff tail, os lici di. Cofia, gei di'm *overtime* am neud. 'Dan ni'm yn graig o arian!'

Mae comedïwyr ar S4C sy'n fwy doniol na hwn.

'Odych chi wedi gwneud penderfyniad ynglŷn â'r swydd?'

O, wy mor ddewr!

'Yn syml, na . . . Mae 'na benderfyniad i'w wneud. Fysa hi ddim yn deg deud mwy.'

Paid â gweud, y mwlsyn! Wrth gwrs bod penderfyniad i'w wneud! Hy! Chwap, fydd hwn â slot ei hun ar y *Noson Lawen*!

Adre, roedd têc-awê i swper. Mae'r cwcian ar ben. Nid oherwydd bod Sands yn rhy bwdr ond oherwydd bod angen cegin i gwcian. Mae'r gegin yn edrych fel petai wedi cael ei chwythu'n rhacs gan fom atomig. Enw'r bom yw Jake Tucker. Wy'n canmol ei optimistiaeth. O'm rhan fy hun, wy'n amau y bydd cegin newydd yn gwella blewyn ar 'dalentau' coginio Sandy.

Sadwrn y 4ydd

Ffoniodd Mam-gu i'm hatgoffa ei bod hi'n Sul y Pasg fory ac i'm hysbysu bod y Parch yn diodde o peils. Mae'n fater arall a fyddai'r Parch yn diolch i'w gymar ers hanner can mlynedd am rannu'r wybodaeth bersonol iawn, iawn yma. Hwyrach y gallaf ofyn ei farn—ar ôl iddo ddychwelyd o'r Swyddfa Bost. Gwnaed y daith i'r Swyddfa Bost yn bosib gan y cylch rwber ar sedd y gyrrwr. Diolch byth, doedd dim sôn am y peswch na'r iselder ysbryd.

Yn ôl Mam-gu, mae'r Parch yn siomedig iawn. (Am unwaith, nid o'm herwydd i.) Nid yw wedi cael gwahoddiad i bregethu ddydd Sul. Yn siomedig iawn, er ei fod wedi ymddeol ers ugain mlynedd a'i fod yn brwydro'n dragywydd yn erbyn rhyw salwch neu'i gilydd. Mae'n debyg bod angen fy nghefnogaeth ar yr achlysur anodd hwn. Mae dyletswydd arnaf, mae'n debyg, i gefnogi'r capel. Roedden nhw'n gefn mawr i mi (eto, mae'n debyg) adeg marwolaeth Dad. Rhyfedd, sa i'n cofio gweld lliw tin Mr Dafis Dafis, ein pregethwr, ers yr angladd. Grybwyllais i ddim o hyn wrth Mam-gu. Byddwn yn pechu (eto) trwy grybwyll gwas Ein Harglwydd a'i ben-ôl yn yr un frawddeg. Wnes i ddim gofyn chwaith a fyddai'r cylch rwber yn esmwytho pen-ôl y Parch ar feinciau caled Bethania.

Nid fy mod i am adrodd pennill wrth Nain drwy ddweud wrth cowboi Jake sut mae adeiladu cegin, ond oni fyddai'n gallach creu'r cypyrddau newydd cyn dymchwel a thynnu'r hen rai? Mae'n amlwg nad yw Jake yn dilyn y calendr Cristnogol oherwydd mae'r morthwyl yn thwmp-thwmpian yn ddi-baid ers naw y bore.

Sul y 5ed

Llwgrwobrwyo Simon Tucker gyda'r *joy gel* a'r cyffion o Ann Summers, er mwyn ei ddarbwyllo i ddod i'r capel. Ddim yn siŵr beth fyddai Duw yn meddwl o hyn (heb sôn am y Parch) ond amau na fyddai'n tybio bod ST'n bresennol am y rhesymau iawn. Difaru gwisgo'r ffrog â'r gwddf isel. Treuliodd Simon Tucker awr yn ceisio pipio ar fy mronnau.

'Ble mae Mam?' sibrydais wrth Mam-gu yn ystod yr emyn cynta.

'Pen tost,' atebodd. Cyfleus iawn! Yn amlwg, roedd Mam-gu wedi methu ei pherswadio (twyllo) hi gyda blacmêl emosiynol. Ar ôl y gwasanaeth, fues i'n hanner meddwl galw i weld a oedd hi'n well ond roedd Simon ar hast i fynd adre. Addewid yw addewid. Rhaid bod yn deg â phawb.

Anghysurus iawn yn ystod Gweddi'r Arglwydd. Sa i'n gallu rhoi fy nghorff ac enaid i weddïo. Dim ers 'mod i'n blentyn bach. I ddechrau, prin iawn fydda i'n gweddïo o gwbl. Mae arna i felly ormod o gas i ofyn am ddim byd i fy hun (fel y swydd er mwyn rhoi Rhian Haf yn ei lle). Gweddïais ar i Dduw ofalu am Dad ble bynnag mae e. Allwn i ddim gweud 'y nefoedd'. Tybiwn nad oedd gofyn am rywbeth er lles rhywun arall cweit mor haerllug.

Y bregeth yn rhy hir. Pum munud ar hugain.

Roedd Simon Tucker yn ei amseru. Roedd hi'n hirach na phennod o *Pobol y Cwm* a naw fideo pop ar *MTV*. Ddefnyddiodd Mr James ddim un prop gweledol—dim hyn yn oed sleidiau. Wrth ddewis ei bwnc, roedd wedi glynu at y traddodiadol—yr atgyfodiad—gan wneud ymdrech dila i foderneiddio trwy sôn sut y gallen ni i gyd atgyfodi i fywyd newydd yng Nghrist.

Dychmygu beth fyddai ymateb Mam a finnau petai Dad yn atgyfodi. Rhedeg ato a'i gofleidio? Llefain dagrau o ryddhad? Llewygu mewn sioc? Gofyn iddo newid ei ewyllys? Ei boenydio gyda channoedd o gwestiynau? Ei daro gyda fy nyrnau am chwarae'r fath dric sâl?

Nid ein lle ni yw rhesymu, meddai'r Parch o'r orsedd rwber. Cyngor da i ddim i gyn-fyfyrwraig Coleg. Holl fyrdwn Prifysgol yw i holi a stilio drosto'ch hun.

'Ry'n ni'n mynd at y bedd. Wyt ti'n dod?' gofynnodd Mam-gu.

Do'n i ddim yn siŵr. Roedd arna i tam'bach o ofn. Sa i'n gwybod pam. Ro'n i'n gwybod yn net bod cerrig a rhai tunelli o bridd yn cuddio'r corff pydredig. Fyddai Dad fyth wedi llwyddo i gloddio i'r wyneb gyda nerth ei freichiau. Roedd e'n wan fel cath erioed, cyn iddo ddechrau rhedeg.

Wnes i'r ffŷs rhyfedda o newid y dŵr a gosod y blodau ffres, mwy o ffŷs nag y gwnes i o Dad erioed. Daeth awydd arna i i ddweud rhywbeth hefyd, ond nid o flaen y Parch a Mam-gu.

Wy wedi cael blodau deirgwaith gan Simon Tucker. Y tro cynta, mis i'r diwrnod ar ôl ein cusan gynta. Yr ail waith, fel ffordd o ymddiheuro am awgrymu fy mod i'n edrych yn ddim byd llai na pherffaith yn y sgert lycra a'r top tynn 'na. A'r drydedd, ar ddiwrnod yr angladd. Mae Simon Tucker yn credu ei bod hi'n bwysicach gofalu am y rhai sydd byw na phoeni am y rhai sydd wedi marw. O diar. Serch popeth, ddylwn i fod wedi galw heibio Mam.

Llun y 6ed

Diwrnod ffwrdd. Mae terfyn i fy ymrwymiad i DD.

Fel fampir, mae apathi wedi fy nghnoi a fy sugno'n sych o bob diferyn o egni. Sdim chwant gwneud dim byd arna i. (Dim byd newydd.) Wy jyst moyn gorwedd fan hyn ar y gwely yn syllu ar y wal nes bod y paent yn chwalu'n fyrdd o atomau llai na phennau pìn.

Dim chwant sgrifennu. Dim chwant gwylio'r teli. Dim hyd yn oed *Jerry*—'*Reunited*' (nawr bo Jake wedi talu bil Sky). Wy'n cymryd nad yw'r teuluoedd yn cyfarfod unwaith eto â pherthnasau sydd wedi marw. Fel Crist a Mair. Dyna beth fyddai chwip o raglen! '*You thought I was Dead. But now I'm back!*' Gobeithio mai siarad trwy ei het mae'r Parch pan mae'n honni bod Duw yn clywed pob gair. Hyd yn oed y geiriau dy'ch chi ddim yn eu dweud yn uchel. Fentrech chi ddim, maen nhw'n rhy ddychrynllyd.

Sa i'n mynd i sgrifennu beth wy'n meddwl o Simon Tucker y funud hon. Rhag Ofn. Sa i'n credu y galla i 'faddau pob bai' o'i eiddo. Sdim egni gen i i ddadlau. Ar ôl swper (brechdanau caws, gwenwyn i'r deiet) ceisiodd godi fy nghalon trwy 'atgyfodi' pwnc y fflatiau. Mae wedi gwneud rhestr fer o'i ffefrynnau (yn y Swyddfa Bost, siŵr o fod). Pry'nny sylwais i. Wy'n ffaelu credu 'mod i heb sylwi ynghynt. Mae'r fflatiau bondigrybwyll i gyd ym Mhontawel! Nid yng nghanol cyffro'r dre—ble y gallwn gerdded i Next a cherdded adre o'r Wine Bar (er mwyn sobri) ar nos Wener a nos Sadwrn a pha bynnag noson arall fydda i mas. Gallwn gerdded i'r gwaith. (Mewn argyfwng yn unig.) Ro'n i'n edrych 'mlaen i ddianc rhag bywyd mewn powlen bysgod aur, o dan chwyddwydr Mam, Mam-gu a'r Parch.

Ond, o na! Mae e m'lord eisiau pydru ym Mhont-dawel ble does dim byd yn digwydd o un ganrif i'r llall. Nodyn i brynu slipers a chardigan i ST'n anrheg Dolig. Os bydda i'n dal i'w arddel!

Mawrth y 7fed

2.15pm. Omegod! Mae e wedi digwydd! Yr anhygoel! Yr anfaddeuol! Mae DD newydd alw Rhian Haf i mewn i'r oruwch ystafell. Nid galw ond sibrwd (ond yn ddigon uchel i mi ei glywed).

'Munud fach?'

Dilynodd hi fel ci bach. Wy'n disgwyl hi mas ers pum munud. Dyna, wy'n amcangyfrif, fyddai angen arno i lwytho rhagor o waith. Ble mae hi?

2.30pm. O Dduw! Wy newydd fynd â ffacs at Nigel Matthews (gwaith Preisi ond rhywbeth i basio'r

amser) ac fe winciodd Nigel arna i. Nid winc—
'croeso i'r tîm' ond winc—'gwell lwc tro nesa'!

2.35pm. Eistedd i lawr. Sefyll lan. Mynd i'r tŷ
bach. Mynd i wneud coffi. Mae yno o hyd. O god
mae'r drws yn agor. Mae'n dod! Ody hi'n gwenu?
Sa i'n gallu edrych! Mae DD gyda hi. Edrych yn
brysur!

2.40pm. So hi'n disgwyl arna i. Mae'n treial edrych
yn brysur. Ond mae rhywbeth wedi torri ar y cŵl.
   'Catrin!'
   O, na! DD!

2.50pm. Sa i'n gwybod sut sefylles i heb sôn am
gerdded yr holl ffordd i'r oruwch ystafell—a hynny
heb lewygu. (Gweithred hollol amhroffesiynol
fyddai llewygu.)
   'Roedd hi'n benderfyniad anodd . . .'
   (Hei, dal sownd! Ble mae'r llongyfarchiadau? Y
baneri? Y siampên?)
   'Fel rwyt ti'n gwybod, mi rwyt ti'n aelod pwysig
o'r tîm.'
   (Wel rhowch y job i fi 'te!)
   'Dw i ddim isio i ti deimlo fod hyn yn
adlewyrchiad ar dy waith.'
   (O na, nid Rhian Haf! Plîs!)
   'Ond ar ôl ystyried yn ddwys . . .'
   (Roedd fy nghalon i'n mynd i fyny ac i lawr fel
ioio.)
   ''Dan ni 'di penderfynu dal y swydd yn ôl.'
   (Beth?)

'Roedd mwy nag un cais cry ond dim un hefo digon o brofiad i'r swydd arbennig hon.'

(Ond digon o brofiad i wneud yr union un job am lai o dâl?)

'Ond mae'r cwmni'n ffynnu—diolch i'r drefn, ac mae bwlch i'w lenwi. Felly, 'dan ni 'di penderfynu cynnig y swydd o dan hyfforddiant hefo'r gobaith o benodi ar ôl cyfnod penodedig.'

Stwffiwch e! Fyddwn i ddim yn derbyn petaech chi'n ymbilio lan at eich gwddf mewn tail Cymru!

''Dan ni 'di penderfynu cynnig y swydd honno i Rhian Haf.'

Bastard. Ffycin bastard!

Dyma fy esgus am beidio â llongyfarch Rhian Haf—ac wy'n bwriadu glynu ati os bydd y Parch yn holi pam y methodd epil yr ysgol Sul i droi'r foch arall. Wnes i ddim ei llongyfarch oherwydd dydi cael eich diraddio i 'o dan hyfforddiant' mewn swydd ry'ch chi'n ei gwneud yn barod ddim yn destun llongyfarchion.

Mercher yr 8fed

Wel stwffio fe! Stwffio fe a'i blydi job. Os mai 'na'i agwedd e, stwffio nhw i gyd. Rhyngddo fe a'i gawl!

Mae ei angen e'n fwy na fy angen i. Ro'n i'n gwneud ffafr ag e'n parhau i weithio 'na. Yn wahanol iddo fe, sdim rhaid i mi slafio. Bydd tomen o arian yn fy nghyfrif banc i unrhyw funud. Gei di daclo dy dail dy hun, mêt. Pwy fydd yn gwenu wedyn?

Pum tro yn fy mywyd i mi deimlo mor grac â hyn:

1. Simon Tucker yn rhoi cusan i hen wejen o dan yr uchelwydd. Meddwl y gallai wneud yn iawn am hynny trwy honni bod y weithred yn un draddodiadol.

2. Ar ôl i mi gael pump 'A' TGAU (ie, pump!) Dad yn tynnu fy sylw at y ffaith bod Jên (mae ei mam hefyd yn ddiacones) wedi cael chwech.

3. Dad yn fy hyfforddi at arholiad TGAU Mathemateg yn yr un arholiadau byd newidiol.

4. Ar brofiad gwaith yn swyddfa Dad: Dad yn rhoi mwy o sylw i'r 'D' yn fy TGAU Mathemateg nag i'r pump 'A'.

5. Pan sylweddolais i gynta mai rhith oedd y graig o arian roedd Dad wedi ei adael i mi yn ei ewyllys.

So Jake Tucker a'i ddril yn helpu dim. Pa oriau nad yw'n gweithio ar y gegin a phan mae mymryn o lonydd i'w gael?: Rhwng naw a phump. A pha oriau mae'n gweithio yn y gegin ac yn gyrru pawb yn wallgo gyda sŵn drilio, cnocio a rhegi?: rhwng pump a deg o'r gloch y nos. Sdim llonydd i wylio *Inspector Morse* hyd yn oed.

Iau y 9fed

Gwaith yn uffernol! Pobl yn edrych arna i gyda'r un llygaid truenus â phan fu farw Dad. Amser cinio, gyrrais i lan môr ac eistedd yn y car yn llefain a sglaffio dau Mars Lite.

Mynd i weld Mam. Cymryd arnaf fy mod wedi

dod i gasglu hen grys-T a phâr o *drainers*. Do'n i ddim am gyfadde'r gwir. I godi fy nghalon mae Simon Tucker wedi prynu fideo aerobics i mi. Tro nesa fydda i mewn cyfweliad, meddai, fydda i ddim yn dweud celwydd am fy niddordeb mewn aerobics.

Fideo aerobics! Fel petai dim digon o broblemau gen i. Mae'r fideo'n canolbwyntio yn arbennig ar y coesau a'r pen-ôl. Beth yffach mae e'n dreial awgrymu? Wy'n ffaelu aros i Ethan England ddangos i mi sut mae defnyddio fy nghoesau i dynnu dyn oddi ar ei echel. Gawn ni weld sut fydd Simon Tucker yn lico glanio ar ei ben-ôl!

Awr gyfan gan Mam nes ei gwers biano nesa. Er 'mod i ond yn bwriadu galw am ddeg munud, ffeindio fy hun yn aros am yr awr ac yn arllwys fy nghalon am y swydd. Dechrau amau bod Simon Tucker yr un mor ansensitif â'i dad. Gwnaeth Mam ei gorau glas, chwarae teg, i godi 'nghalon trwy restru esgusodion dros y penderfyniad syfrdanol. Allech chi feddwl mai dyma'r peth gorau a ddigwyddodd i mi erioed.

Yn ôl Mam (sydd mewn perygl o swnio fel Mam-gu), fel'na roedd pethau i fod.

'Fyse'r swydd yn ben tost. Gad i Rhian Haf boeni a gweithio'n hwyr. Cym'ra'r gyflog a joia bywyd!'

(Dim sôn am arian Dad. Ody hyn y rhyfedd? Efallai ddim.)

'O'n nhw'n gwbod yn net na fyset ti'n derbyn yr amode 'na. Fyse'r groten fach 'na 'di cytuno i rwbeth.'

Gwenu'n braf wrth glywed Mam yn cyfeirio at Rhian Haf fel croten fach! Dyna'r sarhad mwya. Pan o'n i'n ferch fach ac wedi gwneud rhyw ddrygioni, dyna fyddai hi'n fy ngalw i. Petawn i'n ferch fach nawr fyddwn i wedi mynd draw ati a mwytho fy mhen yn ei chôl, fel cath yn chwilio am gwtsh.

Pan oedd Mam ar y ffôn gyda disgybl newydd— (dim gwersi rhydd nes dydd Mercher nesa!)—es i i chwilio am y *trainers*. Do'n i ddim am glywed sut roedd Mam yn fwy o lwyddiant mewn busnes na fi!

Camais i mewn i'r stafell wely a cholli 'ngwynt. Storm eira o Mallorca! Bocs clustlysau gyda'r balerina yn dawnsio i Claire de Lune! Tedi! Roedd hi mor gyfarwydd â chwtsh. Roedd Mam wedi newid y dillad gwely ac edrychai mor hudolus â llyn llonydd ar ddiwrnod chwilboeth. Gyda bang, rhoiodd Mam y derbynnydd yn ei grud.

'Sa i'n cysgu'n dda. O, Mam, mae fel seit adeiladu co! Ma' Jake Tucker yn drilio tan berfeddion nos!'

Dd'wedodd Mam ddim gair.

'Wyt ti'n cysgu?' gofynnais.

'Fel twrch.'

'So ti'n unig?'

'Paid â chymryd hyn ffo'rong, Catrin, ond nagw. Tam'bach falle. Ar y dechre. Ond wy'n dechre ca'l blas ar gwmni fy hun. A bod yn onest, wy'n meddwl mai dy benderfyniad di i symud mas o'dd y peth gore i ni'n dwy. Ti 'di mynd yn rhy hen i fod yn sownd i ffedog dy fam. Nawr, sut mae Simon a'r teulu newydd?'

Gydag un snip, torrodd llinyn y groth. Fyddwn i ddim wedi cael mwy o sioc petai wedi dweud mai menyw oedd fy nhad.

Gwener y 10fed

So fe'n deg. So fe'n deg. So fe'n deg! 'Sen i'n gwybod 'mod i'n mynd i fod yn 'Swyddog' PR fyth bythoedd (wel, am dros ddwy flynedd) fyddwn i fyth wedi ymuno â'r cwmni jawl!

Dwy flynedd gyfan! Yn yr amser hwnnw, sa i erioed (wel, bron iawn erioed) wedi gwrthod gwneud dim i DD. Dyma'r diolch mae gweithiwr y flwyddyn yn ei gael! Man a man 'mod i wedi treulio blwyddyn yn eistedd ar fy nhin yn breuddwydio (fel Simon Tucker yn y Swyddfa Bost) neu'n dirprwyo (osgoi) gwaith fel Nigel Matthews.

Wy'n hanner disgwyl y bydd DD yn cyhoeddi mai jocan oedd e! Newydd gofio. Nid 'jôcs' yw cryfder mawr DD. Ta beth, mae ffŵl Ebrill wedi hen fynd heibio.

Llun y 13eg

'Catrin, oes gen ti amser i gyfieithu'r daflen hon i'r Swyddfa Bost? Wy'n deall bod dy gariad di'n gweithio yno.'

O leia mae gen i gariad, Rhian Haf. Sa i'n canolbwyntio fy egni rhywiol i gyd ar fflyrtio gyda phob dyn o dan wyth deg sydd mewn safle i helpu fy ngyrfa.

'Wel, wy yn gweithio ar ddatganiad y wasg Merched y Wawr. Ac ma' 'da fi gyflwyniad i'w baratoi ar gyfer swyddogion Tail Cymru fore Gwener . . .'

Mewn geiriau arall, nag oes! Ond sa i moyn rhoi'r esgus i ti glepian i DD yn dy wythnos gynta yn y swydd newydd.

'Diolch, Catrin. Wy mor brysur â morgrugyn.'

Ody hi'n bosib bod Rhian Haf hyd yn oed yn fwy brwdfrydig ers ei hisraddiad (wps, dyrchafiad)?

Mae pob Rheolwr yn rhy brysur (yn rhy ddiog) ac yn ein llwytho ni swyddogion â gwaith (fi a Jason Matthews ers ei ddyrchafiad. Anhygoel! Fi a Jason Matthews â'r un statws yn y cwmni!).

Yn ogystal â gwaith pobl eraill ry'n ni hefyd yn gyfrifol am ein prosiectau ein hunain (pethau ry'n ni'n gyndyn o wrthod eu gwneud oherwydd mai'r rhain sy'n rhoi'r profiad angenrheidiol fydd yn fodd, un dydd, i'n dyrchafu ni o'r uffern fod yn Swyddog).

Petai un peth yn llai gen i i'w wneud fe allwn i ymdopi. Er enghraifft, y prosiect tail. 'Nelen i rywbeth i beidio â gorfod dadlau (heb chwerthin) pam mai ein tail ni yng Nghymru yw'r tail gorau yn y byd. A thail pawb arall yn gachu!

Mawrth y 14eg

Sa i'n credu hyn! Beth arall allai ddigwydd i mi? Pla o locustiaid ar fy nghnydau! Melltith ar fy nghyntaf-anedig? Heddiw, cyhoeddodd DD ei fod wedi gofyn i Rhian Haf gymryd awenau'r cyflwyniad tail gyda help yr ymchwil drylwyr sydd wedi ei wneud. Fy ymchwil drylwyr i! Y rheswm? Mae'n awyddus iddi ennill cymaint o brofiad ag sydd bosib yn ei rôl newydd.

'Yn naturiol, wy'n siomedig iawn,' meddwn i. 'Ro'n i'n edrych 'mla'n i neud y cyflwyniad yna. Wy wedi claddu fy hun mewn tail Cymru ers miso'dd.'

'Fydd gen ti fwy o amser i ganolbwyntio ar brosiectau eraill.'

Mae'r wrach wedi bod yn cega!

'*Moan, moan, moan. I don't understand* pam wyt ti'n gwneud y blincin job. So fe fel se rhaid i ti.'

Dyna pam wy'n caru Simon Tucker!

Mercher y 15fed
Dweud wrth Mam beth dd'wedodd ST er mwyn profi'r dŵr. Synhwyro beth mae'n feddwl ond heb gyfadde 'mod i'n ystyried rhoi'r gorau i fy swydd o gwbl.

'A byw ar arian dy dad?'

'I ddechre, nes 'mod i'n penderfynu beth wy am neud.'

'Beth petai rhwbeth yn mynd o'i le?'

'Yr arian?'

'Ie.'

'Fel beth?'

'Sa i'n gyfreithiwr, Catrin!'

Sa i'n gwybod pa mor aml mae'n mynd i'r siop

112

drin gwallt ond sa i 'di gweld yr un blewyn du o'i choron ers iddi liwio'i gwallt yr un lliw â Barbie.

'Yn ôl Elisabeth Dickens, sdim problem. Bydd yr arian yn fy nghyfrif glatsh!'

'Paid â rhoi dy wye i gyd yn yr un fasged. Rhag ofn.'

'Rhag ofn beth?'

'Yr annisgwyl. O'n i'n dibynnu ar dy dad. Nawr, mae'n rhaid i mi gynnal fy hun.'

'Ti'n dod i ben â phethe?' gofynnais.

Roedd arna i ofn clywed yr ateb.

'Odw. O'dd hysbysebu yn y *Journal* yn werth pob ceiniog. Ma' 'da fi lwyth o ddisgyblion newydd. A wy wedi codi'r ffi arnyn nhw—ond nid ar fy nisgyblion presennol. Fyddai hynny ddim yn deg. Ond go brin 'mod i'n mynd i neud fy ffortiwn dros nos . . .'

(Wy'n gwario gormod ar drin fy ngwallt.)

'. . . So fe'n beth pleserus. Dechre 'to yn fy oedran i.'

(Ond ar yr ochr bositif, os golla i 'ngwallt oherwydd 'mod i'n ei orliwio, alla i brynu wig ac arbed ffortiwn!)

Rhyfedd. Doedd y peth heb fy nharo o'r blaen. Mae Mam yn edrych mor wahanol. So hi'n edrych fel Mam o gwbl. Mae fel petai pobl fach wyrdd wedi dod i lawr o Mars a'i chipio, ac yn ei lle maen nhw wedi gadael robot dideimlad â gwallt fel Barbie.

Iau yr 16eg

Mam-gu'n ffonio i'm llongyfarch ar y swydd newydd.

''Na dda! Ac ma' Dat-cu'n falch!'

'Mam-gu. Ges i ddim y swydd.'

'O. O'n i'n meddwl bod golwg ddiflas ar Mam. 'Na ni, fel'na ma' ddi nawr ers y busnes 'na 'da dy dad.'

Ei farwolaeth, chi'n feddwl? Dd'wedes i ddim y gair yna. Marwolaeth. Byddai Mam-gu wedi cael haint. Efallai ei bod hi'n meddwl y bydda i'n anghofio, os na fydd neb yn fy atgoffa.

Gwener yr 17eg

Gallaf, Rhian Haf. Mi alla i gwpla'r datganiad difyr yna am estyniad ar yr estyniad ar Gyngor y Dre *a'r* catalog cyfareddol ar gyfer sioe ffasiwn Merched y Wawr *ac* unrhyw jobyn cachlyd arall wnei di ei wthio arna i. Mae gen i rywbeth fyddi di'n treulio dy oes yn ei hel.

Ffoniodd Elisabeth Dickens i ymddiheuro am yr oedi. Pa oedi? Yn y cyffro, ro'n i wedi anghofio popeth am ei haddewid y byddai'r arian yn fy nghyfrif mis yma. Mae wedi fy sicrhau nad oes unrhyw reswm penodol am yr oedi. Dd'wedodd hi hynny ddwywaith. So oedi'n anarferol hyd yn oed mewn achosion syml.

ST yn gacwn. Er mwyn ei dawelu, wy wedi addo mynd i weld y blwmin fflatiau ym Mhont-dawel (ond heb addo y bydda i'n cytuno i rentu unrhyw fan y tu allan i'r dre).

Wrth i mi sgrifennu hwn, mae ffortiwn yn anelu'n syth at un cyfeiriad: cyfrif banc personol Miss Catrin Helen. Wfft i chi a'ch jobyn diawl, diflas! So'r gwaith yn ddim byd ond hobi. A'r gyflog? Arian poced!

Sadwrn y 18fed

5.00pm! P'nawn Sadwrn arna i'n sgrifennu hwn. Hwyr iawn, iawn p'nawn dydd Sadwrn. Mae fy llawysgrifen yn grynedig o hyd. Wyth o'r gloch bore 'ma ro'n i'n rhegi pob gwelltyn ar ben y Ler 'na a phob diferyn o Hooch aeth lawr fy nghorn gwddf. Wy wedi dod at fy nghoed erbyn hyn. Jyst! Yr unig forthwylio yn fy mhen yw'r morthwylio sy'n dod trwy fy nghlustiau. O'r gegin. Mae mwy o annibendod yma bob dydd. O'n i'n meddwl mai'r bwriad oedd gwella'r cartre!

Wy wedi callio digon i deimlo bod y sesh wyllt yn werth pob munud o gusanu'r tŷ bach yn yr oriau mân. O, ych! Sa i moyn cael fy atgoffa. Fe wnaeth les mawr i'r deiet—heb fwyta dim byd ond un darn o dost heb fenyn a gwydraid o laeth trwy'r dydd. (Wy'n Santes. Mae Kate Moss yn crynu yn ei 'sgidiau stileto!)

Sbort fawr neithiwr! Noson Hawäiaidd yn y Wine Bar. Es i ddim mor bell â gwisgo sgert wellt. Peth da iawn o gofio stad fy mhengliniau a'r ffaith 'mod i heb eillio fy nghoesau. Gwneud i fyny am y diffyg sgert trwy fynd yn gwbl dros ben llestri gyda'r coctels Hawäiaidd a'r blodau ffug. Roedd y blodau'n dal i grogi o gwmpas fy ngwddf bore 'ma pan ddihunais i â fy ngheg mor sych ag asgwrn yn yr anialwch.

Ar ôl pump coctel, Ler a fi'n gwneud rhestr o freuddwydion ffŵl. O beth wy'n ei gofio—dyma nhw:

1. Prynu clwb dawns yn Ibiza. Diodydd yn hanner pris i gyfeillion mynwesol a phobl y byddwn yn hoffi eu croesawu i'n mynwes gyfeillgar—fel Ethan England.

2. Plesio'r Parch trwy agor ysgol Sul yn y jyngl yn yr Affrig. (Awgrym Ler oedd honna. 'Na'r tro ola mae hi'n cael '*Parson's Pleasure*'. Dim ond '*Sex on the Rocks*' o hyn 'mlaen ac ambell '*Long Hard Screw against the Wall*' os yw hi'n ferch dda iawn.)

3. Prynu fila ar lan y môr yn Thailand a sgrifennu'r nofel fawr. (Byddai Saunders Cymraeg yn chwerthin ei hun yn sâl am honna.)

4. Agor canolfan hamdden yn cynnig myrdd o driniaethau i gadw Ler a finnau'n fythol hardd. Cydweithio'n agos ag Ethan England ar y cynllun gan fanteisio'n helaeth ar ei brofiad sylweddol!

5. Cyflwyno Pont-dawel i'r mileniwm newydd— agor sinema aml-sgrin, pwll nofio awyr agored, cae chwarae â gwledd o offer chwarae newydd a chylch sglefrolio iâ. Tystiolaeth yn erbyn y syniad: Dim digon o arian yng nghyfrif banc Richard Branson i dynnu Pont-dawel i'r mileniwm newydd. Pam trafferthu? So ni mor drist ein bod ni'n bwriadu aros 'ma am oes. (Yn wahanol i'r hyn mae Simon Tucker yn ei feddwl.)

6. Sefydlu busnes PR i gystadlu yn erbyn cwmni DD. Cwmni fyddai mor llwyddiannus y byddai'n ennill cwsmeriaid DD i gyd. Byddai'n tyfu mor fawr fel ein bod yn gallu prynu cwmni pitw DD— cyn iddo fynd i'r wal. Rhoi'r sac i bawb—ar wahân i Rhian Haf a fyddai'n cael cynnig swydd yn glanhau'r toiledau â phoer a brws dannedd (Rhian Haf i gyflenwi'r poer). Swydd 'o dan hyfforddiant' yn unig! Ha, ha.

7. Agor clwb nos/bar trendi, cŵl a mega i ddod â blas o cŵl gogledd Llundain i'r dre. Ler a fi'n rheolwyr arno ac yn wir y bobl fwya poblogaidd yma!

8. Agor siop dillad *designer*. Ler a fi'n cael ein dillad i gyd am ddim ac yn modelu ar y *catwalk* yn y sioe ffasiynau. (Mae'n bosib na fyddai'r coctels na'r dillad *designer* yn llwyddo i guddio'r ffaith nad oes gan Ler na finnau gyrff fel Kate Moss.)

9. Talu am adeiladwyr jonac (hynny yw nid cowboi Jake) i ffitio cegin newydd yn nhŷ'r Tuckers ac am gwrs coginio dwys i Sandy.

10. Mynd am sbri siopa anferthol yn Stryd Oxford, Llundain a thalu am bopeth gydag arian parod. Bwriadu gwneud hyn cyn gynted ag y bydd yr arian yn y banc. Ler yn cytuno fy mod yn haeddu trît ac y byddai Dad yn deall yn iawn.

6.00pm. Rhaid codi nawr. Wedi addo mynd i Bont-dawel i weld fflatiau gyda Simon.

9.00pm. Pan ailadroddais i'r cynlluniau difyr hyn wrth Simon, edrychodd arna i'n gegrwth.

117

'Ti'n jocan, *I hope*, Catrin Helen!'

Catrin Helen? Mae'r crwt yn swnio mwy fel Mam bob dydd.

'Ma' *plans* 'da ni i'r arian 'na.'

Oes e? Gobeithio nad yw'r '*plans*' hyn yn cynnwys gwastraffu arian ar un o'r fflatiau dychrynllyd welon ni heddiw! Byddai trempyn heb do am ei ben na chrys am ei gefn yn codi ei drwyn ar y gwynt llaith, y carped patrymog o hen sic a llosg sigarét, y gwely dwbl, teircoes â thair bricsen yn lle'r bedwaredd goes a'r 'ardd' maint bocs sgidiau!

'Sa i'n credu eu bod nhw'n deall ein gofynion,' hisiais.

O gymharu, roedd cwmni Jake a'i forthwyl a'i ddril yn nefoedd. Wy wedi rhoi ordyrs i Simon ddychwelyd i'r asiantaeth a gofyn am fflat i ddau berson proffesiynol sy'n fodlon talu £440 y mis (neu fwy).

Roedd ST yn cyfadde mai camgymeriad oedd cynnig ei gyflog e fel llinyn mesur o'r hyn ry'n ni'n medru ei dalu.

'Ro'n i moyn rhoi fy *share, fifty fifty*. Os wyt ti'n hapus gyda *sixty forty* neu *seventy thirty* mae'n ok 'da fi. Sa i'n mynd i fod yn *chauvinist pig* ac insisto talu'r bils i gyd.'

Sul y 19eg

Sori Dad, yr hwn wyt i fyny rhywle
Ond mae angen rhywbeth i godi 'nghalon
Er nad yw yn ôl dy ewyllys.

Mae'n debyg 'mod i'n lwcus, o gofio dy sefyllfa
bresennol
Ond so pethau'n nefoedd ar y ddaear hon.
Maddeua. Mae'n oes oesoedd ers i mi wneud hyn
ddiwetha
Ac mae'r gwaith yn ddieithr.
Hwyrach mai gwneud dy ewyllys ddylwn i
A hyd yn hyn sa i 'di gwario ceiniog
Ond mae siopa yn fara beunyddiol.
Af i ddim i ddyledion
A chael enw drwg
Fydd yn gofeb i ti'n fyth bythoedd.
Sdim byd arall i'w ddweud
Felly, yn oes oesoedd
Amen.

Mercher yr 22ain

O, mae e'n berffaith! Oreit, ody mae e ym Mhont-
dawel. Ond fel dd'wedodd Simon Tucker, mae e'n
agos i'r teulu. Ac mae cael teulu'n gefn mewn
creisis yn hollbwysig.

Ok, mae'r fflat ar werth ac nid i'w rentu. Bydd
yn golygu prynu eiddo ac yn gnoc go egr yn fy
nghyfrif banc newydd llewyrchus. Ond wy'n
cytuno â ST. Mae'n fuddsoddiad! Yn hytrach na
thowlu arian i ffwrdd mewn rhent byddwn ni'n cael
ein harian yn ôl ar ddiwedd y dydd. Mae'r fflat o
fewn chwarter awr i'r dre. Yn y car. Llai, unwaith
iddyn nhw gwpla'r *by-pass*. Bydd pris tacsi ar nos
Sadwrn yn llai na £10.

Mae dwy stafell wely, fawr—un yn stydi a lle i

ddianc i mi pan fydd ST yn mynd ar fy nerfau. Cegin a lolfa yn un a gardd fach â rocyri a phatio i gael barbeciw yn yr haf. O, a garej. Gofies i ddeud fod y stafelloedd gwely yn fawr? Ac mae cawod a bath yn y stafell folchi a chlo ar y drws i mi gael socian ac ymlacio mewn llonyddwch.

Iau y 23ain

'Mae e'n syniad gwych!' meddai Mam. Ro'n i ffaelu credu 'nghlustiau. Ro'n i wedi sadio fy hun am bregeth ynglŷn â diffyg moesau a chadw'r corff yn bur cyn priodas.

'Gei di dy arian yn ôl mewn amser. Mae'n fwy synhwyrol o lawer na rhentu.'

Ha! Fi'n synhwyrol. Wy'n hoffi hwnna. Wrth gwrs, syniad ST oedd e. Dd'wedes i ddim o hynny. Roedd pethau'n mynd rhy dda.

'O'n i'n meddwl falle y byset ti'n grac,' meddwn i.

'Mae'n hen bryd i ti fod yn annibynnol!' meddai Mam.

Gwener y 24ain

Dewch i sioe ffasiynau Merched y Wawr. Os nad y'ch chi'n gwybod iot o ddim am ffasiwn, dyma'r lle i chi. Os ry'ch chi'n dal i feddwl bod *twinsets* a pherlau'n harddu tudalennau ffasiwn *Elle*, peidiwch â cholli sioe ffasiwn y MW's. Fel arall peidiwch â gwastraffu'ch amser. Arhoswch gartre a gwnewch beth ddylai hen wragedd y machlud ei wneud—Byw!

Canodd y ffôn. Mam-gu.

'Llongyfarchiade, bach! Wy'n clywed bod symud i fod,' meddai'n ffeithiol gywir. Am unwaith.

'Sa i 'di gwneud cynnig 'to.'

(Ro'n i'n barod â llond whilber o esgusodion. Dyma'r fenyw sydd gant y cant yn erbyn byw tali. Yn ei meddwl, mae gwneud hynny fymryn yn is na llofruddio'ch teulu i gyd mewn ffit dreisgar yn y rhestr o 'Bechodau yn erbyn ein Harglwydd'.

'Ma' Dat-cu a fi'n gyffro i gyd!'

Y Parch hefyd. Gwellodd y pwl o iselder glatsh! Ro'n i'n ofni y byddai fy antics diweddara wedi achosi strôc!

'Beth wedodd fe Simon?'

'Mae e'n edrych 'mla'n!'

(Cymaint, sa i'n cael whincad o gwsg. Wy wedi ymlâdd!)

'Ody fe? 'Na ni! Ma'r tŷ bach 'na'n gyfyng i bedwar.'

'Ody, sbo. Mae'n iawn dros dro.'

'Da 'merch i! O'n i'n gwbod! Wedes i wrth Da-cu pan gas e'r pwl 'na.'

Ai fi sy'n meddwl neu ody Mam-gu'n mynd yn rhyfeddach bob dydd? Nodyn i ofyn ody hi'n dal i gymryd y tabledi 'homeopathi' 'na gafodd hi gan y 'dyn bach rhyfedd' ar gornel stryd yn 'dre.

Hm. Ody hi'n ddiwrnod-bod-yn-neis-i Catrin? Nac ydi, wrth y wên hunanfoddhaus ar wyneb Rhian Haf.

Sul y 26ain

Sgrifennu gyda fy mhen inc newydd. Wy'n siŵr bod fy llawysgrifen yn edrych yn daclusach—ond fy llawysgrifen i yw e o hyd. Rhyfedd fel mae'r un pen yn gwneud siapau mor wahanol yn ôl pa law sydd yn ei ddefnyddio. Mae llawysgrifen mor wahanol nodweddiadol â DNA. Fy llawysgrifen i. Ond mae'r pen yn berchen i Dad. Roedd y pen yn berchen i Dad. Mae'n berchen i fi nawr. Hwyrach mai pen Dad yw e o hyd. Wy'n dwlu ar fy mhen newydd.

'Licet ti gael rhywbeth o stydi Dad? Sdim rhaid i ti. Cer lan i weld,' meddai Mam.

Yn y stydi roedd Dad ym mhobman ac eto doedd e ddim yn unman. Ond mi roedd e'n bresennol. Fyddwn i ddim wedi mentro pigo fy nhrwyn. Dychmygwn ei fod yn fy ngwylio.

Roedd Mam yn amlwg wedi bod yn glanhau ac yn tacluso. Roedd y lle fel pin mewn papur. Rhywbeth oedd yn berchen i Dad. Rhywbeth i gofio am Dad. Fel beth? Llun wedi'i fframio o Dad i'w roi ar ochr y gwely, ble y gallai wylio ST a fi'n cael rhyw? Llawlyfr ar gyfer cyfrifiadur sa i'n berchen arno? Ornament rhad o Torquay o eiddo Mam-gu ac sydd mor salw nad oedd Mam yn fodlon iddo anharddu'r lownj?

Ar y ddesg, roedd rhestr—rhestr o bethau i'w gwneud. Ffonio Barry am y siars Thompsons. Golchi car Cats . . . Ffaelais i ddarllen rhagor ond wy wedi cadw'r rhestr.

Mawrth yr 28ain

Wel, does dim troi'n ôl. Mae'n rhaid cyfadde, mae arna i lond twll o ofan! Mae'r pen newydd yn siglo yn fy llaw. Efallai mai Dad sy'n ysgwyd mewn cynddaredd!

Adeg te un ar ddeg, ges i wahoddiad i stafell DD. Yn lle 'gwahoddiad' darllenwch 'gorchymyn'.

'Mae'n hwyr bryd i ni gael sgwrs am dy ddyfodol,' meddai.

Roedd ei wep yn awgrymu nad oedd gennyf ddyfodol. Does bosib bod y dyn am roi'r sac i mi! Ro'n i'n ddrwgdybus iawn o'i ymdrech i wenu—er mwyn rhoi'r argraff mai sgwrs fach hamddenol oedd hon a dim byd i fynd i banics yn ei gylch.

'O'n i'n nabod dy dad. Dyn ffeind. Roedd gen i barch mawr ato.'

(Doeddech chi *ddim* yn ei nabod e'n dda, 'te. Ro'n i'n teimlo'n grac wrtho am gymryd arno ei fod yn nabod fy nhad i. Teimlwn rywbeth arall hefyd. Balchder?)

'Mae'n glod i ti dy fod wedi penderfynu dychwelyd i'r gwaith.'

(Canmoliaeth? Oddi wrth DD!)

'Mae'n hysbys i mi fod dy sefyllfa bersonol wedi newid, yng ngŵydd y drasiedi. Beth yw dy drefniadau tymor hir?'

(Dylwn i fod wedi rhaffu celwyddau am sut ro'n i'n gweld fy hun yn esgyn yn Gyfarwyddwr y cwmni. Yn hytrach, dd'wedes i hyn:)

'Sa i'n gweld sut mae fy musnes personol i'n berthnasol . . .'

Tawodd fy mhrotestiadau fel dwrn yn gwasgu cleren.

''Dan ni'n edrych i'r dyfodol, yn meddwl datblygu. A siarad yn blaen, 'dan ni ddim isio gwastraffu amser nac arian ar staff sydd ddim yn gweld eu dyfodol yma.'

'Alla i fyth addo 'nny. Sa i'n gweld sut all neb addo . . . Allai pethe newid fory!'

Ro'n i'n rhuo fel tarw a stêm yn codi o fy ffroenau.

'Dw i ddim yn deud nad oes rhesymau dros hynny, ond yn ddiweddar, Catrin, dydi'r gwaith heb gyrraedd y safon arferol. Y safon ddisgwyliedig. Ro'n i'n meddwl hwyrach y bysat ti'n manteisio ar gyfle i ddechrau o'r newydd.'

Nid fy stumog yn unig oedd yn troi, roedd y gadair yn troi, a'r stafell yn troi fel top. Petawn i'n gredwr mewn pader byddwn i wedi gweddïo am gorwynt i fy nghipio i ffwrdd. Gallwn ddihuno ymhell o fan hyn.

Nid fel hyn oedd hi i fod. *Fi* oedd fod i ddweud wrtho *fe* am stwffio'i jobyn i lawr ei gorn clatsh! Ar ben y cwbl, ddechreuais i lefain. Am y tro cynta edrychai DD yn anghyffordus. Gwnaeth fôr a mynydd o estyn macyn ac esgusodi ei hun—er mwyn rhoi preifatrwydd i mi.

'Diolch. Am fod mor onest,' meddwn i'n drwch o goegni. Wy'n ferch i fy mam, wedi'r cwbl.

Dylwn fod wedi gweiddi'n groch am y cynlluniau gwych oedd gennyf—agor y clwb nos yna yn Ibiza neu . . . Mae'n rhy hwyr nawr!

Mercher y 29ain

Mae'n swyddogol. Fi yw'r ferch fwya ofnadwy gafodd unrhyw rieni. Erioed. Yn hanes y byd a thu hwnt.

Feddyliais i rywbeth dychrynllyd heddiw. Rhywbeth mor ddychrynllyd, mae arna i ofn ei roi ar bapur. Heddiw, feddyliais i hyn. Wy'n falch nad yw Dad yn fyw. A'r rheswm ciaidd o hunanol dros feddwl y fath beth creulon? Fe fyddai wedi chwythu ei dop petai e'n gwybod 'mod i wedi colli fy swydd!

Iau y 30ain

Mynd i'r dre i godi fy nghalon. Prynu dau dop lycra, du (yn union fel y pump arall sydd gennyf eisoes yn fy nghwpwrdd dillad), gŵn nos na fyddaf fyth yn ei wisgo a bar o siocled anferthol i'w sglaffio. *Jerry* ar y teli prynhawn: '*The family think I'm a failure.*'

'O diar,' meddai Mam. 'O diar, diar.'

Gaiff hi ddweud wrth y Parch a Mam-gu.

ED wedi ffonio—neu ER os ry'ch chi'n dilyn nodyn cowboi Jake i'r llythyren. Ro'n i mewn penbleth llwyr ynglŷn â beth oedd y Frenhines moyn â fi. A sut yffach gafodd hi fy rhif ffôn?

ED moyn siarad â mi ar hast. Doedd hi ddim am drafod ar y ffôn (hynny yw, mae moyn fy nghadw ar bigau'r drain). Ond mae problem. Problem fawr. Gan fy mod bellach yn fenyw rydd (fel petai) wy wedi trefnu ei chyfarfod fory.

MAI
Barbie Mam

Gwener y 1af

Byddai'n haws gen i gredu bod Elvis yn fyw, mai
Oswald saethodd JFK neu fod Simon Tucker yn
Efengyl. A sa i'n siŵr beth sydd waetha. Y ffaith
bod Mam yn gwneud hyn o gwbl neu ei bod hi
wedi ei wneud y tu ôl i fy nghefn.

Mae'n bwriadu herio ewyllys Dad! Herio
ewyllys Dad! Mae'n haeddu ei ddweud ddwywaith.
Mae hynny'n golygu, wrth gwrs, ei bod hi'n
bwriadu cael ffortiwn Dad iddi hi ei hun. Chaf i'm
clincen. Ddim nes bod y cyfreithwyr yn rhoi pen ar
y mwdl. A dyn a ŵyr pryd fydd hynny.

Mae'n ewyllys annheg, meddai hi. Wel, ry'n ni'n
gwybod hynny ers tro byd. Ond wedyn, nid sant
oedd y dyn a'i lluniodd. Ewyllys annheg! Ody hi'n
meddwl ei bod hi'n deg mynd at ryw gyfreithwr
so-fe'n-fusnes-iddo-o-gwbl, a hynny y tu ôl i fy
nghefn?

Welais i ddim o honna'n dod! (Fel dd'wedodd y
ffarmwr wrth y Brodyr Bach wrth dreial roi stop ar
y rêf yn ei gae gorau.) Roedd Dickens wedi
rhybuddio bod problem ond ro'n i'n meddwl mai
problem gwaith papur oedd hi, mater o daro fy enw
ar ffurflen arall yn y pentwr di-ben-draw.
Feddyliais i erioed mai achos y broblem oedd fy
mam fy hun!

Stwffio Ler a'i meddwl yn bositif. Stwffio nhw i gyd!

6.00pm. Mae'r llygoden yn y gardigan yn dal i weithio i Dickens. Ody hi wedi colli'r ffordd ei hun wrth arwain y ffordd i'r rhes ddiddiwedd o gleients?

Pan gamais ar stepen gynta'r staer droellog, ges i'r teimlad rhyfedda. (Wy'n mynd yn debycach i Mam-gu bob dydd. Mae hi'n clywed lleisiau sy'n darogan y dyfodol ers blynyddoedd.) Ges i bwl o nerfau. Sa i wedi teimlo mor annifyr ers y prynhawniau Sul hynny pan oedd Dad yn rhoi gwersi Mathemateg i mi cyn y prawf bore Llun. Ro'n i'n teimlo y gallwn olrhain fy mhroblemau i gyd yn ôl i'r stepen yna. Pan sefais arni, fe wichiodd yn hy i fy atgoffa 'mod i bwysi'n drymach na'r tro diwetha. Rhoiais gic iddi. Petawn i'n gallu gwasgu botwm a mynd yn ôl mewn amser at ddiwrnod darllen yr ewyllys, byddwn i'n troi fy nghefn ar waelod y staer a mynd sha thre. Byddai popeth yn oreit wedyn.

Byddai Dad wedi marw o hyd. Ond byddai Mam gen i o hyd—Mam cyn i'r bobl fach wyrdd ei chipio a gosod Barbie Mam yn ei lle. Mae Barbie Mam yn fwy na phlastig a mop o wallt perocsid. Mae ei phen-rhy-fawr-i'w-chorff yn llawn dop o syniadau ar sut mae cael y gorau ar ei hannwyl ferch.

Ar y ffordd 'nôl, fe fyddwn i wedi mynd draw'n syth i weld beth yn gwmws oedd gêm Barbie. Ond pan es heibio i'r tŷ, roedd car Dat-cu a Mam-gu y tu fas. Gwasgais y sbardun.

Alla i fyth fynd draw nawr. Wy wedi addo mynd mas i swper gyda Simon i ddathlu dod o hyd i'n cartre newydd. Dyna'r peth diwetha ond un wy eisiau ei wneud. Y peth diwetha wy eisiau ei wneud yw dweud wrth Simon am broblem yr ewyllys.

Sadwrn yr 2il

Cyngor Elisabeth Dickens oedd trafod y mater gyda Mam. Dyna ro'n i'n bwriadu ei wneud ben bore. Ers 'mod i'n fòs arna i fy hun (mae'n swnio cymaint yn well na di-waith), mae pob diwrnod yn debyg i'r nesa a does gan gysgu'n hwyr ar fore Sadwrn ddim yr un apêl. Ro'n i'n teimlo fel petawn i wedi bod ar ddihun drwy'r nos. Ond sa i'n credu hynny.

Ar ben y cwbl, wy'n cael DGG. Diwrnod Gwallt Gwael. Sut gythrel mae gwallt Elisabeth Dickens mor llyfn a sgleiniog? Pantene?

Ond ar ôl rhuthro draw—heb frecwast—doedd dim ateb gartre. Yn ôl Mam-gu, mae Mam wedi mynd i Ogledd Cymru am y penwythnos a fydd hi ddim yn ôl nes nos Sul. Yn hwyr iawn nos Sul. Mae Mam-gu wedi cael ordyrs i beidio â'i phoeni nes fore Llun.

Pa fath o fam sy'n troi eich byd ar ei ben yn gwbl ddirybudd ac yna'n galifantan i rywle heb hyd yn oed 'hwyl fawr'?

'Mae'n haeddu hoe fach,' meddai Mam-gu sydd heb fod ar wyliau ei hun ers salwch y Parch.

'Gyda phwy?'

'Dim ond hi . . . Wyt ti 'di torri dy wallt?'

'Naddo.'

'Mae golwg ddieithr 'not ti.'

Roedd hi'n edrych fel petai ar fin llefain. 'Beth sy'n bod? Blewyn yn eich llygaid?' meddwn i.

'Ti'n edrych yn gwmws fel dy dad.'

Grêt! Mae fy myd ar ben. Ac ar ben hynny i gyd, mae gen i wallt coch a choron foel, trwyn hir fel Pinocio a thew fel malwoden, a llygaid ara sy'n chwincio pan wy wedi blino neu mewn cythraul o dymer ddrwg.

Ond paid ti â phoeni, Mam. Gad dy wallt lawr (ond dy nics lan) a joia!

So fe fel petai hi'n lico Gogledd Cymru. Roedd hi'n dannod pob munud dreuliodd hi yn y garafán ym Metws-y-coed gyda Dad yn lle bolaheulo ar draeth yn y Med.

Stopiais yn y Post ar y ffordd 'nôl. Doedd ganddyn nhw ddim Pantene felly wy wedi bodloni ar Johnsons.

I frecwast, ges i bedair sleisen o dost yn drwch o fenyn a marmalêd.

Llun y 4ydd

Peth cynta, es i draw i daclo Mam. Buan iawn ffeindiais i mas mai'r hyn roedd Mam-gu'n ei olygu wrth hwyr iawn, iawn nos Sul oedd nos Lun. Wrth gwrs, so ddi'n cyfadde hynny. Mae wedi tynnu'r Parch yn dyst (er yn ôl yr hyn wy'n ei gofio, doedd e ddim yno) mai nos Lun dd'wedodd hi.

Aeth yn ei blaen i bardduo fy enw trwy honni

129

'mod i ond yn clywed yr hyn wy eisiau ei glywed. Mae'n debyg 'mod i'n gwmws yr un peth pan o'n i'n groten fach! Sa i'n gwybod sut lwyddais i i beidio â sgrechian yn uchel.

Pan gyrhaeddais i adre, chwarter awr yn ddiweddarach, doedd gen i ddim esgus i beidio â mynd am wac i Leekes gyda Simon—i chwilio am gelfi i'r fflat newydd! Hyn, er nad ydyn ni wedi gwneud cynnig amdani eto. Pan awgrymais i Simon ein bod yn dal ein dŵr, ges i 'nghyhuddo o bocedi dyfnion, 'yn gwmws fel fy nhad'!

Wy'n benderfynol o wneud dau beth bore fory: 1. Taclo Mam. 2. Gwneud apwyntiad i dorri fy ngwallt a rhoi tipyn o steil iddo.

Mawrth y 5ed
'Pam na wedest ti wrtha i?'

Do'n i ddim wedi canu cloch y drws. O leia doedd hi ddim wedi newid y cloeon. Ro'n i wedi treulio chwe munud ar hugain yn aros iddi hi Madam godi ac wedi ymarfer y min ar y geiriau droeon. Roedd hi'n syrpreis, hyd yn oed i mi, glywed cymaint o wenwyn ynddyn nhw.

'Ro'n i wedi bwriadu!'

Yr un mor siarp. Heb damaid o gas.

'Ddylet ti fod wedi gweud 'tha i.'

'Pryd? Sa i'n prin dy weld di!'

'Ti'n gwbod yn gwmws ble wy'n byw. So ti 'di bod draw unweth!'

'Sdim isie dwy law i gyfri faint o weithie wyt ti 'di bod co, chwaith. Dy gartre!'

Saib yn para oes.

'Wel . . . Dere 'mla'n! Neu odw i'n gorfod cael y newyddion i gyd wrth y cyfreithwr.'

Fi.

'Pum mlynedd ar hugen, Catrin. Cwcian swper, smwddio cryse, golchi sane . . .'

'Siawns nag o'dd y peiriant yn neud 'nny.'

'. . . newid y gwely, ffw . . . Sdim syniad 'da ti!'

'Ti ddewisodd 'i briodi fe. Ges i ddim dewis!'

Ro'n i'n gacwn gwyllt! Wy'n dal i fod yn gacwn gwyllt! Ond mae'n rhaid ymlacio. Mae'n ddeng munud wedi pump. Bydd Simon adre mewn dim.

Mercher y 6ed
Rhy grac i sgrifennu.

Iau y 7fed
Grac o hyd.

Gwener yr 8fed
1. Shwt allet ti farw mor sydyn a finnau mor ifanc?

2. Shwt allet ti adael dy arian i gyd i fi?

3. Shwt allet ti greu rhwyg rhyngdda i a Mam?

4. Shwt allet ti chwarae tric mor frwnt heb fy rhybuddio?

5. Shwt allet ti ddifetha fy mywyd?

Sul y 10fed

Sabath. Diwrnod o orffwys. Rhoi pob dant ac asgwrn i'r naill ochr yn unol ag Ewyllys Duw. Ac er mwyn taclo'r ddwyfol ewyllys.

Roedd Wncwl Barry'n dod mas o'r tŷ wrth i finnau fynd mewn. Wrth y ffordd ddigywilydd roedd e'n sythu'i drowsus—a'i dacl trowsus—doedd e heb fy ngweld.

'Hylô, Catrin fach,' meddai'n clirio ei wddf yn hunanymwybodol.

'Shwt y'ch chi?'

'Galw i weld sut oedd dy fam,' meddai'n egluro, heb angen. Sdim yffach o neb arall yn byw 'cw. 'Mae'n ymdopi'n dda, chwarae teg.'

Ofynnodd e ddim sut o'n i'n ymdopi.

Roedd Mam lan staer.

'O, ti sy 'na,' meddai'n glaear.

'Pwy o't ti'n ddisgwyl? Anti Helen?'

Edrychodd arna i'n ddryslyd.

'Wy newydd weld Wncwl Barry.'

'O. Galw ar 'i ffor 'nôl o'r capel.'

'Fuest ti ddim, 'te.'

'Na tithe wrth dy olwg.'

Edrychai ar y jîns glân fel 'sen nhw'n blastr o faw ci.

'Mae Dickens yn credu y dylen ni drafod. Trafod beth sy'n deg.'

'Beth yw gwerth blynyddoedd gorau 'mywyd i?' meddai hi. 'Gronda, Cats, fydd e i gyd yn dod i ti yn y diwedd.'

Doedd hynny'n fawr o ymddiheuriad. Ges i gynnig mynd i *chez* Parch am ginio. Ond roedd

Jake Tucker eisoes wedi addo mynd â'r teulu i'r McDonalds newydd yn y dre.

Llun yr 11eg
So fe'n deg!

1. So fe'n deg bod hanner y byd yn newynu a hanner y byd ar ddeiet.

2. So fe'n deg bod Mam-gu'n mynnu fy atgoffa o hyn bob tro wy'n gadael cymaint â thair pysen ac un fresychen fach ar fy mhlât bwyd.

3. So fe'n deg 'mod i ddim yn gallu aer-bostio'r pys a'r fresychen fach (a Mam-gu) i'r Trydydd Byd cyn iddyn nhw bydru. O'm rhan i, gelen nhw bob bresychen fach fuodd erioed ar fy mhlât, pob bresychen fach yn y byd.

4. So fe'n deg bod bwydydd blasus y byd i gyd yn llawn braster—siocled, caws, alcohol ayb, ond y gellwch chi fwyta faint fynnoch chi o'r bwydydd mwya diflas, diddim ar y blaned—seleri, letys, afalau, brocoli.

5. So fe'n deg bod yr holl sôn 'ma am fwyd yn golygu 'mod i bytu starfo—er fy mod i eisoes wedi cael tair sleisen o dost a Dairylea Lite, wy wedi ei ferwi, cyw iâr, siaced bôb (dim menyn), dau iogwrt, creision, hufen iâ Häagen-Dazs. A dwy sigarét. I osgoi temtasiwn y Mars yn y ffridj.

Mercher y 13eg
Ro'n i'n dwp i feddwl y deuai hi draw i ymddiheuro. So hi erioed yn ei bywyd wedi dweud

sori gydag unrhyw arddeliad. Un neu ddwy o weithiau, mae wedi dweud,

'Well i fi ddweud sori, sbo.'

Neu,

'Ti'n disgwyl i fi ddweud sori, sbo.'

Wy'n benderfynol o ddal fy nhir y tro hwn. Sdim bai arna i. Ofynnais i ddim am gael bod yng nghanol y cawl potsh 'ma. Cweryl rhyngddi hi a Dad yw hwn. Fe oedd yr un roiodd ei arian i fi. Wyddwn i ddim am ddim.

Caiff hi Madam fynd i ganu.

Iau y 14eg

Troi'r foch arall ddylwn i, wrth gwrs. Dangos fy mod i'n well na hi trwy beidio disgyn i'w lefel hi. Hy! Rhoi mewn, chi'n feddwl! Dangos fy ngwendid! Rhoi fy hun mewn man lle y gellid damshgel arna i am byth. Dim rhagor. Dyma'r fi newydd, gref.

Digon am nawr. Wy wedi addo gwneud swper i Simon erbyn iddo ddod adre.

Gwener y 15fed

Wrth gwrs, fyddai mynd i'r tŷ ddim o reidrwydd yn arwydd o wendid. Mae'n arwydd o gryfder ac aeddfedrwydd. Mynd i arwain y ffordd. Rheoli'r sefyllfa. Ha, ha. Fi fel yr oedolyn a hi fel y plentyn pwdlyd!

Mae ganddi un diwrnod arall.

Sadwrn yr 16eg

Wrth gwrs wy wedi bod yn poeni am ddim. Yn ofni'r corwynt am fod 'na awel. Paranoia llwyr. Gweler fy llyfr *Galar.*

Sdim gobaith caneri'n reslo blaidd ganddi. Byddai mwy o obaith ganddi ddod o hyd i un gronyn o dywod mewn anialwch. Dymuniad Dad oedd gadael ei arian i gyd i mi. Fe fynegodd y dymuniad hwnnw mewn dogfen gyfreithiol, gadarn fyddai'n gwneud y gwaith o weithredu ei ddymuniadau ar ôl ei farwolaeth. Gall neb na dim newid hynny ar sail mympwy perthynas sy'n credu y dylai fod wedi cael mwy!

All hi fyth! Na all?

Llun y 18fed

Wy wedi ymladd y demtasiwn i ofyn cyngor Wncwl Barry am y picil. Does gen i'm y dymuniad lleia i olchi nicers teuluol y Jones's yn gyhoeddus trwy ymgynghori â'r geg fwya yn y pentre. Wy wedi troi at gyngor proffesiynol gan un sy'n rhwym i gadw'r wybodaeth am stad nicers ei chleientau yn gwbl gyfrinachol. Fel Dorothy â'i ffordd felen frics, unwaith eto dringais lan hyd gwichiadau'r staer droellog at Elisabeth Dickens (LA Lis).

'Os ydi unigolyn yn teimlo bod ganddyn nhw hawl deg i gyfran o stad yr ymadawedig yna mae ganddyn nhw'r hawl yn ôl y gyfraith i wrthod profi'r ewyllys a datgan *caveat*,' meddai, mor eglur â niwl.

'Pa mor debygol yw hi y bydd Mam yn gallu newid yr ewyllys?'

'Roedd eich mam yn briod â'ch tad am x nifer o flynyddoedd . . .'

'Chwe blynedd ar hugain i 'leni.'

Crymodd ei hysgwyddau.

'Roedd hi'n dibynnu arno am incwm?'

'Mae'n dysgu'r piano. Rhan amser.'

'Ac o stad sydd yn werth rhyw ddau gan mil, mae wedi cael hanner y tŷ, pum mil a charafán ym Metws-y-coed.'

Crymodd ei hysgwyddau.

'Catrin, mae ganddi achos cry, achos cry iawn. Bydden i'n eich cynghori chi i ddod i gyfaddawd cyn iddi ddod yn achos llys.'

Llys! Omegod. Beth dd'wedai'r Parch!

Cyfaddawdu. Dyma'r fenyw sy'n gwrthod cyfaddawdu ar bwnc pa wisg sy'n briodol i'r capel. Fel petai ots yn y byd gan Dduw 'mod i'n gwisgo trowsus. Doedd e'n poeni taten bod Ei Fab yn gwisgo ffrog.

Mawrth y 19eg

Ffoniais Mam gynta i wneud yn siŵr ei bod hi gartre ac i weld faint o groeso ro'n i'n debygol o'i gael.

Sa i'n siŵr beth ro'n i'n ddisgwyl. Syndod a rhyfeddod at faint fy haelioni? Llygaid llaith ac yn byrlymu â diolch? Y ddwy ohonom yn cofleidio, y rhyddhad o gytuno yn gawod gynnes?

Wy wedi cael siom.

Trwy beidio ag eistedd ro'n i'n gobeithio cael y

136

llaw ucha ond eisteddodd hi ddim chwaith. Roedd ei phum troedfedd saith yn bwrw cysgod dros fy mhump dau.

'Wy wedi bod yn siarad ag Elisabeth Dickens eto. Roedd hi'n credu y dylen ni ddod i gyfaddawd.'

'Dyna sy'n deg,' meddai Mam.

'Ie. Wy 'di penderfynu y byddai ond yn deg i rannu. Hanner a hanner. Ond ar ben hynny wy am i ti gael y tŷ. Eich cartre chi oedd e.'

Daeth rhyw sŵn o'i cheg. Roedd e'n debycach i wichian nag i chwerthin.

'Faint yn gwmws o't ti'n feddwl . . .?'

Stopiodd Mam fi'n stond.

'Paid â phoeni, fe gei di bopeth un dydd,' meddai.

'Ond beth ambytu bod yn deg â Dad? Ei ddymuniade fe sy yn yr ewyllys.'

'Pan o'dd dy dad yn sgwennu ei ewyllys, o'dd e'n meddwl y byse fe'n byw i fod yn hen ddyn. O'dd e'n meddwl y bydden i 'di hen farw neu'n rhy hen i boeni. O'dd e'n meddwl mai dim ond ti fyse ar ôl. Fyse fe ddim isie hyn.'

Iau yr 21ain

Mynd i'r dre bore 'ma i gael coffi yn Mamas. Ers fy mod i'n 'fòs fy hun' sa i'n gallu fforddio *baguette* (£2.75!) na *cappuccino* (£1.75!) Mae hyd yn oed y coffi'n ddrud. 95 ceiniog am ddŵr a llond llwy de o ronynnau coffi. Wy'n poeni bod Mam-gu a Simon yn iawn. Wy yn troi i fod fel Dad. Ond, os wy'n troi fel Dad, pam nad oes gen i'r syniad lleia beth fyddai e eisiau?

Swagrodd Ler i mewn. Gwisgai sgert bensel hyd at ei phen-glin a thop newydd o Next—yr un sgert a thop ro'n i newydd fod yn eu llygadu yn Next ond heb y gobaith lleia o'u prynu.

'Wyt ti 'di 'i weld e? Fosters? Ma' fe ar werth. Lleoliad perffaith am glwb nos. Reit yng nghanol dre. Dala pawb yn dod mas o Kings. Byse fe'n wych! Beth ti'n weud, Cats?'

'O's munud 'da ti?'

'Gewn ni air 'to. Y bòs mas 'da fi heddi. Fydd 'y mywyd i ddim gwerth byw os bydd *baguette* Fanny Lloyd yn hwyr.'

Sadwrn y 23ain

Ffoniodd Mam. Doedd ganddi ddim o'r wyneb i ddod draw. Hawdd rhoi'r bai ar wersi piano.

'Wy'n ffonio i ymddiheuro, rhag ofn bod unrhyw gamargraff ynglŷn â ddoe.'

(Ymddiheuro am y tro cynta yn fy mywyd, am wn i.)

'Fel wedest ti, o'dd Dad yn awyddus i ti gael arian ar ei ôl.'

(Ro'n i'n fwy nag ymwybodol beth oedd dymuniadau Dad.)

'Wy'n dymuno hynny hefyd. Licen i i ti ga'l pum mil. Bydd e'n ddigon i dalu blaendal ar y fflat a phrynu celfi yn Leekes. Bydd gweddill yr arian yn saff. Sa i'n bwriadu ei wario i gyd.'

Gwnaeth ymdrech i chwerthin. Roedd hi'n iawn i chwerthin. Roedd yr hyn roedd hi'n ei gynnig yn jôc.

Wy wedi pendroni erioed p'un fyddai waetha—
cael eich geni'n ddall a heb erioed cael y profiad o
weld, ynte gael eich geni yn gweld ac yna cael eich
dallu wedyn.

Yr ail sydd waetha. Yn bendant. Petai Dad wedi
gadael yr arian i Mam byddwn i wedi derbyn
hynny'n ddirwgnach fel y drefn naturiol. Nawr,
fyddwn i ddim wedi teimlo'n waeth petai Mam
wedi dwgyd yr arian oddi wrthyf.

Llun y 25ain

'Beth yw e?' gofynnais yn ddiniwed. Do'n i'n
amau dim.

'Syrpreis,' meddai fe. Roedd ei lygaid yn pefrio.
Sa i wedi ei weld mor gynhyrfus ers i mi fynd ar y
pil a rhoi caniatâd iddo daflu'r condoms.

Agorais yr amlen. Ynddo, roedd papur wedi ei
blygu'n ei hanner. Roedd un hanner yn stiff fel
cardfwrdd. Yn betrusgar, sythais y papur. Gwelais
gip, 'Evans Bros' a llun. Y fflat?

'Drycha!'

Mewn llythrennau bras. *Sold.* Suddodd fy nghalon.
Pwy ddiawl oedd â'r wyneb i brynu fy fflat i?

'O!' meddwn i, y siom yn troi'n rhyddhad.
Efallai y gallwn i osgoi dweud wrth Simon eto.

'Maen nhw 'di derbyn ein cynnig.'

Gym'rodd y geiniog sbel hir i gwympo. Wy wedi
bod o dan straen yn ddiweddar.

'Sut allen nhw? Sa i 'di neud cynnig.'

'Ro'n i moyn syrpreiso ti. Dangos 'mod i'n *good
for something* ar wahân i'r gwely.'

139

Ro'n i'n teimlo'n hun yn gwrido.

'Faint?'

'Pum deg tri.'

'Faint!'

Chwythais fy nhop.

'*Down two thousand.*'

'Welon nhw ti'n dod! Crocbris, myn yffach i!'

'Beth yffach sy'n bod 'not ti?'

'O! Sori! Wy fod i ddiolch i ti am fynd y tu ôl i 'nghefn i?'

'*Bicker, bicker.* Ers miso'dd. *What's wrong with you*?'

'Wel. Ma' 'da fi esgus.'

'*Fresh start*, Catrin. Allwn ni ddim byw fan hyn am byth!'

Mercher y 27ain

Dd'wedes i wrth Simon heno.

Wel, oreit, wedes i ddim y cwbl. Ond blannais i'r hedyn. Nid arna i mae'r bai os yw'r had wedi cwympo ar dir caregog.

'Wy'n becso,' meddwn i.

'Beth sy'n bod 'not ti nawr?' meddai fe.

'Paid mynd yn grac. Addo?'

'Beth?'

'Ti'n grac!'

'Nagw. *Tell me!*'

'. . . Yr ewyllys.'

'*Oh for god's sake!*'

'Ti 'di addo.'

'Cats, dy dad. *He had his reasons.*'

'Pa resyme?'

'Unig ferch. *Apple of his eye.* Doedd e ddim yn trysto dy fam. Wy 'di gweld hi yn sêl Audrey B. *Like a wolf with sheep. Perhaps* o'dd e'n meddwl ei bod hi'n ca'l affêr. Sa i'n gwbod.'

'Ma' Mam yn dweud ma' camgymeriad o'dd e. Bod Dad yn meddwl y byse fe'n byw'n hen.'

'*That woman will say anything* i ypseto ti . . . O's ots?'

Oes. Ots mawr.

Gwener y 29ain

Doedd gen i ddim dewis ond ffonio. Hau ceiniog i fedi can punt. Wrth i'r ffôn ganu, ro'n i'n dychmygu faint roedd yr alwad yn mynd i gostio i mi. Can punt yr awr? Trueni 'mod i ddim wedi gwrando mwy ar Dad a stico'n galetach yn yr ysgol.

'Odych chi 'di clywed rhywbeth wrth gyfreithwr Mam?'

Saib tra ei bod hi'n gwawrio ar LA Lis fy mod i wedi methu dod i gyfaddawd â fy mam fy hun. Pa fath o deulu oedd yn cweryla dros arian?

'Wy'n disgwyl clywed wrth David Jones.'

'David Jones. O Jones and Evans Associates?'

'Ry'ch chi'n eu nabod nhw, wrth gwrs.'

'Ffrind i ffrind.'

Ffrind i ffrind oedd wedi cymryd arno fy helpu. Mae Wncwl Barry i fod yn gweithredu ar fy rhan. Nid yn swyddogol wrth gwrs. Ond manylyn yw hynny. Petai ganddo gydwybod . . . Fel ffrind mae

141

e'n casglu gwybodaeth am stad Dad er mwyn i mi gael yr hyn sy'n ddyledus. Nawr, mae ei ffrind e'n cynrychioli'r gelyn. Mam. Damio Wncwl Barry. Dyna'r tro diwetha caiff e fy nghusanu i o dan yr uchelwydd.

MEHEFIN
Y Mis Bach, Mawr

Llun y 1af

Dim gair wrth Mam. Rhy brysur yn cynllwynio gydag Wncwl Barry. Y ddau, drwyn yn nhrwyn. Bydd hi yn y man delfrydol, felly, i weld y llysnafedd y bydd e'n tynnu o'i drwyn drwy hwpo'i fys bach, wedi ei lapio mewn macyn, lan ei ffroenau.

Wy'n gwrthod credu y byddai hyd yn oed Mam-yr-alien yn torri pob cysylltiad a byth, byth yn siarad â mi eto. Does ganddi ddim dewis eang o blantos i allu fforddio esgymuno un. Fi yw ei hunig blentyn.

Wy wedi gwneud fy ngorau glas i beidio â syllu ar y ffôn, yn ewyllysio iddo ganu, fel petawn i'n disgwyl clywed oddi wrth gariad anwadal. Sa i moyn gwastraffu'r ychydig ynni positif sydd gennyf ar ôl ar y ffôn. Wy'n amau y byddai hyd yn oed Uri Geller yn gallu dylanwadu ar Mam. Nid llwy mohoni. Na fforc. Ond mae ei thafod yn ddigon tebyg i gyllell. Ac weithiau'n debycach i fêl.

Pam ei bod hi'n gorfod bod mor styfnig? Gwaeth na dwsin o asynnod. O gofio pwy yw fy rhieni, sa i'n gwybod sut wy'n llwyddo i fod mor gytbwys a normal.

Am y tro cynta ers iddo farw, wy'n teimlo y galla i ddweud rhywbeth cas am Dad heb boeni fy

mod i'n mynd i gael fy nharo gan fellten yn y fan
a'r lle. Nid cas oedd hwnna chwaith ond onest.
Bydd hi'n bedwerydd mileniwm arnom cyn y
bydda i'n meiddio awgrymu o flaen ei rieni ei fod
e'n llai perffaith na sant. Gwyn y gwêl—yn
enwedig os yw'r cyw hwnnw wedi huno.

Mawrth yr 2il

O'r mowredd! Wrth gwrs 'mod i'n lico anrhegion
Simon. Pwy sydd ddim yn mynd yn jeli o gyffro ac
yn gwenu fel giât pan maen nhw'n cael anrhegion?
Ond mae un eithriad. Dyma'r anrhegion—sugnwr
llwch a set o lieiniau sychu llestri. So'r anrhegion
ar fy nghyfer i, maen nhw ar gyfer y fflat.

Mercher y 3ydd

Gwers hunanamddiffyn heno. Y tro cynta ers
hydoedd. Os na wna i godi oddi ar fy mhen-ôl
bydda i wedi magu gwreiddiau yn y blincin soffa
'ma. Heb sôn am gyflawni gweithred dreisgar ar
Sandy.

Wy'n falch 'mod i wedi mynd i'r wers nawr. Ges
i groeso gan Ethan. Ar ddechrau'r wers, winciodd e
arna i. Wir! A, ie Ler, winc oedd hi nid llwch yn ei
lygaid. Ar ôl y wers, ddaeth e ata i'n unswydd, rhoi
ei law am fy ysgwydd a dweud,

'Good to see you, Catrin.'

Unwaith eto, plîs.

'So-o good to see you, Catrin.'

Ha!

Hi-hi-hi, meddwn i heb air yn fy mhen. Do'n i heb ei weld ers tro ac ro'n i wedi anghofio pam yn gwmws roedd Ler a finnau mor frwd dros y gwersi yn y lle cynta.

Wrth gwrs, Ler sydd wedi bod yn ffyddlon i'r gwersi. Wrth yr olwg ar ei gwep, roedd croeso Ethan yn rhy gynnes o'r hanner.

'Dyna shwt ma' Albanwyr. Dangos eu hemosiyne,' meddwn i.

'A shwt wyt ti'n gwbod? Albanwr o'dd dy dad, ife?'

Miaow. Ond o leia mae pethau'n normal eto. Ychydig wythnosau'n ôl fyse hi ddim wedi mentro crybwyll Dad fel'na, heb sôn am ei sarhau.

Arni hi mae'r bai am ddiflannu i Waddington ar gwrs marchnata a finnau yng nghanol creisis. Oes gen i help ei bod hi wedi dod yn ôl yn edrych fel petai wedi ei chaethiwo gan garcharorion Terry Waite a'i phoenydio gan ddiffyg cwsg?

Ry'n ni wedi trefnu mynd mas nos Wener.

Iau y 4ydd

Wy'n bwriadu sgrifennu llythyr at Ei Mawrhydi yn awgrymu'n gryf ei bod hi'n haneru'r awr ginio mae'n ei ganiatáu i'w gweithwyr. Chwarteru, hyd yn oed. A dweud y gwir, mae deg munud yn hen ddigon hir i fwyta brechdan *corned beef*, dila. (Simon Tucker, ych a fi!)

Ar hyn o bryd, mae gan Simon lawer gormod o amser i'w dreulio'n pysgota am drugareddau ar gyfer y fflat. Heddiw, fe ymunodd dwy ffedog â'r sugnwr llwch a'r llieiniau sychu llestri yn y cwt o dan staer. Syrpreis! Mae wedi archebu rhywbeth o'r siop coed pin gyferbyn â'r eglwys yn y dre hefyd. Y siop coed pin sy'n gwerthu antîcs drud!

Sa i 'di dweud wrtho o hyd am fy syrpreis fach i.

Fe wnaeth sioe fawr o'r ffaith ei fod wedi prynu dwy ffedog. So'r ail un rhag ofn y bydda i wedi treulio'r cynta oherwydd yr holl waith tŷ fydd gennyf. Mae Simon am wneud ei siâr o gymoni. Sa i 'di gofyn eto a ody hyn yn cynnwys rhannu cyfrifoldeb dros lanhau'r toiled. Mae wedi dechrau'n barod. Heno ges i stŵr am blygu'r tywelion ar y bath yn anghywir. O, mae'n gallu bod yn gariad bach!

Gwener y 5ed

I gael eich ffordd eich hun, mae angen tactegau. Cyn hysbysu Simon fy mod ar fin gwario'r ychydig bunnoedd sydd ar ôl o gyflog mis Ebrill ar shaclad yn hytrach na chynilo ar gyfer y fflat, treuliais ddeg munud dda yn ei hysbysu o fy ymdrechion diflino i ddod o hyd i waith.

Yn ffodus i mi, fel ffan penna Richard a Judy (Madeley, *This Morning*) mae'r rhain yn cynnwys prynu'r *Journal* ar ddydd Mercher, y *Western Mail* ar ddydd Iau, treulio deg munud yn gresynu at y diffyg cyfleoedd i unrhyw un nad yw am ddysgu neu werthu gwasanaethau dros y ffôn, a gwneud un alwad ffôn i'r DSS (o dan gyfarwyddyd Simon) ynglŷn ag ymuno â'r Clwb Swyddi. Chaf i ddim dôl—fi ddewisodd adael fy swydd ddiwetha—na chyfran o incwm—mae gen i bartner sy'n ennill mwy na phum ceiniog yr wythnos. Ond wy wedi trefnu i gael sgwrs. Mae gweddill y dydd yn rhydd i wylio'r teledu.

Mae gan Simon ei dactegau ei hun. 'Wrth gwrs ddylet ti fynd mas gyda Ler. Fydd awyr iach a chwpl o wydrau o win yn gwneud byd o les i ti. Gyda llaw, wyt ti'n cofio am yr apwyntiad gyda'r ymgynghorydd ariannol?' Pa apwyntiad?

Help!

Sadwrn y 6ed

1.00am. Ler, Ler mae'n ffrind mor swel. Mae'n ferch go lew. Ler, Ler. Mae'n ysgwydd i wrando a chlust i grio—ac mae ganddi fraich ddiflino at arllwys gwin.

11.00am. Yyy! Efallai ei bod hi wedi mynd tam'bach, bach dros ben llestri gyda'r gwin. Tair potel o win jest i ddangos i Nia a Nia ein bod ni'n dwy'n gallu yfed. Mae Nia (nid Nia) yn feichiog. Ac roedd Nia (y Nia arall) yn gyrru.

'Wyt ti 'di ystyried ymarfer dysgu?' meddai'r ddwy fel deuawd.

'Ro'n i'n gwbod mai athrawes fyddet ti,' meddai Nia drachefn.

Sa i'n blincin athrawes a does gen i ddim bwriad bod yn athrawes chwaith! Mae plant mewn ysgolion. Degau ohonyn nhw. Ry'ch chi a nhw yn rhannu'r un stafell. Trwy'r dydd!

'Mae gen i sawl pocer yn y tân,' meddwn i'n awgrymog.

'Eiddigedd!' meddai Ler. 'Maen nhw'n briod i'r Cwricwlwm 'na. Blydi nyns!'

'Nyns drwg weden i—o gofio siâp Nia!' meddwn i.

Mae Ler a minnau wedi tyngu llw na fyddwn ni fyth yn athrawon—na lleianod.

'Mae gen *ti* ddewis,' meddai Ler.

Wy wedi cyfadde'r cwbl wrthi—ar wahân i'r ffaith 'mod i heb gyfadde wrth Simon. Wy wedi gweithio mor galed yn creu'r darlun 'na o'r cwpl perffaith. Sa i moyn chwalu'r ddelfryd ag un ergyd.

Ler yn benwan â Mam. Ler yn cael gormod o flas ar ladd arni. Un peth yw galw eich mam eich hun yn bob enw o dan haul. Ond . . . Mae Ler yn credu y dylwn i dorri pob cysylltiad. Wedyn, byddai Mam yn sylweddoli ei cholled. Ond un mam sydd gen i. Alla i ddim byw hebddi. Mae gen i fotwm bol i fy atgoffa nag yw'r cwlwm bogail fyth yn cael ei dorri.

1.45pm. Mae gen i sgrwb o hyd ar ôl ymarfer gydag Ethan. Sgwn i a oedd Ethan yn stiff ar ôl y wers?

O, mae 'mhen i'n troi. Rwy'n cael ail bwl dwl.

Llun yr 8fed

Hunlle. Mae Simon wedi troi'n Wncwl Barry. A dyn a ŵyr nad y snichyn bach dauwynebog 'na yw fy hoff berson i ar hyn o bryd. Mae ST wedi cael deunydd darllen gan yr ymgynghorydd ariannol. Dim problem. Ond mae'n ei ddarllen yn uchel! Yn y gwely!

Fe fodlonodd Simon ar beidio â chyflogi Wncwl Barry fel ein hymgynghorydd ariannol. Sa i moyn hwnna'n hwpo'i drwyn yn fy nghawl!

'Mae e'n *independent so* fydd e ddim yn pwsho ei gwmni ei hunan arnon ni,' meddai Simon, o'r farn bod fy ymennydd yr un maint â gewin ei fys bach.

Fydd dim rhaid i ni wastraffu amser yn trepsan o'r gymdeithas adeiladu hon i'r banc hwn yn chwilio am y ddêl orau. Ond mae amser—yn wahanol i arian ac amynedd at yr holl fusnes morgeisi 'ma—yn rhywbeth mae gen i lond siop glociau ohono.

'Beth ti'n feddwl sy'n *fair*?'

Mae'r holl sôn 'ma am degwch yn dechrau troi fy stumog.

'Sa i moyn *any arguments.* Wy'n gwbod y gallet ti fforddio talu am y fflat i gyd *without denting your account.* Ond wy'n talu *40 per cent. I insist.* Y cam nesa fydd *solicitor.* Gallet ti ofyn i Elisabeth Dickens. Sortiodd hi'r busnes ewyllys 'na mas, *without any hassles. Not bad for a woman . . .* Jôc, Catrin.'

Yn anffodus mae Simon o ddifri calon am gael LA Lis fel ein cyfreithwr.

'*Bit of luck,* byddwn ni yn ein cartre newydd cyn diwedd *August.* Wy'n mynd i Curry's fory i weld faint yw pris Sky. Allen ni gael e'n *installed* erbyn y *footie season.*'

Mae'n argyfwng!

Mawrth y 9fed

Teimlo'n euog iawn. I ddechrau, do'n i ddim yn sylweddoli mor anaml wy'n galw gyda Mam-gu a'r Parch nes i mi weld y syrpreis a'r pleser dros ben llestri o fy ngweld heddiw. Yn ail, wy wedi mynd y tu ôl i gefn Mam. Hi ddechreuodd hyn. Ond so hynny'n esgus i blentyn yr ysgol Sul.

Roedd y Parch yn y gwely. Roedd hi'n hanner awr wedi un ar ddeg. Mae'n esmwythach iddo orwedd nag eistedd, yn ôl Mam-gu. Ar ôl y gorchwyl arferol o holi am ei iechyd, dilynais Mam-gu i'r gegin i helpu â'r coffi. Doedd gen i ddim llawer o ddiddordeb yn y broblem peils. Mae gen i fy mhoen fy hun yn y pen-ôl. Ofynnais i ddim pryd oedd y tro diwetha—os erioed—i'r Parch hwylio paned yn y gwely i Mam-gu. So eu Cristnogaeth nhw'n cynnwys cydraddoldeb i'r dyn a'r fenyw.

Yn y gegin, ro'n i'n disgwyl y byddai Mam-gu'n rhoi menyn ar sgons o'r siop (a chymryd arni ei bod wedi eu cwcian ei hun). Ond roedd hi'n rhy brysur yn pori dros lyfr sgons Ainsley Harriott. Sdim gripsyn o ddiddordeb ganddi mewn coginio. Tagliatelle? Hym. Ei gwcian neu ei wisgo fel mwclis? Mae'n debyg mai Ainsley ei hun oedd yn tynnu'r dŵr o'i dannedd.

'Shwt ma'r fflat?' meddai.

Hi ofynnodd.

'Pa fflat?' meddwn i'n rhoi'r perfformans gorau ers blynddoedd drama'r geni.

'O'n i'n meddwl dy fod ti'n prynu fflat.'

'Mi o'n i. Ro'n i wedi gweld y lle perffeth 'fyd. Ond ma' hwnnw i gyd yn ffradach nawr.'

Ochneidiais yn uchel ac edrych yn flin iawn drosof fy hun.

'Pam 'nny, 'te?' gofynnodd Mam-gu gan roi'r llyfr yn glatsh ar y ford.

Eto, sylwer. Hi ofynnodd.

'Ry'ch chi siŵr o fod yn gwbod. Ma' Mam wedi gweud 'thoch chi wy'n siŵr . . .'

'Sa i 'di gweld lot o Mam yn ddweddar. Ma' Dat-cu 'di bod yn sâl.'

Dros ei chrogi, doedd hi ddim yn mynd i gyfadde ei bod hi'n gwybod dim.

'Wel, mae 'di penderfynu mai hi ddyle ga'l arian Dad, on'd yw hi? Os yw hi'n herio'r ewyllys ac yn ennill, fydd dim arian 'da fi i brynu fflat. Mae siŵr o fod wedi trafod y peth 'da chi . . .'

'Ddim yn fanwl,' meddai heb orfod dweud celwydd.

'Yn ôl y gyfreth, fe alle hi newid dymuniade Dad. Sa i'n poeni am yr arian. Ond so fe'n iawn ei bod hi'n gallu newid beth oedd Dad moyn.'

'Nag yw. So 'nny'n iawn o gwbl.'

Os caiff Mam-gu ei ffordd, fydd e ddim yn digwydd chwaith.

Wy'n teimlo'n euog. Ond wy'n amddiffyn fy hun. Pennod 1, *Llyfr Bywyd Ethan England*.

Sgwn i ody Mam yn teimlo'n euog am fynd y tu ôl i 'nghefn i?

Mercher y 10fed

Llythyr bore 'ma. Nid bil, na datganiad banc ond llythyr go-iawn. Nabod y llawysgrifen yn syth ond methu cofio pwy oedd piau hi. Crynu fel deilen mewn daeargryn wrth ei agor.

Fyddwn i ddim wedi cael mwy o sioc petai'r llythyr oddi wrth Mam yn dweud ei bod hi wedi newid ei meddwl neu hyd yn oed petai 'wrth Dad. Roedd y llythyr oddi wrth Rhian Haf.

Mae'n cofio ata i—ac yn gweld fy eisiau! Mae pawb yn cofio ata i. Doedd dim sôn a oedd DD yn un o'r 'pawb'. Mae DD wedi bod i ffwrdd o'r gwaith yn cael llawdriniaeth. Does neb yn siŵr beth yn gwmws yw'r llawdriniaeth ond mae ganddyn nhw *sweep* yn y gwaith. Mae tocyn Rhian Haf yn dyfalu 'pâr newydd o fronnau'. Ha, ha. Rwy'n dyfalu syrjeri cosmetig i roi gwên ar ei wyneb. Mae gwaith yn gyfan gwbl hectig. Ody Rhian Haf yn difaru newid swydd? Nag yw glei. Mae'n 'mwynhau'r sialens o ysgwyddo mwy o gyfrifoldeb'. Typical! Mae wedi fy ngwahodd am ginio meddwol tro nesa fydda i'n pasio—os oes amser gen i nawr fy mod wedi symud 'mlaen at borfeydd brasach. Chwarae teg iddi am gyfeirio at fy niweithdra fel 'porfeydd brasach'. Efallai 'mod i heb roi cyfle i Rhian Haf.

Dim byd o werth ar *This Morning*. Pa ddiddordeb i mi yw sitcom newydd rhyw actores sebon, eilradd sy'n ymddangos o'r clip mor ddoniol â peils? Does gen i ddim diddordeb mewn piclo fy winwns fy hun chwaith, diolch yn fawr. Wy'n fenyw'r mileniwm, er mwyn Duw.

Iau yr 11eg

Peryglon yr haul ar *This Morning*. Mae'n ddigon cynnes y tu fas i wisgo siorts. Pwy fyddai'n achub fy nghroen petai Simon yn gwybod 'mod i'n treulio fy amser yn bolaheulo?

Gwener y 12fed

Rhyfedd. Ar ôl sbel, mae un diwrnod mor debyg i'r llall. Dyna gryfder *This Morning*. Cyfarwydd. Cyfforddus. Saff. Hwyrach mai dim ond llond llaw o raglenni maen nhw wedi eu gwneud erioed. Maen nhw'n eu dangos mewn cylch. Sgwn i pa mor hir fydd hi cyn i rywun sylwi? Gym'rodd hi fisoedd i mi.

Llun y 15fed

Mam-gu'n ffonio i fy ngwahodd i swper nos Wener (dim gwahoddiad i Simon). Y Parch hefyd yn holi sut o'n i. O'r gwely mae'n rhaid. Ddaeth e ddim i'r ffôn. Anghofiais i ofyn ar ôl ei iechyd yntau. Pan fo rhywun yn sal mor aml ac mor hir â'r Parch, ry'ch chi'n mynd i dderbyn hynny fel y drefn naturiol. Clywed nad yw'r Parch yn sâl o gwbl fyddai'r newyddion go iawn.

Heb i mi holi, ges i'r diweddara am y peils—y clefyd sy'n cyffwrdd pob teulu. Mae rhyw berthynas i Mair y Post wedi gwella'n llwyr ar ôl blynyddoedd o ddiodde—diolch i hen rysáit o'r feddygfa yn San Einioes. Mae gan bawb yn y pentre eu meddyginiaeth wyrthiol ac mae'r Parch yn mynd o un feddyginiaeth i'r nesa yn llyncu neu'n rhwbio eli i wella'r dolur.

Wy wedi cael gorchymyn i fynd i'r feddygfa i nôl yr eli erbyn dydd Gwener.

Mercher yr 17eg

Ethan England yn gorffwys plisgyn allanol y corff. Nawr mae am fynd y tu mewn i gorff pob un ohonom. Daliwch sownd ferched! Ry'n ni i gyd yn oedolion yma!

Mae meddwl iach yn creu corff iach. Mae llawer iawn o afiechydon corfforol yn dod o ganlyniad i broblemau meddyliol—pwysau gwaith, ofn, ansicrwydd, hiraeth, cynddaredd. Sa i'n siŵr beth yn gwmws mae hyn yn ei ddweud am feddyliau afiach y Parch. Mae treulio gormod o amser yn canolbwyntio ar eich problemau yn beth afiach. Mae wedi rhoi cyfres o ymarferion syml i ymlacio a gollwng y pwysau. Mewn, un, dau, tri. Mas, pedwar, pump, chwech. Mae meddwl iach yn feddwl egnïol.

Wy'n benderfynol o sianelu fy ynni positif i chwilio am swydd yn hytrach nag eistedd ar fy nhin yn poeni ambytu'r ffaith 'mod i'n ddi-waith. Os ca i swydd efallai y galla i esgus wrth Simon 'mod i wedi rhoi'r arian mewn PEP i ddiogelu'r dyfodol, cael morgais am fy hanner i (60%), prynu'r fflat a symud mewn cyn yr hydref.

Dechrau fory . . .

Iau y 18fed

Diweddaru fy CV a'i ailosod ar gyfrifiadur Simon gan ddefnyddio'r pecyn cyhoeddi *desk-top* oedd heb fod mas o'r bocs tan heddiw. Dd'wedodd Ethan ddim gair am gymaint o hwyl fyddai sianelu ynni positif at gôl bendant. Gredwn i fyth y byddwn i wedi teimlo'r fath gyffro o fod yn ôl o flaen cyfrifiadur mewn awyrgylch swyddfa—er gwaetha casgliad Jake o *Cowboy Monthlies* a Sandy'n torri ar fy nhraws bob chwipstits yn mynegi ei diffyg gwybodaeth gyfrifiadurol llwyr. Mae'n ofni ei gyffwrdd rhag ofn iddo dorri. Dyna esbonio'r fodfedd o lwch ar ei hyd.

Ro'n i mor falch o'r gwaith da wnes i o ganlyniad i gyngor Ethan, ffoniais i Ler. Wy'n bwriadu anwybyddu ei sylwadau slei.

'A beth fyddet ti'n neud petai Ethan yn dy gynghori di i roi bys yn y tân?' gofynnodd yn bigog.

'Dibynnu,' meddwn i. 'Pwy sy biau'r bys? A ble ma'r tân?'

Gwener yr 19eg

Yn y 'swyddfa' erbyn naw y bore. Gormod i'w wneud i laesu dwylo! Wy am dorri'r record am y cynta i ddod o hyd i waith ar ôl rhoi ei meddwl at y gwaith. Defnyddio fy llyfr cysylltiadau (unwaith i mi ddod o hyd iddo) a'r *Yellow Pages* i wneud rhestr o gwmnïau lleol allai fod yn chwilio am fy sgiliau i—cyfieithu, ymchwilio, PR, golygu, darllen proflenni, gweinyddol, yn hytrach na gwaith siop neu weini. Fel y byddai Dad yn arfer ei ddweud, mae'n rhaid anelu at y sêr i gyrraedd y lleuad.

Mae'n syndod faint o amser sy'n mynd i sgrifennu cyfeiriadau ar amlenni, a'u teipio ar dop pob llythyr i gyd-fynd â'r CV. Roedd hi bron yn hanner awr wedi tri arna i'n cwpla. Digon o amser i fynd i'r dre i nôl deg ar hugain o stampiau.

Dydd Llun—rhaid rhoi llythyrau mewn amlenni a llifo stampiau.

Sadwrn yr 20fed

Wedi blino'n swps ar ôl neithiwr. Mae ymweliad hir â Mam-gu a'r Parch wastad yn cael yr effaith yma arna i. Y ddau yn fy holi'n dwll, am yn ail. Teimlo 'mod i wedi cael fy holi mewn llys barn. Os aiff pethau i'r pen gyda Mam, bydd hynny'n ymarfer da.

Roedd Mam-gu wedi gwneud sioe fawr o swper. A sa i erioed wedi gweld y Parch mor falch o fy ngweld (heb sôn am yr eli peils). Roedd wedi codi a gwisgo—siwt, gwasgod a thei. Ro'n i'n difaru gwisgo fy jîns. Swper o bysgod, pys, tatws, moron, swêd a'r cwbl yn drwm o bupur. Pwdin o darten afalau 'cartre' a hufen iâ. Pum munud i'r Parch fynd am dro o gwmpas y ford. Yna, at y prif gwrs.

'Sa i'n gwbod beth wede dy dad,' meddai Mam-gu.

Ond petai Dad mewn sefyllfa i siarad, byddai dim problem yn y lle cynta.

'Gaiff honna ddim mynd â'r cwbl 'thot ti, cariad.'

Honna? Ro'n i wedi amau erioed nad oedd Mam-gu a Mam yn gweld lygad yn llygad.

'Mae wedi bod trwy amser caled. Ond pan ddaw hi at ei choed fydd hi'n anghofio popeth am y busnes cas 'ma,' meddai'r Parch. Gorsymleiddio yw un o'i gryfderau. Dyma'r dyn sy'n credu y bydd halen naturiol y môr yn gwared llygredd.

Serch ymdrechion gorau'r eli, roedd e'n dal i edrych yn anesmwyth ar ei orsedd. Wrth iddo ymdrechu i ddod o hyd i fan esmwyth roedd y rwber yn gwichio fel petai e'n taro cnec. Roedd Mam-gu a'r Parch yn cymryd arnynt bod yn fyddar a gwnes innau'r un peth.

'So ddi'n mynd i newid ei meddwl fel'na,' meddwn i.

'Ond mae ewyllys yn ddogfen gyfreithiol,' meddai'r Parch.

'Mae *caveat* yn ddogfen gyfreithiol hefyd.'

'Lot o nonsens! Sa i erio'd 'di clywed shwt beth!' meddai Mam-gu. 'Mae wedi ca'l gwbod beth ry'n ni'n meddwl yn blwmp ac yn blaen.'

'Beth wedodd hi?'

Roedd hi siŵr o fod yn gandryll!

'Lot o weiddi a sgrechen dwl. Madam a'i *tantrums*.'

'Ti 'di neud y peth iawn yn gweud 'thon ni, cariad,' meddai'r Parch.

'Allwn ni ddim â'i stopo hi, medde hi. A lot o hwfars a chwafrau eri'll. Ond mae'n anghofio un peth. R'yn ni'n fam a thad i Roy.'

Yn y llys. Y barnwr yn traethu ei ddedfryd. Dim achos i'w ateb. Dydi Mr a Mrs Jones, rhieni'r diweddar Roy Jones, ddim yn mynd i'w ganiatáu.

Sut mae rhesymu gyda rhai sydd ddim yn gweld rheswm? Wy'n dechrau difaru agor fy ngheg.

Llun yr 22ain

Roedd e'n bendant yn gamgymeriad. Mae Mam-gu wedi dechrau fy ffonio unwaith y dydd. O leia unwaith. A hynny yn unswydd i esmwytho fy meddwl. Maen nhw y tu hwnt i'r gyfraith. Effaith hyn yw fy atgoffa, o leia unwaith y dydd, am yr holl strach 'ma. Mae'n niweidio fy iechyd meddyliol. Mae gen i fola tost.

Rhoi llythyron mewn amlenni a llifo stampiau yn waith annioddefol o ddiflas. Wy'n falch bod y swyddi wy'n begian amdanyn nhw'n defnyddio'r meddwl ac nid nerth y fraich yn unig.

Cwpla mewn pryd i gwrdd â Simon o'r gwaith. Mewn rhyw bythefnos wy'n bwriadu ffonio'r cwmnïau i holi'n foesgar a ydyn nhw wedi derbyn y CV's—er mwyn rhoi'r cyfle euraidd iddyn nhw gynnig y gwaith i mi yn y fan a'r lle.

Ar dân wrth feddwl am yr holl gynigion disglair fydd yn dod i fy rhan pan fyddan nhw'n sylweddoli bod rhywun â'r fath dalentau a doniau ar eu stepen drws. Gallu wynebu, gyda gwên, hyd yn oed gorchwyl yr apwyntiad â'r ymgynghorydd ariannol —oedd yn fwriadol yn siarad mor gyflym â phosib er mwyn ein dallu i hanner yr hyn roedd e'n ei ddweud.

Sdim diddordeb gen i mewn morgeisi gwaddol nac ecwitïol ond gwnes ymdrech i edrych (a swnio, gobeithio) fel na phetawn wedi fy ngeni ddoe. Mae

Simon yn fodlon â'i forgais gwaddol am bum mlynedd ar hugain gydag wy pres ar ei ddiwedd. Bydd e hefyd yn llyncu hanner ei gyflog bob mis ond mae'n hapus fel plentyn ar noswyl y Nadolig. Yffach gols. Wy'n gobeithio i Dduw y ca i blincin swydd.

'Annwyl Syr/Madam,

Wy'n fenyw ifanc y mileniwm newydd, yn ddisglair a pheniog. Fe gollais fy swydd trwy ddamwain. I'm harbed rhag cyfadde wrth Simon Tucker 'mod i wedi dweud celwydd a rhag bod yn fethiant llwyr yn 23 oed, plîs, plîs, plîs, ga i swydd. Wna i rywbeth. Cyfreithlon. Am bris.

Yn wenieithus,

Catrin Jones'

Mawrth y 23ain

9.15am. Bywyd yn dawel yn y swyddfa. Yr oriau'n hir. Wedi rhoi min ar bob un bensel yn y bocs o bedwar deg wyth a'u had-drefnu yn y cwpan. Sandy wedi caniatáu i mi gael un o ddroriau'r ddesg i fy ffeiliau. Dim hyd yn oed galwad ffôn oddi wrth Mam-gu.

Diolch i'r stampiau dosbarth cynta ar yr amlenni, bydd y CVs ar ddesgiau bosys lleol bore 'ma. Maen nhw siŵr o fod yn eu darllen nhw nawr ac yn synnu ac yn rhyfeddu at fy noniau. Hwyrach eu bod nhw hefyd wrthi'r funud hon yn drafftio llythyr yn pledio am fy ngwasanaeth neu'n deialu fy rhif ffôn . . . Na . . . Neb.

9.35am. O, am Mam-gu a sgwrs am iechyd y Parch!

10.05am. Ffonio'r colegau i ofyn am brosbectws. Os na cha i swydd fe allai addysg roi hwb i mi ddechrau gyrfa newydd.

10.40am. Sgrifennu llythyr at Rhian Haf. Mor amwys â phosib am fy sefyllfa waith.

Mercher y 24ain
10.15am. Mae'n gynnar eto. Does dim disgwyl i Reolwyr, Cynhyrchwyr, Pennaeth Busnes prysur-prysur Caerfyrddin gael amser i ateb o fewn ychydig ddyddiau. Mae'r ffaith eu bod nhw'n brysur yn dangos eu bod nhw'n llwyddiannus. Fyddwn i ddim am weithio i rywun-rywun, na fyddwn i? Hyd yn oed os ydw i'n hollol despret.

9.00pm. Siwt newydd, Ler?

Doedd dim angen gofyn. Roedd y teits du a'r siwt nofio lycra, streips du a gwyn yn ffres mas o becyn. Ro'n i'n gallu arogli'r *polythene*. Roedd hi hyd yn oed wedi buddsoddi mewn pâr o *drainers* newydd â sawdl—i roi'r argraff ei bod hi'n deneuach nag oedd hi.

Roedd Ler wedi steilio ei gwallt a rhoi digon o golur am ei hwyneb i wisgo i briodas. Wy'n siŵr bod fy llygaid i'n pefrio.

'*Hello, girls. Orite there Catrin?*' meddai Ethan.

Fyddai e ddim wedi tramgwyddo'n fwy petai e wedi chwydu dros y wisg lycra newydd.

'*Thank you, Ethan. I thoroughly enjoyed tonight,*' meddai Ler mewn llais melfed. Allech chi dyngu ei bod hi'n diolch am ddêt roedd y ddau newydd ei rannu. Yn ei breuddwydion. Chym'rodd Ethan ddim tamaid yn fwy o sylw ohoni hi nag ohona i.

Iau y 25ain

Yr ymateb cynta i'r CV. Mae 'nghalon i'n drybowndian. Wy'n fodiau i gyd.

'Annwyl Miss Catrin James . . .'

Jones. Y ffŵl!

'Mae'n flin gennym ni ond . . .'

Siom.

O leia maen nhw'n bwriadu cadw fy manylion ar ffeil. Os bydd swydd yn codi yn y dyfodol fi fydd ar frig y rhestr.

Do'n i ddim moyn gweithio mewn blincin llyfrgell coleg ta beth. Byddai'n well o lawer gen i fod yn ymchwilydd i gwmni teledu.

Un, dau, tri, mewn. Pedwar, pump, chwech, mas.

Dim sôn am Mam. Mae'n cymryd yffach o amser hir i 'ailfeddwl'. Er gwaetha'r dystiolaeth, mae Mam-gu a'r Parch yn dal i fod yn gwbl glir eu meddwl mai dyna wnaiff hi.

Gwener y 26ain

9.15am. Mae llyfrau canllaw'r colegau wedi dechrau dod trwy'r post. Do'n i erioed wedi sylweddoli ei bod hi'n bosib astudio'r holl bynciau gwahanol yna. Does bosib bod yna radd am Ysgrifennu Creadigol ac Astudiaethau Dramâu Sebon.

2.00pm. 'Ie-e,' meddai Mrs Pocket yn y Clwb Swyddi.

Roedd hi'n edrych arna i, ar y ffurflen, ac yn ôl ata i. Ro'n i'n teimlo'n annifyr iawn ond yn falch ein bod yn trafod mewn swyddfa ar wahân. Cawod gynta'r haf heddiw—ond nid y ddiwetha. Roedd hi'n arogli fel ci gwlyb yn y cyntedd di-raen. Ro'n i'n ofni cyffwrdd mewn dim. Roedd staen ar bob peth, o'r carped tenau i'r cownteri brwnt a'r bobl ddilewyrch. Roedd hyd yn oed y staff yn ddiflas fel pechod. Edrychais o gwmpas am wyneb cyfarwydd cyn mynd i mewn. Y tu fas gwthiodd dau drwyn gwlyb lan fy sgert. Dau whippet wedi eu clymu wrth bolyn lamp. Beth ro'n i'n dda mewn lle fel hwn?

'Ry'ch chi'n uchelgeisiol,' meddai Mrs Pocket.

'Dyna beth mae Prifysgol yn ei ddysgu i berson,' meddwn i'n pwysleisio, yn gynnil, 'mod i ddim fel y lleill.

'Sdim byd yn bod ar uchelgais,' meddai Pocket mewn ffordd oedd yn awgrymu bod rhywbeth mawr yn bod ar uchelgais.

'Cyflog—un fil ar bymtheg,' darllenodd.

'Dyna ro'n i'n ennill yn fy swydd ddiwetha,' meddwn i.

'Ie-e. Beth petawn i'n rhoi deuddeg mil plys? I estyn eich opsiyne.'

'Sgydwais fy ysgwyddau'n bwdlyd. Do'n i ddim yn fodlon o gwbl.

162

'Mae gen i radd a dwy flynedd o brofiad gwaith,' meddwn i.

'Bydd eich manylion yn mynd i mewn i'r ffeil. Odych chi wedi cael golwg ar yr hysbysfwrdd? Sdim llawer o swyddi PR yno. Ond efallai fydd rhywbeth yn tynnu'ch sylw. Oes gennych chi CV?'

'Anfones i dri deg at gyflogwyr wthnos dwetha.'

'Odych chi wedi cael ymateb?'

'Yyy. Na.'

'Yr hysbysfwrdd, 'te.'

Roedd hi'n gwybod yn net bod dim swyddi yno i mi. Glanhau, siop, garej, gwnïo, ffatri.

Roedd gen i lai o amynedd fyth gan mai Pocket oedd wedi awgrymu hyn. Nid ei bod hi'n anfoesgar yn gwmws ond roedd fel petai hi'n ffaelu deall beth oedd rhywun â llygedyn o uchelgais yn ei wneud yno. Ro'n i'n gofyn yr un peth i fi fy hun.

Sadwrn y 27ain

Dyna wers o'r radd flaena yn y gelfyddyd o wrando. Yn arbennig os mai'ch cariad yw'r person nad y'ch chi'n gwrando arno, a'r hyn mae'n sôn amdano yw'ch dyfodol ariannol. Er mawr siom, mae'r gymdeithas adeiladu wedi sylweddoli nad yw Simon yn lleidr na thwyllwr ac wedi argymell ei gais am forgais mewn ychydig dros wythnos.

'Wyt ti'n gwbod ble wy'n mynd fory? *To sign my life away . . .*' meddai.

Rhoiais y gorau i wrando wrth iddo fanylu ar gryfderau'r union fath o forgais mae wedi ei ddewis.

Am ddyn, mae gan Ethan England groen meddal iawn. Wy'n gwybod hynny oherwydd nos Fercher gyffyrddais i ag e. Ar hap. Ody e'n defnyddio olew babi sgwn i? Pwy sy'n rhwbio'r olew ar y mannau amhosib eu cyrraedd?

Munud nesa roedd Simon yn dal y ffôn symudol. Ac roedd e wrthi'n deialu a siarad fel pwll y môr ar yr un pryd.

'*May as well* ei neud e nawr. Well i ti siarad â hi. Ti sy'n nabod hi ore . . . Elisabeth Dickens plîs . . . Catrin Jones.'

Rhewais yn gorn yn y fan a'r lle. Ges i yffach o sioc. Ro'n i methu symud na siarad. Rhoddodd Simon y ffôn wrth fy ngheg.

'Helô,' meddwn i.

'Helô. Beth alla i neud i chi, Catrin?'

'Helô,' meddwn i'n ddwl.

'*Tell her* ti'n prynu tŷ,' meddai Simon.

'Ydych chi wedi clywed wrth Mrs Roy Jones?' gofynnodd Lis.

'Wy'n prynu tŷ,' meddwn i.

'*Paper work*,' hisiodd Simon.

'Fyddech chi'n fodlon delio â'r gwaith papur?' gofynnais.

'O. Wrth gwrs. Bydd yn rhaid i fi gael manylion yr asiantaeth dai, enw'r gwerthwyr . . . Ydych chi'n bwriadu cael morgais?'

'Sa i'n siŵr . . .' atebais.

'Fel ry'ch chi'n gwbod, mae arian yr ewyllys wedi ei rewi.'

'Beth mae'n weud?' gofynnodd Simon.

'Ges i lythyr oddi wrth gyfreithwyr Mrs Jones bore 'ma,' meddai LA Lis.

'*Tell her.* Ti'n mynd i ddefnyddio arian yr ewyllys,' meddai Simon.

'Dal sownd,' meddwn i'n siarp. Wrth Simon nid Lis.

'Catrin?' gofynnodd Lis.

'Ie?'

'Mae Mrs Jones yn hawlio'r rhan helaeth o'r stad. Odych chi'n hapus â hynny?'

'Wel. Nagw.'

'Sgwn i a fyddai'n help i ni i gyd drafod o amgylch y bwrdd, fel petai. Allwn i drefnu hynny.'

'Beth mae'n weud?' gofynnodd Simon.

'Wyt ti moyn siarad â hi?' meddwn i'n colli fy amynedd yn rhacs.

Ro'n i'n mentro. Beth petai e wedi cytuno a chymryd y ffôn?

'Gwnewch hynny. Wna i ffonio â'r manylion eraill fory.'

Diffoddais y ffôn. Roedd Simon yn gwenu fel giât. Gwenais innau. Yn 1983, fi oedd y Forwyn Fair fwya angylaidd welodd ysgol Sul Pont-dawel erioed.

Llun y 29ain

Digwydd pasio o'n i. Petawn i heb, sgwn i a fyddai Mam wedi fy ffonio? Mae'n gartre i minnau hefyd.

Ro'n i ar y ffordd yn ôl o'r dre. Wrth basio'r tŷ, edrychais draw yn ddidaro i weld a oedd car Mam yno. Ges i andros o sioc. Yno, roedd car Mam a phanda'r heddlu. Neidiodd fy nghalon fel roced i fy ngwddf. Stopiais y car yn stond a chan dorri pob rheol yr *Highway Code*, dyma fi'n bacio'n ôl ac i fyny'r iard.

Rhedais fel peth gwyllt i'r tŷ, yn gweld dim byd ond tonnau o liw. Ar y soffa yn y lownj, roedd Mam yn holliach, yn pwyso ar ysgwydd Wncwl Barry.

'O Mam, diolch byth. O'n i ddim yn gwbod beth i feddwl . . .' meddwn i'n parablu'n fân ac yn fuan. Roedd fy mochau'n wlyb a chofleidiais Mam. Sa i'n cofio a wnes i wthio Wncwl Barry o'r neilltu ond peth nesa roedd e ar ei draed yn taflu ei gysgod droson ni'n dwy.

'So ddi'n barti pen-blwydd 'ma,' meddai Mam.

Dyna pryd sylwais i. Ro'n i wedi edrych cynt ond heb weld. Roedd cadair freichiau Mam-gu pen i waered, a'r ffigyrïn tseina o'r marchog ar geffyl yn deilchion yn y lle tân.

'Jawled!' meddai Wncwl Barry.

'Ffycars!' meddai Mam. O leia dyna glywais i. Sa i erioed wedi ei chlywed hi'n rhegi fel'na o'r blaen. Dim byd cryfach nag ambell 'yffach dân'.

'Wyt ti'n iawn? 'Na beth sy'n bwysig,' meddwn i.

'Maen nhw 'di bod trwy 'mhethe i. Ych a fi! Alla i ddim diodde fe!' poerodd Mam.

'Paid â thormentio dy hun,' cysurodd Wncwl Barry gan roi ei law am ei hysgwydd. Roedd e'n ffrind da. Onid oedd Ethan England wedi gwneud yr un peth i mi?

Roedd Mam yn y tŷ pan ddigwyddodd e. Dyna'r

peth sy'n codi arswyd. Roedd hi wedi gadael y drws ar agor ar ôl hel y llaeth ac yna wedi mynd i gael cawod a newid.

'Glywes i ddim smic,' cuchiodd.

'*Power shower*,' meddwn i.

Edrychodd pawb arna i. Allech chi feddwl mai fi oedd yr un regodd.

Roedd Mam wedi bod digon hir yn pincio iddyn nhw ddwyn y teledu a'r fideo, darnau o lestri Abertawe a £200 o arian gwersi piano. Roedd hi ar ei gorau mewn gŵn sidanaidd a slipers *mule* oedd yn datgelu farnais coch ei hewinedd. Ro'n i'n teimlo fel petawn i wedi cerdded ar set felodrama o'r 50au. Roedd presenoldeb yr heddlu yn y lownj yn fy atgoffa o'r diwrnod fu farw Dad.

'Awn ni. Os y'ch chi moyn rhywbeth, dyma'r rhif,' meddai'r heddwas lleia â phen moel a barf.

'Mae rhywun siŵr o fod wedi gweld rhywbeth,' meddwn i.

'O, beth yw'r iws,' meddai Mam gan roi ei llaw ar ei thalcen a beichio crio.

Oedd hi wedi coluro cyn neu ar ôl darganfod y lladrad? Roedd ei minlliw yr un coch â'r farnais.

'Wna i baned i ni gyd,' meddwn i.

'Na. Y tegell. Maen nhw wedi mynd â'r tegell!' llefodd Mam.

'Wel, ferwa i ddŵr mewn sosban, 'te. Wedyn gawn ni weld ambytu cymoni.'

Os yw pawb arall yn wan, mae'n rhaid i rywun fod yn gryf. Dyna oedd y sefyllfa diwrnod y ddamwain. Dyna pam mai fi oedd yr unig un nad oedd yn llefain.

'Sgrwbad dda. Fyddwn ni ddim yn gwbod eu bod nhw wedi bod 'ma.'

'Fydda i'n gwbod,' meddai Mam.

'Dere di. Gad e mas,' meddai Wncwl Barry.

'Wyt ti am i mi ffonio Anti Helen?' gofynnais i.

Dd'wedodd neb air. Es i i wneud y te. Roedd Mam yn falch o hwnnw ond pallodd hi'n deg â gadael i mi aros.

'Www, fyddwn ni yn y *Journal*,' meddai Mam-gu'n gyffrous.

'Eto,' meddwn i.

GORFFENNAF
O Mam Fach!

Mercher y 1af
Aelod newydd yn y dosbarth hunanamddiffyn heno. Mam! Byddai'n llai o syndod darganfod bod Ler ar fin priodi.

Edrychais arni'n syn. Ro'n i prin yn ei nabod mewn leggins tyn a chrys-T yn dangos ei botwm bol i'r byd a'r betws. Yffach, mae wedi colli llwyth o bwysau. Dylwn i wedi ei nabod yn syth. Roedd y crop melynwy mor ddigamsyniol â seiren ar gar plisman.

'Mae dy fam yn edrych yn well mewn leggins na ti!' meddai Ler, sy'n amlwg heb faddau i mi am y sylw wy'n ei gael gan Ethan.

Ar ddiwedd y wers, fe ddaeth Mam draw i roi'r newyddion—nad oedd yn newyddion—bod yr heddlu'n parhau gyda'u hymholiadau. Hynny yw, sdim clem ganddyn nhw—heb sôn am gliwiau. Roedd y Davies's yn y bwthyn gyferbyn yn y gwaith ac mae hen Siencyn drws nesa mor fyddar â phostyn ers blynyddoedd.

'*New face,*' meddai Ethan yn ymuno â ni.

'*Catrin's mother,*' meddai Ler gan bwysleisio'r gair '*mother*' fel petai Mam yn agosach at oed '*grandmother*'.

'*I can't believe it! I thought you two were sisters,*' meddai'n wenieithus.

Clywais wich o'r dde i mi. Roedd Mam yn chwerthin fel croten ysgol.

Iau yr 2il

Reit. Wy ar ddeiet. Wy'n benderfynol o golli pwysau'r tro hwn. Y troeon o'r blaen—a sa i'n gwadu 'mod i wedi dweud yr un union eiriau droeon—yr hyn oedd ar goll oedd cymhelliad. Mae gen i hwnnw—llond casgen ddiwaelod. Mae'n ergyd egr i'r hunanhyder i ddarganfod bod corff eich mam yn fwy siapus na'ch un chi.

Mae'n amlwg eisoes bod y daith yn mynd i fod yn un hir ac anodd. Sa i'n cael unrhyw fath o gefnogaeth gan y teulu.

'Dim siocledi, bisgedi na chacs!' meddwn i wrth Sandy. Roedd hi ar ei ffordd i Kwiks. Ro'n i'n falch. Byddwn i'n cael llonydd i wylio *Jerry*. Testun trafod heddiw, *'They Don't Understand Me!'*

'Paid â bod yn sili,' meddai hi'n hy.

'Wy ar ddeiet!' ochneidiais i.

'Caws caled. Dy'n ni ddim,' meddai.

Doedd ei mab damaid gwell.

'I beth wyt ti ar ddeiet?' gofynnodd.

Marciau llawn. Ateb cywir.

'Sa i'n lico'r hen bethe tene 'na. Wy'n lico merched *with a bit of extra flesh. Something to grab on to.*'

Anghywir! Colli'ch marciau i gyd fyth, fyth, bythoedd.

170

Gwener y 3ydd

Wy'n fethiant llwyr. Llythyr oddi wrth gwmni teledu FiFi heddiw. Llythyr anhygoel o debyg i'r un oddi wrth y llyfrgell. Sdim swyddi ar hyn o bryd ond maen nhw'n mynd i gadw fy CV yn eu cwpwrdd ffeilio.

Hwyrach fod hynny'n ffordd foesgar iddyn nhw, a'r llyfrgell a phob cwmni yn y byd, i ddweud 'Catrin Jones. Dim diolch. Ry'n ni'n ffeilio eich cais o dan B am Bin.'

Simon am wybod pob manylyn bach am fy sgwrs ffôn ag LA Lis—rhag ofn fy mod wedi anghofio unrhyw wybodaeth allweddol fyddai'n ein cadw rhag symud i'r fflat ar y cyfle cynta. Esmwytho ei feddwl drwy ailadrodd pob sillaf. Yr unig beth ar ôl i mi wneud nawr yw cynnal y sgwrs â Lis.

Bwyta hanner Victoria Sandwich a dau Twix. *Stress!*

Sadwrn y 4ydd

Do'n i ddim yn sylweddoli bod prynu fflat yn golygu rhoi'r gorau i fyw. Ond dyna'n union mae e'n ei olygu yn *Beibl Bywyd Simon Tucker*.

Mae Simon am gynilo pob dime goch dros y misoedd nesa. Dim siopa, sinema, têc-awê, tafarn ac yn sicr dim swpera mewn tai bwyta moethus— fel ro'n i wedi gobeithio ei wneud heno. So fe'n deall fy sefyllfa. Wy'n gaeth rhwng pedair wal ddydd a nos ac yn ysu am chwa o awyr iach nawr ac yn y man. Mae'n gylch dieflig. Mae e'n gwrthod gwario. Ond sa i'n cael talu chwaith (er ei fod e'n dal i feddwl 'mod i'n graig o arian). Mae'n credu mewn cyfleoedd cyfartal.

Wrth brynu fflat, wy wedi cysegru pob nos Sadwrn i *Noson Lawen* a *Blind Date*.

Sul y 5ed

Ffonio Mam i weld a oedd yna unrhyw ddatblyg-iadau yn nrama'r lladrad. Does gen i ddim gronyn o ffydd mewn cyfiawnder. Fe fyddai'n yffach o syrpreis i mi petai'r heddlu'n llwyddo i ddal y drwgweithredwyr ac adfer yr eiddo. Byddai'n siom i Mam. Mae eisoes yn brysur yn llenwi ffurflenni yswiriant ac yn gobeithio cael teledu a fideo newydd—gyda sgrin fawr â'r sianeli digidol i gyd.

Mae lan at ei gwddf mewn caca gyda'r cymdogion. Mae Mrs Davies, y bwthyn, yn synnu'n fawr nad oes rheitiach pethau gan yr heddlu i'w gwneud na'i holi hi'n dwll am y lladrad. Ac fe wnaed i hen Siencyn deimlo mor euog gan yr holi di-ben-draw, fuodd e bron â chyffesu ei hun.

'Gobeithio 'mod i ddim wedi damsgel ar dy dra'd di nos Fercher,' meddai Mam.

'Ges i sioc dy weld di. Ond ar ôl beth ddigwydd-odd mae'r gwersi'n syniad da,' meddwn i.

Trueni na fyddai Mam yn defnyddio ei sgiliau newydd i ddianc rhag crafangau Wncwl Barry.

''Sen i'n gwbod dy fod ti'n mynd 'na, 'sen i wedi dy rybuddio di.'

Mae tro cynta i bob dim, sbo. Mae'n poeni am gael fy nghaniatâd ar gyfer rhywbeth mor ddibwys â rhannu gwers hunanamddiffyn ond yn 'anghofio' dweud wrtha i ei bod hi'n mynd â fi i'r llys i droi fy myd ar ei ben.

Llun y 6ed

Ffonio LA Lis peth cynta'r bore, cyn i mi golli plwc. Roedd hi'n brysur gyda chleient ac roedd hi'n chwarter i un ar ddeg arni'n fy ffonio i'n ôl. Treuliais i awr a thri chwarter ar bigau'r drain yn aros i'r ffôn ganu. Roedd arna i ofn mynd i'r tŷ bach rhag ofn ac roedd yr aros annioddefol yn sicrhau ymweliadau cyson â'r stafell honno. Cadwais y drws ar agor, fel 'mod i'n gallu clywed y ffôn—a gweddïo bod Jake Tucker yn cadw ddigon pell. Wy'n siŵr 'mod i wedi colli tri phwys, petawn i heb fwyta Mars a banana i basio'r amser. O'r diwedd.

'Ry'ch chi'n prynu fflat ar y cyd, chi a Mr Simon Tucker. Ry'ch chi'n rhannu'r gost, 60% a 40%. Mae Mr Tucker yn talu ei 40% trwy forgais cymdeithas adeiladu Talufax. Beth am eich 60% chi? Sut ry'ch chi'n bwriadu talu?'

'Wel, y, chi'n gwbod, y, fel hyn mae'ddi. Shwt alla i weud. O diar, mae hyn tam'bach yn ddelicet. Wel, y, a bod yn hollol onest . . . Sa i'n gwbod. Chi'n gweld, ma' Mr Tucker, Simon, ma' fe'n meddwl 'mod i'n talu fy hanner i gydag arian yr ewyllys. Sa i 'di gweud 'tho fe 'to ambytu Mam . . .

'Wy'n gwbod 'i fod e'n swno'n dwp ond o'n i'n meddwl y gallen i sorto popeth mas, dod i ddealltwriaeth â Mam cyn 'mod i'n gorfod ypseto Simon.'

'Shgwlwch, Catrin, mae'r gyfraith yn geffyl ara. Fe allai'r frwydr gyda'ch mam bara miso'dd. Blynyddoedd. Yn fy marn i y peth gorau allwch chi wneud yw dweud y gwir wrth Mr Tucker a hynny cyn gynted â phosib.'

Dweud y gwir wrth Simon. Ie. Dyna wy'n bwriadu 'i wneud. Peth cynta'n y bore. Hynny yw, peth cynta bore Sadwrn. Byddai hi ddim yn deg tarfu ar ei wythnos waith.

Mawrth y 7fed

Mae'n deimlad rhyfedd tu hwnt clywed newyddion am eich mam eich hun oddi wrth ffrind i'r teulu yn siop y pentre. Yn arbennig pan fo hwnnw'n newyddion syfrdanol do'ch chi'n gwybod dim amdano. Fel arall ddylai hi fod. Fi ddylai rannu'r newyddion. Nid dyna sut oedd hi.

Dyna ble o'n i bore 'ma, yn y Post ac Anti Helen yn clebran fel pwll y môr ac yn drewi o chwys, er gwaetha'r oglau Musk, chwyd-felys. Ro'n i yn fy siorts a hithau'n dal mewn teits.

'Shwt ma' dy fam?' gofynnodd hi.

'Iawn,' meddwn i.

'Mae'n cysgu lot yn well ers iddi ga'l y Valium.'

Valium! Ro'n i bron â'i bwrw'n glec. Wy'n siŵr bod clustiau moch bach Mair y Post yn clywed pob sillaf er ei bod hi'n cymryd arni i drefnu'r creision caws a winwns. Dyna beth fyddai tamaid blasus i'w drosglwyddo gyda'r newid mân.

'Barry awgrymodd ei bod hi'n mynd at y doctor. O'dd hi ddim yn cysgu whincad, pŵr dab.'

'Odych chi 'di gweld lot o Mam yn ddweddar?' gofynnais.

Ro'n i'n gwybod yn net bod y ddwy wedi cwympo mas dros sylw anghynnes wnaeth Mam am berm newydd Anti Helen.

'Dim rhyw lawer iawn. Ond wy'n cael yr hanes i gyd wrth Barry. Ma' dy fam yn gweld mwy arno fe na fi!'

Mercher yr 8fed

Ro'n i'n edrych 'mlaen yn ofnadwy at y wers heno. Mae'n sefyllfa drist iawn pan mai dwy wacen yr wythnos ry'ch chi'n eu cael. Y wers hunanamddiffyn yw un a siwrnai ddoe i siop y pentre yw'r llall. So'r gwersi wedi fy nysgu sut mae amddiffyn fy hun rhag meudwydod.

Cyn gynted ag y gwelais i Mam gofiais i 'mod i ar ddeiet. Un cip ar ei phen-ôl siapus mewn lycra ac addunedais yn y fan a'r lle i ymdrechu'n galetach wythnos nesa. Ro'n i'n gwisgo leggins hefyd ond rhai un maint yn rhy fawr i gadw'r lycra rhag glynu fel maharen i bob lwmp a bwmp. Pabell o grys-t dros y cwbl wedyn er mwyn cuddio'r dyrnau o floneg nad oedd gan lycra ddim gobaith eu cuddio.

Dim dianc rhag y pen-ôl pert. Roedd Mam wedi bachu lle yn y rhes flaen.

'*You're getting on well there, Mrs Jones!*' meddai Ethan yn frwdfrydig.

Ler yn fy ngorfodi i addo y byddwn ni'n dwy'n mynd i'r rhes flaen yr wythnos nesa.

Mynd i far y ganolfan hamdden am ddiod.

Rhywbeth i ymestyn fy unig noson mas o'r tŷ. Wy'n amau bod Ler yn gobeithio taro ar Ethan—ar hap, wrth gwrs. Ler ond yn caniatáu diod o ddŵr y ffynnon—er mwyn paratoi ar gyfer y rhes flaen.

Gwener y 9fed

Dim newydd am waith ers tridiau. Os na fydd dim byd erbyn diwedd wythnos nesa fe fydd yn rhaid i mi ystyried yr anystyriol a ffonio Prifysgol Tawe am fanylion eu cwrs ymarfer dysgu. Ych!

Sa i'n edrych 'mlaen at fory. Wy'n chwys drabŵd jyst meddwl am y peth. Wy'n siŵr 'mod i wedi colli pwysau. Bwyta Mars heno i esmwytho fy nerfau.

Sadwrn yr 11eg

10.00pm. Jake a Sandy Tucker wedi mynd mas i noson ganu gwlad heno. Diolch byth. Bydden nhw'n edrych yn gythreulig o dwp yn gwisgo'r bŵts a'r stetsons 'na rownd y tŷ! So hyn yn amser i wamalu. Petaen nhw adre, bydden nhw wedi clywed eu mab yn dryllio ein perthynas yn deilchion.

Ro'n i wedi cwcian swper. Mae modd defnyddio'r popty unwaith eto ac mae 'na un darn o'r cownter marblys ffug wedi ei osod yn ei le ar gyfer paratoi bwyd. Cwcian ffefryn Simon—stêc amrwd yn syth o'r fuwch. Ymdrechais hefyd i greu saws hufen a madarch. Dechrau anffodus i'r noson. Simon yn mynnu cyfeirio ati fel 'swper y dathlu' a chynnig llwncdestun siampên rhad (hanner pris yn Kwiks) 'i'r cartre newydd'.

'Ma' 'da fi rwbeth i'w weud 'thot ti.'

Fe allwn i fod yn westai ar *Jerry Springer*, meddyliais. Nid am y tro cynta.

'Beth?' gofynnodd Simon.

'Dylen i fod wedi gweud 'thot ti wthnose'n ôl.'

'*Tell me then.*'

'Ond o'n i'n becso byset ti'n grac.'

'*Tell me* neu fydda i *yn* grac!'

'Co. Ti'n codi dy lais cyn i mi agor fy ngheg.'

'*For fuck's sake!*'

'T'wel. 'Na'n gwmws pam wedes i ddim byd.'

'*What the fuck is it?*'

'Mae Mam yn herio'r ewyllys.'

'Beth? . . . *She can't.*'

Nodiais fy mhen. Roedd y saws wedi colli ei flas.

'Mae 'na rywbeth o'r enw *caveat*. Os ti'n credu bod ewyllys yn annheg, ti'n gallu herio. Sa i'n gallu twtsh â cheiniog nes i bopeth gael ei setlo.'

'*Why the fuck didn't you tell me?*'

'Plîs, Simon! Ro'n i'n meddwl y gallen ni sorto pethe mas, dod i gyfaddawd. 'Na beth ma' teuluoedd normal yn ei wneud.'

'*Why think that then?* So chi'n deulu normal!'

'Beth ma' 'nny i fod i feddwl?'

'*Don't change the subject.*'

'Na, dere 'mla'n.'

'*Look here*, ti yw'r un sy 'di gadel i fi gario 'mla'n gyda'r *charade* o brynu fflat. O't ti'n gwbod yn net trwy'r amser!'

'So 'nny'n esgus dros sarhau fy nheulu i! . . . Drycha, sori reit.'

'Hy . . . *Too bloody late.*'

'Ma' Dickens yn mynd i drefnu cyfarfod â Mam. Falle allwn ni gyfaddawdu.'

'*You lied to me, Catrin.* Alla i fyth â trysto ti nawr.'

Golchais i'r llestri i roi cyfle i Simon dawelu. Yna, es i i chwilio amdano i roi cyfle iddo ymddiheuro am fod mor gas. Ond doedd e ddim yn y lownj, na'i stafell wely na hyd yn oed y tŷ bach. Doedd e ddim yn unman. Mae'n rhaid ei fod wedi mynd trwy'r drws ffrynt heb ddweud gair.

2.05am. Mae newydd droi 2.00am. Mae hyd yn oed Sandy a Jake yn glyd yn eu gwelyau. Sdim sôn am Simon.

Sul y 12fed
9.30am. Dihuno'n sydyn. Un eiliad o amnesia hyfryd. Yna, cofio. Wedi teimlo fel hyn unwaith o'r blaen eleni. Ystyried ffonio'r ysbytai lleol.

11.00am. Dim sôn am Simon.

12.00pm. Y peth lleia allai e ei wneud fyddai ffonio.

1.00pm. Oglau cinio. Beth wy'n mynd i'w ddweud wrth Jake a Sandy?

2.00pm. Trwy lwc so Sandy a Jake yn rhieni sy'n holi a stilio. Roedd hi'n haws llyncu fy stori am ymweliad annisgwyl Simon â ffrind na'r cig eidion. Roedd e'n wydn fel gwadn esgid.

O ddifri, a ddylwn i ffonio'r heddlu? Beth os yw Simon wedi cael damwain? Mae'r rheini'n digwydd.

9.00pm. Ro'n i'n wirioneddol dechrau mynd o 'nghof tua phump o'r gloch, pan glywais i ddrws y cefn yn agor. Erbyn hynny, fydden i wedi dweud rhywbeth. Edrychai Simon fel petai wedi bod yn hongian wyneb i waered oddi ar yr Olwyn Fawr trwy'r nos.

'Wy 'di bod yn meddwl. *I don't know if I can forgive you*,' meddai.

'Cyn i ti weud dim, mae'n flin 'da fi,' meddwn i.

'Gronda, Catrin, *it's a bit late* . . .'

'Sa i'n dy feio di am fod yn grac. O'dd e'n anfaddeuol. Ddigwyddith e ddim 'to.'

'Na! Ddigwyddith e ddim 'to. Ers faint ry'n ni'n caru? Blwyddyn? *Give or take*. Wy 'di bod yn meddwl lot a *this relationship . . . we've come to a dead end*.'

Omegod. Mae'n mynd i gwpla 'da fi.

'Gronda, Simon . . .'

'*Hear me out!* Wy 'di bod yn meddwl a meddwl . . .'

'Plîs paid . . .'

'Sdim dewis! *This isn't easy for me either. Here goes.* Cats, wnei di 'mhriodi i?'

Beth?

'*A simple yes or no will do.*'

179

Gwnaf. Gwnaf wrth gwrs.

Roedd e'n sioc. Dyna i gyd. Sioc hyfryd. Ro'n i'n meddwl . . . wel, sdim ots beth ro'n i'n ei feddwl. Mae hyn yn, yn grêt a wel, mor annisgwyl.

So ni wedi dweud wrth neb hyd yn hyn. Dim hyd yn oed Sandy a Jake. Dim nes i ni gael y fodrwy. Ry'n ni am gael honno ddydd Mercher. Wedyn, bydd e'n swyddogol. Wy'n mynd i fod yn wraig briod. Sdim troi'n ôl.

Llun y 13eg
Sôn am godi pais ar ôl piso. Eto. Wy wedi cytuno'n barod i dreulio gweddill fy mywyd yn ei gwmni. Ond wy am fod yn hollol siŵr.

O blaid

1. Mae e'n yffach o bishyn. Mae hyd yn oed Ler yn cyfadde hynny. Un tro, d'wedodd y fenyw yn yr orsaf betrol bod ganddo'r un llygaid â Tom Cruise.

2. Mae'n fy ngharu i o fy nghorun i fy sawdl.

3. So fe'n llofrudd, lleidr, alcoholig, gamblwr, yn camddefnyddio cyffuriau, nac yn fy nghuro. Mae ganddo swydd 'dda' a 'saff'.

4. Mae e'n giamster yn y gwely—so fe fyth yn diodde o ben tost.

5. Does yna ddim cystadleuaeth o ran ein diddordeb gwaith.

6. R'yn ni'n rhannu rhai o'r un diddordebau.

7. Wy'n ei drystio gant y cant. Pwy arall fyddai'n ei fachu! Ar wahân i'r fenyw yn yr orsaf betrol.

8. Falle mai dyma'r cynnig gorau ga i. Falle mai dyma'r unig gyfle ga i.

Yn Erbyn

1. Wy'n rhy ifanc i briodi. Mae gen i 'mywyd i gyd o 'mlaen i ddod o hyd i'r cymar perffaith.

2. Fydd priodi 'Sais' o Fanceinion ddim yn plesio Mam.

3. So Simon a Ler ar delerau da.

4. Dy'n ni ddim yn rhannu'r un diddordeb gwaith.

5. Dy'n ni ddim yn rhannu rhai o'r un diddordebau.

6. Sa i'n edrych 'mlaen i dorri'r newydd i Ler. Na Mam. Ac ati.

7. Bydda i'n perthyn i Jake a Sandy. Beth os byddan nhw am gael band canu gwlad yn y brecwast!

Buddugoliaeth o blaid. Hwrê!

Mercher y 15fed
Www, mae hi'n lyfli! Clamp o ddiemwnt mawr. Anhygoel o ddrud ond heb fod yn ddi-chwaeth. Mae'n fodrwy go-iawn o Clive Ranger ac nid rhyw racsen siêp o Argos! Fe dalodd Simon gydag arian parod!

Ry'n ni wedi penderfynu torri'r newyddion i'r rhieni nos Wener. Bydd dim byd yn tarfu ar y dathliadau bryd hynny. Gawn ni'r sylw i gyd.

Gwener yr 17eg

11am. Penderfynu rhoi wythnos arall i'r cwmnïau sydd heb ymateb o hyd. Does dim disgwyl i mi weithio yn y cyflwr yma. Wy wedi dyweddïo!

Sadwrn y 18fed

11.30am. Jake a Sandy wrth eu boddau, yn wirioneddol falch, chwarae teg. Gwneud sioe fawr o agor potel o Asti. Gas gen i'r stwff. Sandy'n ddagreuol. Simon yn unig blentyn. Sandy'n rhoi'r cart o flaen y ceffyl braidd wrth glepian ei bod hi'n mynd i fod yn fam-gu.

'Ac mae Catrin yn mynd i ffeindio swydd,' meddai Simon yn fras.

Newydd i mi, wrth gwrs.

'Wy'n siŵr. *We did discuss it*,' meddai'n hwyrach.

'Wy yn treial,' meddwn i.

'Mae'n rhaid i ti dreial yn galetach. *Lower your standards*.'

'Pa mor isel?' ofynnais i.

'Gwaith siop, bar, rhywbeth. Os na allwn ni brynu, *we can rent*.'

7.00pm. Syrpreis, syrpreis. Roedd Wncwl Barry yn fy nghartre. Chwarae teg, mae'n 'cynghori' Mam yn gwbl ddiflino. O leia roedd hi wedi gwisgo ac nid yn ei gŵn nos fel y tro diwetha.

'Ma' 'da fi newyddion da,' meddwn i.

'So ti'n disgwl gobitho!' meddai Mam mewn arswyd. Dorrodd hynny rhywfaint ar y naws.

'Ry'n ni 'di dyweddïo!' meddwn i'n ei hanwybyddu.

Aeth Mam yn wyn fel y galchen.

'Wel, llongyfarchiade! Da iawn 'chan. *Well done!*' meddai Wncwl Barry yn bloeddio dros y lle i gyd. 'Mae hyn yn haeddu diferyn. Beth ti'n 'weud, Brends?'

'Ody glei. Un mowr.'

Sa i'n cael fawr o flas ar whisgi mawr ond do'n i ddim am fod yn anfoesgar.

'A phryd mae'r dwarnod mawr? *The big day?*'

'Blwyddyn i Hydref nesa. *Twenty-second,*' meddai Simon.

Sa i'n gwybod pwy gafodd y sioc fwya. Fi neu Mam.

'Pen-blwydd Dad,' meddai hi.

Mae Simon wedi cynnig newid y dyddiad. Yn ddelfrydol fe ddylai fod wedi trafod cyn ei gyhoeddi i'r byd a'r betws.

Sul y 19eg

Roedd Ler wedi dyfalu. Sa i fyth yn ei gwahodd am ddrinc ar nos Sul. Mae'n rhaid bod hwn yn achlysur o ryw fath.

'Mis Hydref? O leia bydd digon o amser 'da ti i newid dy feddwl,' meddai hi.

'Ti yn falch drosta i, on'd wyt ti?' gofynnais. Mae'r gwaharddiad ar alcohol ar ben. Ro'n ni'n sipian jins mawr.

'Os wyt ti'n hapus, wy'n hapus. Ond ma' 'na ddigon o bysgod yn y môr. Bydd hi'n rhy hwyr i lefen dros y tidli-winc 'na pan fydda i 'di bachu samwn fel Ethan England.'

'Nage tidli-winc yw Simon!' meddwn i'n siarp.

'O'n i 'di ame mai 'na beth o'dd yn dy ddenu di . . .'

Llun yr 20fed

O leia mae ambell aelod o'r teulu yn hapus drosta i. Er, wy'n amau mai'r hyn sy'n poeni Mam-gu a'r Parch go iawn yw eu henw da. Nawr, mae eu hwyres yn mynd i fod yn fenyw briod barchus. Mae hynny'n achos gorfoledd.

'Falle 'mod i'n hen ond wy'n gwbod beth yw temtasiwn,' meddai Mam-gu.

Holais i ddim o flaen y Parch a oedd hi'n cyfeirio at Ainsley.

'Cadwa dy hun yn bur nes noson y briodas. Bydd Simon yn dy barchu di'n fwy.'

Hmm.

Yr ymateb i'r briodas: Y sgôr:

Pobl sy'n wironeddol falch—Sandy, Jake ac Wncwl Barry.

Ymateb canolig—Mam-gu, y Parch a Ler.

Yn gwbl anhapus—Mam.

I gymharu â fy ymdrechion i ddod o hyd i swydd? Llwyddiant ysgubol.

Sgôr gwaith:

Nifer y CVs—30

Ymatebion positif—dim

Ymatebion negatif—saith

Dim ymateb—23.

Mercher yr 22ain

Wrth gwrs, nawr 'mod i'n priodi bydd yn *rhaid* i mi golli pwysau. Sa i moyn morynion (Ler a nith i Simon) sy'n deneuach na'r briodferch!

'*And how are you two ladies?*'

Sgwn i sut olwg fyddai ar Ethan mewn gwisg priodfab?

'*Catrin's engaged,*' meddai Ler yn cochi fel tân.

'*Oh. Congratulations! I bet Brenda's over the moon!*'

'Sori?' meddwn i mewn penbleth lwyr.

'*Mum,*' meddai e'n gwenu fel giât.

Brenda. Wir, y cythraul ewn!

Iau y 23ain

Canodd y ffôn heddiw. Ac nid Mam-gu oedd 'na gyda'r diweddara am gyflwr y Parch. Roedd fy nychymyg byw yn benderfynol mai TV Top oedd am gynnig cyfle i mi gymysgu â'r sêr am gyflog haeddiannol o fawr. Dim o'r fath beth yn y byd. LA Lis oedd â'r llais. Ond roedd ganddi lygedyn o newyddion da. Y tro cynta erioed iddi hi. Mae Mam wedi cytuno i gyfarfod er mwyn trafod y posibilrwydd o gyfaddawdu! Anhygoel.

Pan ffoniais i Mam-gu—arwydd o ddiwrnod tawel iawn, iawn yn y swyddfa—roedd hi'n grediniol bod hyn yn ateb uniongyrchol i'w gweddïau nhw.

Ro'n i'n falch bod gen i newyddion da i Simon —yn hytrach na newyddion am fethiant arall. Efallai y caf fy achub eto rhag y tils yn Kwiks.

O ie. Dydd Llun. Mae'r cyfarfod ddydd Llun.

185

Sul y 26ain

12.00pm. Parti i ddathlu agoriad swyddogol y gegin neithiwr. Sandy'n benderfynol o wneud sbloet. Ei hesgus dros beidio â defnyddio'r gegin i baratoi'r bwyd oedd y byddai disgwyl i'r gegin fod ar ei gorau. Marks and Spencers yn coginio. Sandy'n treulio trwy'r prynhawn yn jogïan ar y soffa. Ro'n i wedi pwdu braidd o gael fy hel, gyda Simon, o'r tŷ i gasglu'r cig moch o'r cigydd a'r cwrw o Liquorsave. Roedd Madam wedi anghofio.

Ro'n ni'n disgwyl llond y lle. Ond roedd hi'n syrpreis gweld Mam ac Wncwl Barry—yn enwedig gydag Anti Helen—ac yffach o sioc i weld Mam-gu a'r Parch a Ler. Mewn gwirionedd, roedd y parti dathlu'r gegin yn barti dyweddïo! Tra o'n ni'n nôl y cig a'r cwrw i'n parti ein hunain, roedd Sandy a Jake yn addurno'r lolfa â baneri a balŵns. Digon simsan oedd esgus Sandy bellach dros beidio â stwffio'r *vol au vents* ei hun.

Doedd pawb ddim yn ysbryd y dathlu. Roedd gan Mam wep fel petai'n sugno ar falwoden farw—ond hwyrach mai presenoldeb Anti Helen oedd y rheswm dros hynny.

'Beth wyt ti'n feddwl o'r gegin?' gofynnais i Mam gan lwyddo i ddod o hyd i dir neb.

'Neis iawn. Ond dylai hi fod yn neis 'fyd. Ar ôl yr holl amser hyn.'

Os y'ch chi'n mesur parti da wrth ba mor hwyr mae'r person diwetha'n mynd i'w wely, roedd e'n barti gwych! Roedd hi'n chwarter i dri arnon ni'n clwydo. A hyd yn oed wedyn roedd Simon yn gwbl effro.

Ro'n i'n sobr fel sant nes i'r Parch adael. Roedd Simon yn feddw gaib—fe fynnodd 'ddweud gair' a chymharu'r noson ramantus gyfarfon ni yn Niki's Niteclub i ddewis heffer dda yn y mart. Fydd e ddim yn dweud y perl bach 'na yn y briodas!

Llun y 27ain

Allen i ei ladd e! Petawn i ddim o deulu Cristnogol da, hynny yw. Petawn i wedi cael fy llusgo fyny gerfydd fy nghlustiau mewn ghetto yn y Bronks, fy magu â diti yn un llaw a gwn yn y llall, Duw a'i helpo!

Blincin Wncwl Barry! Pwy mae'n meddwl yw e? Pa fusnes yw e iddo fe? So fe'n perthyn—ddim hyd yn oed o bell. Ond mae e glatsh yng nghanol fy musnes i fel gwenynen mewn caca.

'Ry'n ni wedi bod yn trafod, y peth dwetha ry'n ni moyn yw bod yn afresymol. Ry'n ni'n barod i gynnig pum mil o bunno'dd,' meddai. Fe. Nid Mam. Fel petai fy arian i o ryw fusnes iddo fe. Roedd e'n anwesu llaw Mam fel petai'n gi bach. Doedd gen i neb ond LA Lis i ddal fy llaw i.

'Nage 'na beth o'dd Dad moyn. So fe'n iawn i newid beth o'dd Dad moyn,' meddwn i.

'Mae'n gynnig teg. Os awn ni i'r llys allet ti golli'r cwbl,' meddai Mam.

'Os aiff pethe mor bell â'r llys fydd dim byd ar ôl i gwmpo mas drosto. Ti 'di gofyn faint mae hon yn codi'r awr?'

Mae gan Wncwl Barry ddawn at drin pobl. Nawr, roedd dwy o'r tair ohonom yn gwgu arno.

'Dyma'r unig gynnig. Gaiff y groten y cwbl yn y diwedd,' arthiodd wrth Dickens.

'Odych chi'n fodlon ystyried?' gofynnodd LA Lis.

Byddai'n blentynnaidd i beidio ag ystyried. Mae pum mil yn well na chic yn y tin ac mae'n bosib mai dyna gelen i petai llys barn yn penderfynu bod Dad—a finnau—yn gwneud cam â'i wraig o bum mlynedd ar hugain.

Fel dd'wedodd Simon, o leia fydd neb yn fy mhriodi i am yr arian.

Ond, un diwrnod bydda i'n gyfoethog. Dyna un rheswm dros edrych 'mlaen at fod yn bensiynwraig.

Mawrth yr 28ain

O diar. So'r Parch na Mam-gu'n hapus. Bydden nhw'n fwy tebygol o gymeradwyo fy nghynlluniau i fyw tali â llofrudd di-Gymraeg a dechrau teulu llwyn a pherth mewn comiwn yn y Dwyrain Canol.

Ym marn y Parch, mae newid dymuniad gwely angau dyn yn 'anfoesol'. Mae gan y *Beibl* gyngor ar rai achosion. Beth i'w wneud os y'ch chi'n mynd i barti a does dim byd ond dŵr i'w yfed neu sut mae diffodd perth sy'n llosgi. Sdim gair am achos fel hwn. Byrdwn dadl Mam-gu yw y bydd 'Hi'n' cael ei ffordd ei hun. Wy am ystyried y mater am ddiwrnod neu ddau cyn rhoi fy nedfryd i Mam.

Mercher y 29ain

Mae Simon wedi torri'r newydd i'r asiantaeth dai.

188

Y ddwy ochr yn siomedig. Dim sêl. Dim comisiwn iddyn nhw. Dim unman i fyw i ni. Simon yn gwneud yn iawn am hyn drwy gael rhestr o fflatiau i'w rhentu. Mae wrthi'n pori drwyddyn nhw'r funud hon.

Nid dyna'r unig beth ddaeth Simon ag e. Mae'r Ceffyl Gwyn yn chwilio am berson i weithio y tu ôl i'r bar. Bydda i'n meddwl weithiau bod Simon moyn rhoi'r Parch a Mam-gu yn eu bedd.

Gwener yr 31ain

Sa i erioed wedi teimlo embaras fel hwn. Ddim hyd yn oed pan wlychais fy nicers mewn gymanfa ganu a finnau'n ddigon hen i wybod yn well—ac i deimlo'r cywilydd fel taranfollt trwy bob asgwrn yn fy nghorff.

Tua hanner awr wedi wyth, mynd i dorri'r newydd i Mam. Sicrhau bod gwersi piano'r dydd wedi dod i ben. Simon yn dod yn gefn—rhag ofn i mi gael fy mherswadio i dderbyn llai. Wedi treial ffonio fwy nag unwaith ond dim ateb. Rhyddhad i weld y car a golau yn y lownj a'r cyntedd.

Fuodd hi oes yn dod i'r drws yn ei thracsiwt tanjerîn, tywelin. Doedd y tanjerîn ddim yn gweddu i'r gwallt melynwy. Fe gynigiodd baned ac edrych yn syn pan gytunon ni. Hwyrach ei bod hi'n synnu gweld Simon yn y tŷ—y tro cynta ers darllen yr ewyllys.

Roedd mwy o de ar y soseri nag yn y cwpanau. (Rhyfedd fel mae pob peth bach nawr yn llawn arwyddocâd.) Fuon ni yno am awr dda—yn sgwrsio am ble gafodd Sandy'r teiliau cegin *Mediterranean*, yr haf diflas ar ôl Mehefin addawol—nes gwagu'r pwll yn sych o fân siarad. Ro'n i ar fin troi at ein newydd go-iawn pan neidiodd Simon.

'*There's something outside!*' gwaeddodd.

'Aderyn,' meddai Mam fel bollt.

'Na, dim *outside, outside* ond *outside* yn yr *hall*.'

Erbyn hyn, ro'n ni'n dau'n clustfeinio a Mam yn parablu ar dop ei llais.

'Chi'n dychmygu pethe, Simon. Ro'n i'n gwmws 'run peth pan o'n i 'ma ar 'mhen 'yn hunan i ddechre. Clywed pob smic a gwich. Fydden i'n gorwedd yn y gwely yn y nos yn siŵr 'mod i ar fin cael fy llofruddio!'

Di-chwaeth o gofio'r hyn oedd wedi digwydd go-iawn i un oedd yn arfer cysgu yn y gwely yna. Ro'n i'n dal i wrando'n astud.

'Chi'n gweld! Dim byd!' meddai Mam yn fuddugoliaethus

'*Burglars!*' bloeddiodd Simon yn llamu ar ei draed ac anelu am y drws. Rhedeg ffordd arall fyddwn i. Ond roedd Simon mor ddewr. Fy arwr!

Collodd Mam ei chŵl yn gyfan gwbl a dechrau chwifio ei breichiau fel yr aderyn dychmygol oedd yn cael y bai am y ffiasgo. Yna, o'r cyntedd, clywn Simon yn bloeddio heb dinc o ofn,

'*What the bloody hell do you think you're doing!*'

Roedd Mam mor annifyr â chath mewn cenel. Roedd hi'n gwybod yn net pwy oedd yn cuddio lan llofft, pwy oedd wedi digalonni yn aros am ei gariad ac wedi penderfynu mynd adre'n dawel bach.

Symudais yn gynt nag erioed ar y cae hoci, cynddaredd yn tasgu o bob gwythïen. Ro'n i'n barod i'w fwrw'n fflat.

Ar hyd llawr y lownj. Rownd cadair Mam-gu. Agor y drws. Gweld Simon trwy gornel fy llygaid. Corff arall yn syth o 'mlaen. Corff cyfarwydd . . . Ethan England!

'Wel, gan eich bod chi'ch dau mor intimêt,' meddwn i yn fy Saesneg gorau. 'Gewch chi roi'r newyddion intimêt yma i Mam. All hi stwffo'i chynnig pitw. Wy'n siŵr eich bod chi'n gwbod yn gwmws lle 'fyd!'

AWST
Pethau'n Poethi

Sadwrn y 1af

Fyddwn i ddim mor grac petai 'nheimladau i'n unig oedd i'w hystyried. Fel mae pethau, wy'n tampan! Yn wyllt mas o 'nghroen! Mae fy ymysgaroedd yn gnotiau i gyd, fel petai llond clwb o sgowtiaid wedi bod ati'n ymarfer arnyn nhw. Mae pob milimedr o fy nghorff yn dân gwyllt.

Wel, peidied nhw â disgwyl i mi fod yn eu priodas—nac y bydd y snichyn bach dauwynebog yna'n cael gwahoddiad i fy mhriodas i. Sa i moyn Mam ac Ethan blwmin England—o bawb—yn paredian o gwmpas y pentre fel gŵr a gwraig. Yn hwpo'u affêr bach, brwnt yn wynebau pawb.

Gobeithio i Dduw ei bod hi ar y pil—neu, peth nesa fydd y jaden ddwl yn disgwyl. Wy'n gwybod yn net ble fydd arian yr ewyllys yn mynd wedyn—i'w plantos nhw!

Mae Dad yn troi yn ei fedd. Dad, druan. Sa i'n disgwyl i Mam fyw fel lleian, ond mor glou . . . Mae lle ac amser i bopeth. Ac mae ffasiwn beth â chymar addas o'r un oed ac amser a chithau—nid rhyw grwtyn ysgol llawn steroids a thestosteron. Petai e o'r un oedran byddwn i'n gallu cymryd arnaf mai ffrindiau mynwesol oedd y ddau. So hi'n anodd iawn dychmygu beth yw'r atyniad rhwng y ddau yma! Ych a fi.

Beth am fy nhad? Beth am fy mhlant i? Nodyn i beidio â chyfeirio at fy mhlant i:

1. O flaen Sandy—rhag ofn iddi brynu pecyn mawr o glytiau, basged Moses a hanner dwsin o boteli olew babi, mewn ffit o gyffro.

2. O flaen Mam-gu a'r Parch—rhag ofn iddyn nhw feddwl nad cariad pur yw'r unig reswm dros ein penderfyniad sydyn i briodi.

Y dyfodol—cam wrth gam:

1. Mam ac Ethan yn ymarfer Olympics stafell wely.

2. Mewn ffit o nwyd (hi) a thrachwant (fe), Mam yn priodi Ethan.

3. Ethan a Mam yn feichiog. (O Dduw mawr, y cywilydd!)

4. Mam yn marw ymhell cyn Ethan.

5. Ethan yn cael arian fy nhad i.

6. Ethan yn marw.

7. Plant Mam ac Ethan yn etifeddu'r nefoedd.

Sul yr 2il

Ymweliad annisgwyl (a diangen) oddi wrth Mam. Roedd hi'n awyddus i esbonio pam yn gwmws mae'n amharchu fy nhad cyn pen blwydd cynta ei farwolaeth trwy gyboli â stalwyn dwy a dimau.

I ddechrau, roedd hi'n annodweddiadol o dyner.

'Mae'n ddrwg calon 'da fi dy fod ti 'di ffindo mas fel'na,' meddai. 'Ond ma'n rhaid i ti ddyall un peth. So beth weles di'n ddim byd i'w neud â 'mherthynas i â dy dad. Ro'n i'n caru dy dad ac

193

roedd dy dad yn caru fi. Ond mae bywyd yn mynd yn ei fla'n.'

Ody. Ond oes rhaid iddo symud ar gymaint o hast?

'Wy'n dal yn fenyw ifanc. Ac wy'n unig . . .'

Wyt ti 'di meddwl prynu ci?

'Ma' 'da fi . . . anghenion . . .'

Collais fy limpyn yn llwyr.

'Plîs! Sa i moyn gwbod ambytu dy anghenion di! Ac os wyt ti moyn gwbod y gwir, ma' fe'n hala fi'n sâl yn meddwl amdanoch chi'ch dou yn y gwely 'na. Gwely ti a Dad!'

'So ni'n neud dim byd nag wyt ti a Simon yn ei neud,' meddai'n siarp.

'Ma' Simon a fi'n caru'n gilydd!'

'A so ti erio'd 'di bod 'da neb o't ti ddim yn ei garu.'

'Naddo. Erio'd!'

'Trueni.'

Rôl arferol y Fam yw'ch annog i setlo lawr gydag un dyn, priodi, dechrau teulu, nid i gyplu â phob dyn y gellwch chi gael eich cluniau amdanyn nhw.

'Wyt ti'n dal i'w weld e?' gofynnais.

Wy'n ffaelu dweud ei enw.

'Am nawr.'

Hwren.

Llun y 3ydd

Mae'n ddiwrnod hanesyddol. Wy wedi gwneud dau benderfyniad—a hynny o fy mhen a fy mhastwn fy hun (gyda help Simon).

194

Newyddion syfrdanol! Fuon ni i weld deg fflat heddiw ac ry'n ni wedi penderfynu rhentu un yn Stryd y Cei!

So fe'n debyg o gwbl i apartment yn Efrog Newydd, apartment fy mreuddwydion. Mae'n fach fel twll llygoden, yn dywyll a hyd yn oed yn fy marn amaturaidd i, mae 'na alw truenus am bolish a Jif. Ond does dim golwg o leithder na gorsaf drenau. Mae'n rhesymol ac yn arwydd o annibyniaeth newydd.

Wy wedi prynu llyfr nodiadau ac yn bwriadu gwylio pob *Real Rooms*, *Changing Rooms*, *Change That* a *Gwaith Cartref* ar y teledu. Yn enw ymchwil, wrth gwrs. Bydd gen i domen o dips ar sut i droi cwt mochyn yn gartre crand.

Yr ail newyddion syfrdanol! Wy wedi penderfynu gwneud cais am y swydd yn nhafarn y Ceffyl Gwyn. Yn absenoldeb affliw o swyddi arall, pa ddewis sydd gen i? Sdim cywilydd mewn gweithio mewn tafarn—so fe'r un peth o gwbl â'r til yn Kwiks. Mae lot o fyfyrwyr yn gweithio mewn bar. Petawn i am fod yn artist yn y dyfodol byddai e'n brofiad da, cyfle i gymysgu â chymeriadau lliwgar bywyd—a fflyrtio ag ambell bishyn! Mae'n ffaith adnabyddus bod pob dyn yn dwlu ar y fenyw sy'n gweini ei Guinness.

Ta beth, dros dro fydd e. Ac mae'n arian da nes y daw rhywbeth gwell.

Mercher y 5ed
Ffonio Ler i'w hysbysu na fyddwn yn y wers heno—nag unrhyw un o'r gwersi eraill. Wy wedi

'troi fy mhigwrn' ac mae'r 'doctor' wedi fy nghynghori yn erbyn ymarfer corff.

'Mae'n wir, 'te,' meddai'n siarp fel cyllell.

'Sa i 'da ti nawr,' meddwn i'n ddidaro, cyfog yn codi i fy ngwddf.

'Ambytu dy fam a'i *toyboy* newydd.'

'Shwt ddiawl wyt ti'n gwbod?'

'Mam glywodd yn siop y pentre. Ddalest ti'r ddau yng ngwely dy dad, mynte nhw. Sa i'n beio ti am dreial cadw'r peth yn dawel, cofia. 'Sen i'n swp o gywilydd petai hi'n fam i mi!'

Yr ast fach wenwynig. Ro'n i arfer cyfri honna'n ffrind.

Iau y 6ed

Ro'n i wedi gobeithio cadw'r peth rhag y Parch a Mam-gu—er lles eu hiechyd meddyliol a chorfforol. Ond os yw'r newydd yn fêl ar fysedd pobl y pentref, roedd hi'n well ei glywed wrtha i yn hytrach nag ar gornel stryd neu tu fas i'r capel. (Ble mae'r clecs gorau i gyd yn cael eu cyfnewid.)

Er mwyn profi'r dŵr, d'wedais i wrth Mam-gu gynta cyn taclo'r Parch (gan hepgor yr anwiredd amdana i'n eu dal yn y gwely). Gym'rodd hi'r newydd yn eitha. Roedd hi'n gandryll, ar ran ei mab a finnau, ond roedd ei diddordeb penna yn sut un oedd y *toyboy*. Mae wedi croesi fy meddwl ei bod hi'n eiddigeddus.

'Ody e'n bishyn, 'te?' gofynnodd.

'Ody, sbo. Ond yn llawer rhy ifanc i Mam. 'Na beth yw sioe!'

'Athro cadw'n heini, ife? Mae e siŵr o fod yn fysyls o'i gorun i'w sawdl.'

'Wel, ody.'

'Ond siapus ar yr un pryd?'

'Os mai 'na'r teip y'ch chi'n eu lico.'

'Ody fe'n gwisgo lot o ddillad tyn?'

'Sa i 'di cymryd lot o sylw.'

'A ma' digon o egni 'da fe siŵr o fod . . .'

'Mae e'n ddigon brwdfrydig yn y dosbarth. Mae e'n athro talentog,' meddwn i i godi safon y sgwrs.

'Wel, mae'n amlwg ei bod Hi 'di sbotio'i dalente fe, no.'

Wyddai'r Parch ddim beth i'w ddweud. Fe dd'wedodd hynny sawl gwaith ynghyd â nifer helaeth o 'wel, wel, wels'. Byddwn i'n lico bod yn bry ar y wal pan fydd e'n adrodd yr hanes yna wrth Duw mewn gweddi.

Sadwrn yr 8fed

Dihuno wedi drysu'n lân ar ôl breuddwyd fyw.

Ro'n i yno ar gerdyn post o ddiwrnod—yr haul yn tywynnu, yr adar yn canu, môr o wynebau cyfarwydd, pawb yn chloncan a chwerthin yn braf.

Ond do'n i ddim yn chwerthin. Prin y gallwn i anadlu yn y babell taffeta, *cerise* mwya chwydlyd o ffiaidd welais i erioed. Dim ond un o'r morynion oeddwn i. Roedd pob aelod o'r dosbarth hunan-amddiffyn yn forynion. Hyd yn oed y dynion.

Gwisgai Mam daffeta hefyd. Ton felynwy yr un lliw â'i gwallt yn chwydu ffrils a secwins. Gwenai'n llydan ar y dyrfa yng nghapel Bethania ac ar y

Parchedig Dafis Dafis. Traethai hwnnw yn yr un siwt a wisgai ddiwrnod yr angladd a chan ddefnyddio'r un oslef ddifrifol,

'Ry'ch chi nawr yn ŵr a gwraig. Cusanwch y briodferch,' meddai.

Yna, dechreuon ni forynion dynnu ein sgertiau *cerise* a dawnsio mewn leotards lycra. Edrychai fy nghoesau fel dau foncyff. Gwenodd Mam o glust i glust ar Ethan a dechreuodd y ddau lapswchan mor ffyrnig nes y bu'n rhaid i Mam-gu, oedd yn cuddio o dan siandelïer o het leim gwyrdd, droi i ffwrdd mewn ffieidd-dra.

Sul y 9fed

'Ti'n gneud ffŵl o dy hunan!' meddwn i dros y ffôn. Saboth neu beidio.

'Mynte pwy?' meddai hi.

'Y pentre cyfan. Waeth i ti wbod. Ma' pawb yn wherthin tu ôl i dy gefen di.'

'Sa i'n becso taten beth maen nhw'n feddwl. Pobol fach, drist. 'Sen well iddyn nhw hala'u hamser yn byw tam'bach yn lle clecan am fywyde diddorol pobl erill.'

'Mae'n sarhad ar Dad.'

'So hyn ddim byd i'w wneud â Dad.'

'Wel, paid â disgwyl i fi fod yn y briodas.'

'Priodas? Catrin fach. Sa i'n debygol o neud y camgymeriad bach 'na 'to. Tam'bach o sbort yw hyn. Dim byd mwy.'

Sa i'n siŵr a yw hynny'n gysur. So'r peth sy'n rhoi cymaint o lo's i ni yn meddwl dim iddi hi.

198

Wel, wy wedi dweud fy nweud nawr. Ac am unwaith, yn gwbl ddiflewyn-ar-dafod.

Llun y 10fed

Mam-gu'n fy ffonio heddiw. Wnaeth hi'm sôn am Mam. Pan dynnais ei sylw at y cawlach fe gyfeiriodd ato fel 'o, y busnes 'na' fel petai'n hen newyddion i lapio sglod a chod. Mwy o dystiolaeth mai fi yw'r unig un call yn y teulu.

Y rheswm dros yr alwad ffôn oedd bod y Parch wedi darganfod meddyginiaeth i wella peils. Eto. Ond mae'n bosib bod yna sail i'w ganfyddiad diweddara. Mae sail feddygol i'r driniaeth yma. Mae'n mynd i gael chwistrelliad gan arbenigwr yn y 'sbyty. Mae'r un driniaeth wedi gwella ffrind i gymydog i berthynas i aelod oedd yn diodde poen annioddefol. Erioed.

Mae wedi gwneud apwyntiad trwy ei GP i weld yr arbenigwr. Mae'n llawn disgwyl dychwelyd o'r 'sbyty wedi cael iachâd.

Wrth gwrs, y cam cynta i bawb normal—pobol ar wahân i hipis a ffanatics yr oes newydd—fyddai ymgynghori â'i ddoctor.

Iau y 13eg

Mae'r asiantaeth dai wedi archwilio'n tystlythyron, (fy rhai i: y gweinidog a fy hen Brifathro; yn achos Simon: perchennog y dafarn leol a'i hen athrawes gwaith pren—hen gariad i Jake).

Maen nhw wedi cadarnhau ein bod ni'n bobl

sy'n parchu eiddo, fydd yn talu rhent yn brydlon ac yn llawn. Yr unig rwystr rhyngom ni a'n cartre newydd yw'r gwaith papur. Ers i Mam gymryd fy lle fel dafad ddu'r teulu sdim yffach o ots 'da fi beth fydd yr ymateb i'r ffaith 'mod i'n byw mewn pechod. Galla i feio fy magwraeth.

Gwener y 14eg

Mae pethau'n gwella. Ddylen i ddim 'sgrifennu hynny. Rhy hwyr. Mae mewn du a gwyn. Petawn i wedi ei ddweud yn unig, fe ellid colli'r geiriau yn y gwynt. Ond nawr mae yno'n gofnod i'r oesoedd a ddêl, yn oes oesoedd.

Mae gen i gyfweliad! P'nawn fory yn y Ceffyl Gwyn gyda'r rheolwraig, Mrs Margaret Walker— Maggie i'w ffrindiau.

Ble mae Ler â'i *tips* ar lwyddo mewn cyfweliad? Nid bod y rheini wedi helpu dim y tro diwetha.

Beth sy'n eich denu at y swydd? Y gyflog. Mae Mam wedi fy amddifadu, wy wedi colli fy swydd PR ac wy'n despret am arian i dalu am fflat i fi a fy nghariad.

Pam ddylen i roi'r swydd i chi? Wy wedi cael fy hyfforddi i wenu ar ddieithriaid o oed ifanc a fydda i ddim yn slochian y ddiod. Yn wahanol i Mam, mae gen i lygedyn o hunanreolaeth.

Beth fyddwch chi'n dod i'r swydd? Bydda i'n denu cwmseriaid o bell ac agos. Byddan nhw'n dod i syllu a phwyntio bys ar y ferch ffeindiodd ei mam yn cnychu ei *toyboy* yng ngwely ei thad.

Pryd allwch chi ddechrau? Yn syth.

Sadwrn y 15fed

Cyfweliad? Tebycach i sgwrs. Gwahanol iawn i groesholi DD. Wy'n amau mai dim ond eisiau bwrw golwg arna i oedd Maggie Walker go wir, i wneud yn siŵr bod gen i ddwy goes a dwy fraich, bod y cyhyrau o gwmpas fy ngwefusau'n ffurfio gwên a bod gen i well IQ na phecyn o gnau. Mae'n amlwg nad oedd dim byd am yr ymgeisiwyr eraill. Wy'n gwrthod cydnabod y posibilrwydd mai fi oedd yr unig un.

Ar ôl gofyn fy hanes, gafon ni sgwrs fer am y gyflog a'r oriau ac fe holodd a fyddwn i'n gallu dechrau wythnos nesa. Byddwn wedi cytuno i ddechrau fory wy mor falch o rywbeth i ddenu fy sylw. Yna, pan o'n i'n meddwl ei bod hi ar fin fy llongyfarch, fe ofynnodd am fy rhif ffôn. Byddai angen amser arni i ystyried.

Es i am dro rownd y dre ac ro'n i ar ganol dweud yr hanes i gyd wrth Sandy, ar ôl bod adre prin hanner awr, pan ganodd y ffôn.

Mae fy mòs newydd yn gorrach o fenyw benderfynol yr olwg, ei gwallt yn wyn ond am un rhimyn melyn sy'n arwydd o habit 'smygu deugain y diwrnod. Byswn i'n gosod ei hoedran tua hanner cant. Ar y cyfan, mae ei hwyneb fel llyn o rew ond bod rhywun wedi creu ceg â gwadn ei hesgid a chreu myrdd o grychau o amgylch ei gwefus ar yr un pryd.

Wy'n wych. Wy'n grêt. Wy'n cŵl. Sneb gwell.

Chewch chi ddim mo 'nhebyg heb fynd yn bell!

Sain yr utgorn. Tawelwch. Golau'n chwilio'r dorf. Mae'r bardd ar ei thraed . . .

Sul yr 16eg

Yyy. Mae 'mhen i'n dost. Mae 'ngheg i'n teimlo fel basin hen doiled. Byddai dim gobaith gan Brad Pitt am gusan. Gall Simon Tucker roi ei siorts yn ôl amdano'r funud hon!

'Na well. Mae'n un o'r tonics gorau ar wyneb daear—a so fe'n cael hanner digon o glod. Sdim byd fel golchi'ch dannedd i wneud i chi deimlo'n newydd-anedig.

Aros mewn neithiwr a meddwi'n rhacs. Fe fyddai Simon wedi mynd mas â fi i gael pryd Indian—oni bai ein bod ni'n cynilo, wrth gwrs. Ond roedd y dymuniad yno a dyna sy'n bwysig. Noson rad yn slochian cwrw cartre Jake Tucker. Mae un botel yn ddigon i chwythu'ch pen i ffwrdd. Yfon ni bump yr un.

Omegod. Newydd gofio. Ffoniais i Ler neithiwr. Ond roedd y Judas fach wedi mynd mas gyda'r ddwy Nia. Maen nhw'n hedfan i Corfu heddiw. Ro'n i wedi anghofio'n lân ei bod hi'n dymor gwyliau.

Llun yr 17eg

Mynd draw i ddweud wrth y Parch a Mam-gu am y swydd a'r fflat—ac i gynnig pàs i'r 'sbyty i'r Parch. Fy ngobaith oedd y byddai'r cymydog da yn dileu'r mab afradlon. Ond mae ganddyn nhw yrrwr eisoes. Mam, os gwelwch yn dda.

Mae arnyn nhw gymaint o gas ohoni maen nhw'n cyfeiro ati fel 'Hi'. Ond maen nhw ddigon gwan eu hegwyddorion i fodloni ar ei sebon rhad.

Popeth yn iawn! Os oes yn well ganddoch chi ei chwmni 'HI'. Mae ei char (car Dad) Hi'n fwy cyfforddus, mae'n debyg, na fy Metro i. Rover, meddwn i. Rover Metro.

Esbonio i'r ddau nad oedd gen i ddewis, yn fy sefyllfa i, ond cael gwaith a tho uwch fy mhen. Roedd anffawd a gweithredoedd Mam wedi fy ngorfodi mas o fy nghartre ac i ymladd achos llys costus y bydd yn rhaid ffeindio ffordd o'i dalu.

Fy nhacteg oedd rhoi'r bai i gyd ar Mam. (O maddeuer fy mhechodau.) Mae'n amlwg bod y ddau wedi'u brifo—hyd yn oed heb i mi gyfadde y bydd un o'r diwrnodau gwaith yn y dafarn yn Saboth. Gwrthod cynnig Mam-gu i aros yn eu stafell sbâr.

Pwysleisio mai sefyllfa dros dro fyddai hon. Ro'n nhw rhywfaint yn esmwythach eu meddyliau ar ôl sylweddoli fod y dafarn y tu fas i'w corlan. Tanlinellu ein bwriad i briodi flwyddyn nesa a bod yna *ddwy* stafell wely yn y fflat. Un cysur. Yr unig bechod wnes i ddim ei gyflawni oedd dweud celwydd. Wnes i ddim, chwaith, ddweud y gwir i gyd.

Wy'n meddwl y cawn i sêl eu bendith i weithio fel morwyn bronnoeth ym mhob tafarn o Foncath i Felindre a byw mewn pechod gyda dwsin o ddynion, ond 'mod i'n gwneud hynny'n ddigon pell oddi wrth aelodau'r capel a'u perthnasau.

Sa i'n teimlo rheidrwydd o fath yn y byd i ddweud gair am hyn wrth y fenyw sy'n honni bod yn fam i mi.

Mawrth y 18fed

Gweld eisiau cwmni Ler. Mae'n rhaid ei bod wedi cael y neges 'mod i wedi ffonio nos Sadwrn. So ddi 'di ffonio. Pam?

Mercher y 19eg

Bydd yn rhaid i mi fynd yn forwyn fronnoeth gyda'r nos a gweini ar y til yn Kwiks yn ystod y dydd a myrdd o swyddi eraill—os wy am dalu cyflog LA Lis.

Derbyn llythyr oddi wrthi heddiw.

'Mae'n arfer ganddyn nhw, Gyfreithwyr Dickens, Wilkens and Jones, dalu ar ôl cwblhau'r gwaith dros gwsmer—gwaith sy'n dal i fynd yn ei flaen yn fy achos i. Ond yn dilyn sylwadau anghynnes Wncwl Barry, dyma restr o'r costau hyd yn hyn i brofi nad ydyn nhw'n fy nhwyllo.'

Y cyfanswm? £653 o bunnoedd a 75 ceiniog! Mae pob sgwrs ffôn wedi costio £85 o bunnau! Yr un.

Wy'n dechrau amau a ydw i'n gwneud y peth iawn yn herio Mam. Mae Lis yn cyfadde bod ganddi gais cryf. Os golla i, bydd gen i yffach o fil i'w dalu a dim byd i'w dalu e. Ond ydi hi'n iawn bod y cwbl yn llifo fel dŵr i ddwylo plant Ethan a Mam? Mae gen i ddyletswydd er cof am Dad.

Beth yw gwerth dyletswydd? Sa i hyd yn oed yn gallu trafod â fy ffrind gorau.

Iau yr 20fed

11.00am. Ar fin gadael y tŷ. Mae'n wir beth mae'n nhw'n ei ddweud. Y lleia ry'ch chi'n ei wneud, y lleia o awydd gwaith sydd arnoch chi. O leia doedd dim rhaid i mi godi'n gynnar.

Gwener yr 21ain

10.30am. Roedd ddoe yn yffach o brofiad da! Ro'n i wedi anghofio'r boddhad mae rhywun yn ei gael o gwblhau diwrnod da o waith. Wy wedi blino'n swps. Ond nawr mae gen i reswm digonol dros aros yn y gwely tan 11.00 yn gwylio *Kilroy* a *This Morning*.

Welais i fawr o'r bòs newydd. Rhy brysur yn smocio yn y cefn i helpu yn y bar! Mae fy nghyd-weithiwr newydd yn fachan lleol o'r enw Steve Collins. Bochau coch a gwallt *bouffant*. Dangosodd i mi sut oedd trin y pwmps a'r til. Steve Collins yn cael modd i fyw o ddangos i mi'n fanwl faint mae e'n ei wybod. Allech chi feddwl ei fod e'n egluro sylfeini ffiseg niwclear. Mae'r pwmps yn edrych yn hawdd fel slecs. Mater arall yw'r til. Amser coffi, cael hanes bywyd Steve. Diolch i'r drefn roedd e'n rhy brysur yn rhoi hanes ei fywyd cnec wrth gnec i holi unrhyw beth amdana i.

Hanfodion barforwyn dda—cofio rhoi gwydr i ddal y cwrw cyn tynnu peint, gwrando pan fydd cwsmer yn archebu, cofio os yw wedi defnyddio pum punt neu ddeg punt i dalu ac anghofio eich egwyddorion ffeministaidd. Mae'n rhaid gwenu'n ddel pan mae trigolion gwrywaidd y dafarn yn

205

trafod rhinweddau'r farforwyn newydd ac anwybyddu'r chwibanu pan ry'ch chi'n plygu i ôl y creision caws.

Y dafarn yn dawel. Wy wedi bwrw ati i ddysgu enwau'r diodydd yn y bar. Gwaith hawdd—yn fy nydd, wy wedi meddwi ar y rhan fwya o'r rhain. Mae pob diod yn cynrychioli cyfnod:

Babycham—y blas cynta o alcohol. Mam yn arfer rhoi gwydraid i mi noswyl San Steffan i ddathlu'r achlysur arbennig a sicrhau 'mod i'n cysgu.

Seidr—Dechrau yfed o ddifri mewn disgos a phartïon deunaw oed. Newid i lagyr ar ôl i ffarmwr roi ei law lan fy sgert ac i mi chwydu ar lawr y car pan ddaeth Dad i fy nôl.

Diamond White a blac—Blas Ribena a chic fel mul. Coleg.

Gwin gwin—y fenyw ifanc soffistigedig oedd yn mynd i ddringo'r ysgol yrfa.

Jin a Slimline Tonic—y fenyw soffistigedig ar ddeiet.

Cyngor Steve ar sut i drin y pwmp:

'Dychmyga dy fod ti'n anwesu dy gariad. Dyna wy'n ei neud.'

Adrodd yr hanes i gyd wrth Simon ac eithrio sylwadau amheus y cwsmeriaid. Sa i moyn iddo feddwl bod ei ddyweddi'n fflyrtio ar ei diwrnod cynta.

Bydd digon o amser i hynny.

Sadwrn yr 22ain

10.30am. Nid arna i oedd y bai! Wy'n newydd. Alla i fyth fod yn *Wonder Woman* ar bopeth.

Doedd dim angen bod cweit mor flin chwaith. Ar ddiwedd y dydd mae dau 'Carlsberg' yn swnio'r un peth yn gwmws â dau 'Carling'. Nid fy mai i yw ei bod hi wedi archebu 'yr un peth 'to' tro nesa ac wedi yfed dau beint a hanner cyn teimlo'n benysgafn yn y tŷ bach a dod i holi beth roedd hi wedi'i yfed.

Wel, do'n i ddim i wybod ei bod hi'n gyrru ac y byddai tacsi yn costio pymtheg punt. Barforwyn ydw i ac nid *clairvoyant*.

Steve yn eu galw'n 'ddwy hen ast' a dweud eu bod nhw 'ar y *change*'.

2.00pm. Yr asiantaeth dai wedi ffonio. Allwn ni gael allweddi'r fflat ddydd Mawrth. Dydd Mawrth yma! Wrth gwrs mae Simon eisiau symud i mewn y diwrnod hwnnw. Sandy a Jake yn fwy brwd dros y syniad hynny na'r dyweddïad. Wy'n ymdrechu i beidio â chymryd eu cyffro dros ein hymadawiad yn bersonol.

Mae Simon yn bwriadu dod i'r dafarn heno i ddathlu. Gall y mynydd ddim dod at Mohammed. Wy'n amau ei fod yn awyddus i gael cip ar y bachan Steve 'na. Mae'n debyg 'mod i'n siarad amdano'n ddi-baid.

Sul y 23ain

Mae bywyd fel ffair. Rhwng gwaith a symud mae'n anodd cael amser hyd yn oed i *Jerry*. Sa i'n cwyno. Wy'n dwlu bod yn brysur unwaith eto.

Wy wedi dechrau pacio—gyda help Sandy. Sandy'n amlwg yn gweld hwn yn gyfle i wared ar hen greiriau teuluol—hynny yw bric-a-brac siêp sydd wedi treulio blynyddoedd yng nghefn y cwpwrdd neu yn yr atig. Wedi cytuno i gymryd set o lestri blodeuog (fyddai'n gweddu i Mam-gu), a hen sosbannau a thywelion roedd wedi eu cael yn anrheg priodas.

Llun y 24ain

Rhyfeddol. Mae Mam yn falch 'mod i'n symud mas o *chez* Tucker. Mae'n ddigon naturiol i rebel ifanc ddymuno byw gyda'i chariad ond yn annaturiol tost iddi adael ei chartre a mynd i fyw gyda theulu llai breintiedig. Do'n i heb ystyried y peth tan heddiw, ond mae fy ngweithred wedi bod yn sarhad personol ar Mam.

Roedd hi'n fwy na pharod i fy helpu i ddidoli a phacio—a mynd â phethau o fy stafell oedd mewn gwirionedd yn perthyn iddi hi. Hen ddillad, llyfrau, trugareddau, ffeiliau coleg, dillad gwely. Y dagrau'n powlio wrth i mi roi hen bosteri yn y bin. Mae Simon wedi gwahardd dynion fy ffantasïau o'r cartre newydd. So fe moyn i'r fflat edrych fel tŷ myfyrwyr, meddai e. Ffaelu deall y dagrau—dyma'r trydydd tro i mi adael cartre ac nid y cynta.

Haelioni Mam yn mynd mor bell ag anrheg o ddreser coed pin hyfryd â dolenni grisial. Mae'n rhaid ei bod hi'n crafu.

Mae'r fflat wedi ei hanner dodrefnu—gwely, cwpwrdd, bwrdd a chadeiriau, soffa a bwrdd coffi.

Diolch byth nad oes angen mynd i'r gost o'u prynu. Yn ôl Mam, bydd hynny'n gwneud pethau'n haws yn y pen draw. Pan fydd Simon a finnau'n gwahanu, roedd hi'n feddwl.

'So ti'n dod i'r gwersi rhagor,' meddai.

Mae ganddi wyneb os yw *hi'n* dal i fynd, er gwaetha'r cloncan.

'Ti'n synnu?' meddwn innau.

'Ry'n ni i gyd yn oedolion.'

'Wel, sori ond sa i'n ddigon o oedolyn i dderbyn bod fy mam yn cysgu 'da hyfforddwr cadw'n heini, hanner ei hoedran!'

''Na beth sy'n dy boeni di, ife? Fy mod i'n cysgu 'da fe? Ti'n ffaelu derbyn bod gan dy fam fywyd rhywiol. Ond mae'n oreit i ti ga'l un, sbo. Fi sydd fod i fyw fel lleian.'

'Nage 'na beth yw e . . . ond Ethan England.'

'O wy'n dyall, nawr. Ti'n eiddigeddus, on'd wyt ti?'

'Wy'n fwy na hapus 'da Simon.'

Mae gwisg newydd gan y Forwyn rinweddol sydd wedi fy magu, bwydo a fy nilladu. Sa i'n lico hyn! So mamau i fod yn greaduriaid rhywiol.

Sa i'n gymaint o ffeminist â wy'n lico'i feddwl.

Mawrth y 25ain
Dihuno'n oer at fêr fy esgyrn. Nid y tywydd oedd ar fai. Roedd yr haul yn gwenu'n braf tu fas y ffenest.

Roedd Simon fel plentyn bach. Cyrhaeddodd yr asiantaeth cyn y staff. Mae wedi cymryd dau ddiwrnod ffwrdd—un i symud a'r llall i fynd i'r dre i siopa am hyn a'r llall i'r fflat.

Gysgais i ddim chwinciad neithiwr. Popeth yn troi a throsi yn fy meddwl. Breuddwydio 'mod i'n coethan â Dad. Ro'n i mor grac ro'n i'n ei ddyrnu. Ffaelu yn fy myw â chofio pam.

Jake wedi cymryd diwrnod ffwrdd o'r gwaith i helpu ni symud yn y fan. Treuni nad oedd wedi meddwl cymoni'r fan hefyd. Y llawr yn borfa o sment a chylchoedd o hen baent. Mynnais i osod lliain cyn bod fy mhethau'n cael eu difetha'n rhacs.

Wedi rhoi trefn ar y dynion, Sandy a minnau'n mynd draw i lanhau. Nid prif ddiddordeb y naill na'r llall ohonom. Well gen i symud. Ond roedd Jake a Simon wedi penderfynu mai gwaith dynion oedd hwnnw.

Unwaith i mi wisgo'r menig rwber fe newidiais, mewn fflach, i fod yn *Wonder Woman*, yn lanhawraig y flwyddyn. Tyngu llw i gadw'r lle fel pìn mewn papur. Fel pob gwraig dda.

Trefn erbyn 4.00pm. Sandy a Jake yn gadael i roi llonydd i ni 'fedyddio'r fflat'. Y lle'n dechrau edrych yn glyd a chartrefol nawr fy mod wedi gosod fy mhethau i o gwmpas eu dodrefn nhw.

Iau y 27ain

Mynd mas i swper i ddathlu'r noson gynta yn y fflat neithiwr. Wedi yfed gormod—rhywle rhwng dathlu ac yfed i anghofio. Yn y gwely nes un ar ddeg bore 'ma. Ro'n ni'n Abertawe yn prynu sosbannau erbyn deuddeg.

Nawr, wy'n sobor o falch bod Simon wedi cynilo i brynu'r *duvet* tartan hyfryd 'na o Next a lamp enfawr lliw hufen, carped a *throw* o Debenhams. Ar y ffordd 'nôl, teimlo'r cyffro cynta am gyrraedd y fflat.

Gwener yr 28ain

Omegod. Mae 'nwylo i'n crynu o hyd. Wy'n teimlo'n swp sâl. Sgrifennu mewn du a gwyn yn gwneud y newyddion yn fwy real. 'Na'r peth diwetha wy moyn.

Mae Mam newydd fod yma. So Dat-cu'n diodde o peils. Mae'n diodde o gancr. Ac oherwydd ei oedran —mae'n wyth deg chwech—mae'n annhebygol y bydd e'n cael llawdriniaeth. Mae wedi cael morffin at y boen ac mae'n cysgu'n drwm. Yn fy meddwl anwybodus morffin + cancr = marwolaeth.

Dyna ddigon am y tro.

Llun yr 31ain

Ffrae ffyrnig gyda Mam. Hi oedd yr un yn ffraeo a finnau'n ffaelu credu fy nghlustiau. Ddaeth y coethan o'r unman a fy mwrw fel trên Intercity ar hast.

Ro'n ni'n dwy'n eistedd yn lolfa Mam-gu yn gwywo fel dwy letysen yn y gwres. Mae gwyrdd dail ar y coed o hyd ond so Mam-gu'n fên gyda'i gwres canolog. Roedd y tân yn serio a minnau'n teimlo'n fwyfwy fel petawn i'n stafell aros Satan â fflamau uffern yn ein lapio â'u tafodau tanbaid.

Mewn gwirionedd, ro'n ni'n aros i Mam-gu newid pyjamas gwlyb y Parch. Ers iddo gael y newydd, so fe 'di codi o'r gwely. Ofynnais i ddim beth oedd wedi achosi'r gwlybaniaeth. Ro'n i'n awyddus i gusanu Dat-cu heb wingo.

'So'r drabo tragywydd 'ma'n helpu Dat-cu o gwbl,' meddai Mam yn sydyn. Doedd dim rhaid iddi ddweud mwy na hynny. Roedd hi'n fy nghyhuddo i!

'Falle roi di stop arni nawr, 'te!' meddwn i'n benderfynol o beidio â chael bai ar gam.

'Gronda 'ma, groten. Wy'n haeddu'r arian 'na!' meddai Mam, ei thafod mor chwilboeth â fflamau'r tân.

'Wel, mae'n amlwg nago'dd Dad yn cytuno.'

'A shwt wyt ti'n gwbod, gweda? O't ti'n rhy fishi'n galifantan 'da dy ffrindie a dy sboner i wbod shwt o'dd e'n timlo am ddim byd!'

'Tra o't ti a Dad wastad yn hollol gytûn, ife?'

'Mynte angel fach Dadi. Mae tam'bach yn hwyr i dreial whare'r rhan 'nny nawr!'

Yr ast! Wy'n gwybod ei bod hi'n fam i mi ond mae'n haeddu'r enw. Dewch â tocyn-syth-i-uffern-i-Catrin-Jones y funud hon. Dosbarth cynta. Trwy negesydd moto-beic.

Sefais a dweud yn dawel,

'Ddof i'n ôl pan fydd llai o growd 'ma.'

Welodd hi ddim y dagrau achos wnaethon nhw ddim dechrau powlio nes 'mod i wedi cau drws y ffrynt. Siawns y galla i daflu ei gwahoddiad i'r parti cynhesu'r aelwyd.

MEDI
Sio—Medi—G

Mawrth y 1af
Medi'r cynta a heb gael gwyliau—fy mywyd ar ben nawr fy mod i'n berchennog tŷ, yn gyfrifol a chythreulig o ddiflas.

Y Parch yn y gwely o hyd.

Mercher yr 2il
Mae'n beth ofnadwy i'w ddweud am berthynas clòs, ond doedd gen i ddim clem beth i'w ddweud. Roedd hi ymhell wedi un ar ddeg ond roedd Dat-cu yn y gwely. Cwynai fod ganddo ben clwc—rhywbeth tebyg i hangofyr ddychmygwn i a gallwn gydymdeimlo. Hwyrach 'mod i'n dychmygu ond gallwn arogli salwch ym mhob twll a chornel. Daliais fy nhrwyn a gweddïo 'mod i ddim yn swnio fel petai macyn yn sownd yn fy ffroenau.

Mae Dat-cu wedi mynd yn hen dros nos. Er ei fod e'n wyth deg chwech, Dat-cu oedd e fyth ac nid hen ddyn. Ond nawr mae'r llond pen o wallt yn denau fel dŵr a'i sgerbwd o gorff yn boddi yn y pyjamas M and S. Yn ôl Mam-gu, roedd e'n torri'i galon bore 'ma. Ddangosodd e ddim hynny i mi ond roedd yr wyneb coch fel twrci â lliw haul yn datgelu ei fod wedi bod yn llefain y glaw.

Doedd e ddim am fy nghynhyrfu ac eto ges i hanes y dyddiau diwetha, gam wrth gam. Mae sôn am radio-therapi i leihau'r lwmp. Ond mae'r lleisiau eisoes wedi hysbysu Mam-gu na fydd hynny'n opsiwn. Roedd y masg yn ei ôl pan ofynnodd i mi beth ro'n i eisiau ar fy mhen-blwydd. Wy wedi gofyn am syrpreis. Bydd hi'n syrpreis go-iawn os bydda i'n lico'r anrheg. Bydd ei brynu yn broject mawr. Mae Mam-gu wedi rhoi ei throed lawr a mynnu cael gyrru'r car—gwaith Dat-cu erioed tra'i fod yn iach. Nodyn i roi rhybudd brys i yrwyr yn y *Journal*. So Mam-gu'n deall cyfyngiadau cyflymdra, sdim dal pa ffordd fydd hi'n mynd rownd cylchdro ac mae Radio Cymru yn ei byddaru i gyrn unrhyw un sy'n treial ei rhybuddio ei bod hi'n gyrru am y clawdd.

Iau y 3ydd

Sa i'n deall pam mae pobl (ti yn arbennig, Simon Tucker) yn credu ei fod e'n rhoi mymryn o gysur i glywed bod Dat-cu mewn oed da ac wedi cael oes teg a llewyrchus. Petai rhywbeth yn digwydd iddo fyddai hynny'n ddim cysur o gwbl. 'Petai rhywbeth yn digwydd iddo'—dyna mae pawb yn ei ddweud rhag ofn bod clustiau gan Angau.

Simon Tucker yn fy nghyhuddo o fod yn '*right misery*'. Ody e'n disgwyl imi drybowndian o gwmpas y lle yn chwerthin fel hiena ar asid? A nagw wir, sa i mewn hwyl i fedyddio'r bath na'r bwrdd coffi, na'r peiriant golchi na'r llestri brwnt yn sinc y gegin.

Gwener y 4ydd

Odw i wedi bod yn ferch ddrwg? Welodd Dad a finnau erioed lygad yn llygad. Ond mae angen dau am dango. Do'n i ddim gwaeth—na gwell—nag unrhyw ferch ifanc arall. Oeddwn i?

Ddylai hi ddim fod wedi dweud y pethau 'na. Doedd dim hawl ganddi. Hyd yn oed os oedd yna elfennau o wirionedd ynddyn nhw. Mae'n rhy hwyr nawr i gymodi.

Mae'n rhan o dyfu fyny i addoli eich tad nes eich bod chi'n troi un ar ddeg ac yna sylweddoli dros nos bod pob gair sy'n dod mas o'i ben un ai'n ddwl neu'n feirniadol. So fe'n helpu i ffeindio mas, ar ben hynny, ei fod e'n dynn fel pen-ôl llygoden, nad yw gwely angau, yn ei farn e, yn esgus dros golli ysgol ac yn ei lygaid e fod rhywun rhywle bob amser yn gwneud rhywbeth yn well na chi.

Pethau fyddai'n plesio Dad:

1. Anfon carden pen-blwydd, Sul y Tadau a Nadolig yn ddi-ffael er na ches i'r un ganddo fe erioed. Gwaith Mam oedd hynny. Unwaith, brynais i un i'r 'Tad gorau yn y byd'. Argyfwng. Dyna'r unig un oedd ar ôl yn siop y pentre am bum munud i bump dydd Sadwrn cyn Sul y Tadau.

2. Fi oedd y forwyn fach yn cwcan a charco pan aeth Mam am benwythnos hir i Guernsey gyda Merched y Wawr.

3. Gwrthod dêt gyda Kevin 'Nob' Nigels. Gweler y rheswm uchod. Roedd Kev yn bishyn hefyd. Does gen i mo'r syniad lleia pam ro'n nhw'n ei alw e'n 'nob'.

215

4. Cusanu Dad ar ei wefus—er gwaetha'r oglau i ladd clêr—i'w groesawu'n ôl o'r 'sbyty. Roedd e'n wan fel cath ar ôl yr anasthetig ac yn ffaelu'n deg â chodi brws dannedd.

5. Sgrifennu cerdd yn canu ei glodydd i'r cymylau —yn hytrach na'i gondemnio i'r entrychion—ar gyfer noson rieni'r ysgol fach i blant wyth oed. Ei darllen ar goedd er 'mod i mor nerfus ro'n i'n ofni 'mod i am bî-pî yn fy nicers.

Hmmm. Wy'n siŵr bod llond côl o rai eraill. Gormod i'w cofio i gyd.

So Dat-cu'n bwyta dim ond bara a the. Dylai e o bawb wybod na all yr un dyn fyw ar fara'n unig.

Sadwrn y 5ed

Simon fel y gŵr drwg ei hun. Prynhawn, aeth e mas i weld y rygbi yn y dre gyda'r bois. Gobeithio bod y jawl yn joio. Mae e hefyd wedi gwahodd ei rieni i ginio fory. Mewn geiriau eraill, tra oedd e'n slochian gyda'i fêts ro'n i'n rasio lan a lawr yr eiliau yn Tesco ar ddiwrnod prysura'r wythnos yn bachu cig eidion, tatws a thuniau. Y nwyddau tryma yn y siop i gyd. Byddai'n ddigon i dorri cefn ceffyl gwaith ac i brofi amynedd Job. Sa i byth moyn plant.

Mae Simon yn cwyno'i fod e byth yn fy ngweld i. Dylai hynny roi digon o amser iddo fe siopa am yr anrheg pen-blwydd perffaith. Cyhoeddodd dros ei de a'i frechdan facwn ei fod e'n cofio dim am hwnnw. Pan wnes i ymdrech i gynnau gwreichion diddordeb mewn anrhegion posib fe dd'wedodd e'n

216

swta fod digon o amser! Mae'n debyg ei bod hi'n rhy gynnar o lawer i ddechrau trafod fy mhen-blwydd—deg diwrnod yn union tan y diwrnod mawr, Simon Tucker! Doedd dim amser ganddo fe ta beth. Roedd e am olchi'i ddannedd cyn mynd mas.

Wrth gwrs, Simon Tucker, does dim rhaid i mi gael pen-blwydd o gwbl! Gobeithio erbyn hyn, bod un o'i 'fêts' wedi dweud wrtho bod ganddo wefusau clown o sôs coch rownd ei weflau.

Mae amser yn hir yn y dafarn. Yn ystod yr wythnos does dim llawer o bobl yn galw ar hap. Gallwn i basio gradd Prifysgol Agored yn gweithio fan hyn.

Torri i lefain am ddim rheswm o gwbl. Ro'n i wedi arllwys hanner o Heineken i Bertie, sydd wastad yn cael peint o HB. Anfonodd Steve fi i'r cefn i gael paned ac ar ôl i ni gymoni nes 'mlaen fe wrandawodd ar bob crwstyn sych o'r hanes i gyd.

'O 'mlodyn tatws i, dere 'ma,' meddai gan roi cwtsh fawr ond cwbl blatonaidd i mi.

'Pam na wedest ti wrth Wncwl Steve? Ma' fod sharo probleme, nage 'u cadw nhw i gyd tu miwn nes bod ti'n hala dy hunan yn dost.'

Newydd gael stŵr gan Simon. Roedd e moyn gwybod pam nag o'n i adre nes un. Roedd stop tap am un ar ddeg.

Sul y 6ed
Y freuddwyd o gyd-fyw:

Cwtsho o flaen y tân; rhannu potel o win am ei bod hi'n nos Iau; swpera wrth olau cannwyll; hwyl

217

wrth ailaddurno'r stafell wely, taflu paent at eich gilydd a gorfod tynnu eich dillad; rhannu dyletswyddau tŷ hanner yn hanner; synnu at ei sgiliau plymio a DIY; hafan rhag rhieni-yng-nghyfraith; ailgartre i ffrindiau; rhyw chwilboeth pedair awr ar hugain y dydd . . .

Realiti cyd-fyw:

Fe yn ei gadair arferol, fi'n rhynnu ar y soffa, dim ond un bar sy'n gweithio ar y tân trydan; tro pwy oedd hi i siopa mae'r ffridj yn wag?; pam mae angen paentio, beth sy'n bod ar Magnolia?; gwrthod glanhau'r tŷ bach er ei fod e'n byw yno; synnu at sgiliau plymio, DIY ei dad; lle i rieni-yng-nghyfraith jogïan nes i mi orfod mynd i'r gwaith ac i ffrindiau ein hanwybyddu'n llwyr; dim heno, wy wedi ymlâdd . . .

Sut o'n i fod i wybod bod yr un ohonyn nhw'n lico brocoli a bod y ddau wedi rhoi'r gorau i fwyta cig eidion? Bydden nhw wedi bwyta mwy, medden nhw, petai e wedi ei goginio'n dda. Wel, nid arna i mae'r bai, dilynais i'r cyfarwyddiadau i'r llythyren . . . O'r mowredd, awr a hanner nid hanner awr. Gobeithio nad wyf wedi eu gwenwyno . . . Newydd ffonio Jake a Sandy. Maen nhw'n dal i fod ar dir y byw.

Llun y 7fed

I basio'r amser, wy wedi dechrau darllen llyfrau canllaw'r Coleg yn y gwaith. Ymarfer dysgu.

Diflas. Mmm, cwrs busnes. Steve yn holi beth o'n i'n ei ddarllen. Mae'n debyg ei fod wedi astudio cwrs busnes yn Abertawe hefyd. So fe'n fodlon ar fod yn far-berson ceiniog a dimau wedi'r cwbl. Ei freuddwyd yw rhedeg ei dafarn ei hun. Mae wedi gwneud y cam cynta—astudio cwrs dwy flynedd yn dysgu am farchnata, cyfrifon a chreu cynlluniau busnes. Y cam nesa yw cynilo. Mae'n gweithio yma, yn llenwi silffoedd yn Kwiks ac yn helpu ei wncwl gyda'i fusnes paentio—rhywbeth fydd yn ychwanegu at y domen yn ei gyfrif banc. Mae'n byw mewn fflat rad yn Stryd y Priordy—ble mae meddwon yn eich cadw ar ddihun bob noson o'r wythnos, yn siopa yn Kwiks ac yn dod i'r gwaith ar y bws. Mae wedi gweithio mas y bydd ganddo ddigon am flaendal mewn pum mlynedd.

Gyffesais i fy mreuddwyd i agor siop ddillad. Gofynnodd e beth oedd yn fy stopio. Gallai weld oddi wrth fy nillad na fyddai angen i mi gynilo am bum mlynedd.

Rhesymau dros ddechrau eich busnes eich hun:

1. Bydd y bòs yn berson rhesymol. Fydd hi ddim yn codi ei haeliau pan fo gennych apwyntiad doctor neu flys am fynd i siopa i Gaerdydd.

2. Byddwch chi'n gwneud rhywbeth y gall y teulu cyfan fod yn falch ohono.

3. Os y'ch chi'n brin o rywbeth i'w wisgo, allwch chi fenthyg o'r stoc.

4. Menyw fusnes = person llwyddiannus.

5. Byddai eich tad yn browd.

Wy wedi anfon am fanylion y cwrs busnes ond yn gwneud ymdrech i beidio â chynhyrfu.

'Beth os wy'n rhy hwyr?' gofynnais i Steve.

'So ddi fyth yn rhy hwyr,' meddai Steve.

Wy'n credu 'mod i'n caru Steve. Fel ffrind, wrth gwrs.

Mawrth yr 8fed

Carpe diem. Neidiwch at bob cyfle. Fy arwyddair newydd.

1. Ffonio'r Coleg. Mae'r cwrs yn llawn ond mae croeso i mi anfon fy CV rhag ofn y bydd rhywun yn tynnu'n ôl. Falle byddwch chi'n lwcus, meddai'r fenyw felys ei thafod. Roedd hi'n dweud 'pleser' bob tro i mi ddiolch iddi.

2. Ffonio Ler. Mae'r ddwy ohonon ni'n mynd am ddrinc ar ôl ei gwers nos fory.

Mercher y 9fed

Ro'n i wedi gobeithio y byddai Ler yn cynhesu i fy nghwmni, diolch i'r Muscadet ac awyrgylch gyfarwydd y Wine Bar. Ond roedd hi'n ateb pob un o fy nghwestiynau ffeind yn swta reit, heb wneud ymdrech i holi dim i mi.

'Ti'n gwbod yn net!' arthiodd pan ofynnais i beth oedd yn bod, yn blwmp ac yn blaen.

'Nagw! Gweud 'tha i, yn lle ishte fan'na gyda gwep sur fel lemwn.'

'O't ti'n gwbod yn iawn sut o'n i'n timlo amdano fe.'

'Mae gen i lawer o dalente ond so darllen meddylie yn un. Beth yffach wyt ti'n siarad ambytu?'

'Ethan England, ondefe. Wy 'di bod yn 'i lygadu fe ers miso'dd. O'dd e'n llygadu'n ôl 'fyd cyn i dy blincin mam ddod rhynton ni.'

'A 'mai i yw 'nny, ife? Ti'n meddwl 'mod i 'di gorfodi Mam i fynd 'da Ethan jyst i sbeito ti! Er mwyn Duw!'

'So ti'n dyall. Ma fe'n oreit i ti. Sa i 'di bod mas 'da neb ers miso'dd.'

'O'n i'n meddwl dy fod ti'n lico bod yn sengl.'

'Odw. Y rhan fwya o'r amser.'

'Ti'n neud dim byd ond neud sbort amdana i a Simon.'

'Ie, wel . . . Jyst withe, wy'n timlo'n unig 'na'i gyd.'

'A withe wy'n eiddigeddus 'not ti. Drycha. Ma' digon o amser 'da ti i setlo. Ffeindi di gwell na Ethan England 'fyd!'

'Sa i moyn e nawr. Dim ar ôl dy fam di!'

Gadawais i honna fynd. O leia ro'n ni'n ffrindiau 'to. Mae Ler wedi addo galw draw i'r fflat a doedd hi ddim yn amod 'mod i'n gwneud yn siŵr bod Simon yn mynd mas.

'So fe dim byd fel dy dad,' meddai Ler ar ôl y botel win a thri Bacardi Breezer.

'Pwy?' meddwn i

'Ethan England.'

Ethan v Dad

Rownd 1: Mae'r Albanwr ifanc, heini yn ennill y

blaen ar y pensiynwr â hanes teuluol o broblemau ar y galon.

Rownd 2: Mae'r crwt cyhyrog, sy'n gwneud bywoliaeth o ymarfer corff, yn ergydio'r hen ŵr sydd ond wedi dechrau diddordeb mewn cadw'n heini yn ystod blynyddoedd diwetha ei fywyd.

Rownd 3: Mae'r hen ben yn taro'n ôl gyda'i ddiddordeb byw mewn busnes. Ond mae'n bosib bod gan fabi'r ornest drwyn am arian—yn enwedig arian pobl eraill.

Rownd 4: Aeddfedrwydd sy'n ennill y dydd gydag hanes teuluol, soled yn trechu chwiw pum munud am nwyd dros dro.

Iau y 10fed

So Dat-cu'n hanner da, meddai Mam. Dyma'r tro cynta i mi ei gweld ers y ffrae. Ro'n ni'n dwy wedi ein dal gan amgylchiadau—cyrraedd tŷ Mam-gu yr un pryd. Tra oedd Mam-gu'n hwylio paned, fuon ni'n dwy'n eistedd am funudau hir nes i Mam ddod o hyd i'r frawddeg ysbrydoledig yna, 'So Dat-cu'n hanner da.'

'Sa i'n ddoctor ond wy'n gallu gweld cymaint â hynny dros fy hun.'

Ro'n i ffaelu helpu'r miniogrwydd.

'Fydd rhaid i ni baratoi ein hunen.'

'Am radio-therapi? Fyddai hwnnw'n helpu,' meddwn i'n ddagreuol.

Nid gofyn ro'n i ond pledio.

'Fydde, bach. Wrth gwrs fyse fe.'

Ro'n i'n cnoi fy ngwefus rhag dangos 'mod i'n wan.

'Mae'n mynd i fod yn amser bach anodd. Fydd ddim lot o jolihoetian.'

Ofynnais i ddim a oedd hi felly'n Amen ar Ethan.

Gwener yr 11eg

'Fyse Dat-cu a fi'n lico 'sen ni i gyd yn ffrindie 'to,' meddai Mam-gu pan alwais i ar y ffordd i'r gwaith. Roedd Dat-cu newydd gael ei ginio a gallwn ei glywed yn rhochian chwyrnu o bell.

'Peidiwch gweud 'tha i. Hi sy'n mynd â ni i'r llys,' meddwn i.

'Fydda i *yn* gweud. Ond wy'n gweud 'thot ti 'fyd. Sa i moyn Dat-cu'n meddwl bod hwn yn deulu ar chwâl.'

Does bosib ei bod hi'n cymryd ochr Mam.

'Chi'n gwbod beth wedodd hi wrtha i?—'mod i'n ferch wael i Dad.'

'Gweud yng ngwres y funud. Ma'n rhaid i ni gofio ei bod hi 'di gweld lot yn ystod y flwyddyn ddwetha. Mae'n rhaid i ni fadde iddi sach ei holl gwendide.'

Mae Mam-gu'n bwriadu gwahodd y teulu i gyd i ginio dydd Sul. Sdim gwahoddiad i Simon. Fydd e ddim yn deulu yn ei golwg nhw nes ein bod ni'n briod.

Sul y 13eg

Roedd Dat-cu wedi codi i ginio. Ond so fe'n fy nhwyllo i. So symud eich cinio rownd eich plât yn gyfwerth â bwyta llond eich bol. Dros y cyw iâr mewn saws pupur, ro'n i'n gwneud ymdrech deg i beidio â gwylio cyhyrau ei wyneb yn tynhau mewn poen.

Wnaeth Mam sioe drwy ddod â blodau i Mam-gu. Pan adawais i, ro'n nhw'n dal i orwedd yn y sinc, at eu gyddfau mewn dŵr brwnt.

'Shwt ma'r gwaith yn mynd yn y Ceffyl Gwyn?' gofynnodd Mam-gu gan lwyddo i wneud i'r Ceff swnio fel gwesty o'r radd ucha yn hytrach na thwll tywyll angen mêc-ofyr.

'Oreit. Mae'n arian dros dro. A gweud y gwir wy'n meddwl neud cwrs.'

'Pa gwrs?' gofynnodd Mam fel bwled.

'Cwrs busnes yn y Coleg yn Abertawe.'

'Busnes. Www! Fyddi di fel y Branston 'na glatsh,' meddai Mam-gu.

'Branson,' meddai Dat-cu yn bwldagu.

'Na fydda i ddim! Mae'r cwrs yn llawn.'

'Ma' Wncwl Barry ar fwrdd y Coleg. Allen i ga'l gair os wyt ti moyn. Dim ond os wyt ti moyn. Sa i moyn cael fy nghyhuddo o fusnesa,' meddai Mam.

Allech chi feddwl mai fi yw'r un afresymol a hithau'r person mwya rhesymol yn y byd yn grwn.

Wrth gwrs sa i wedi cytuno. Wy'n casáu nepotistiaeth a sothach ffiaidd fel'na. Cofiwch, sdim drwg mewn tanlinellu eich holl asedau. Wy'n gredwr mawr hefyd mewn creu eich lwc eich hunan.

Roedd Simon yn amheus o Mam ar ei gwaraidd, newydd wedd.

'*I thought you hated her,*' meddai.

'Sa i erio'd 'di gweud 'na.'

'Sdim rhaid i ti weud. *It's obvious. You're always moaning.*'

'Paid â byth gweud 'na 'to! Wy'n caru Mam. Reit? . . . Reit?! . . .'

'Reit! *Keep your hair on.*'

Fuodd e'n cwyno wedyn mai dim ond wy wedi sgramblo gafodd e i ginio. Fy ngwaith i yw coginio, mae'n amlwg. Mae twymo tamed o fwyd yn gwbl tu hwnt iddo.

Mercher yr 16eg

Ymweliad annisgwyl gan Mam.

'Wy yn lico'r bwrdd coffi. Mae e lot yn neisach na'r bwrdd swper,' meddai'n crychu ei thrwyn fel petai'n gwynto cnec a sychu'r soffa â'i llaw cyn eistedd.

'Coffi neu de?' gofynnais gan sylweddoli pam roedd hi'n edrych mor ddieithr. Mae'r lliw gwallt naturiol yn gweddu mwy i'w hoedran ac mae'n rhaid bod y busnes piano yn llewyrchus. Ro'n i wedi gweld y siwt drowsus 'na yn ffenest Audrey B.

'Sdim byd cryfach na choffi 'da ti?'

Agorais botel o win ro'n ni wedi ei chael yn anrheg symud. Gwagiodd Mam y gwydraid mewn un. Mae bywyd Mam yn un syrpreis.

'Sdim gwers hunanamddiffyn 'da ti heno, 'te,' meddwn i'n snichlyd.

'Na. Wy 'di bennu mynd. O'n i'n meddwl mai 'na beth fyse ore,' meddai hi.

'Beth wedodd e *loverboy*, 'te?'

'*Loverboy* wir! Sa i'n gwbod ble y'ch chi bethe ifanc yn ca'l y syniade 'ma i gyd.'

'Ethan England, 'te. Dy gariad newydd.'

'O jiw, mae hwnna'n hen hanes 'chan.'

Edrychais arni'n syn.

'Chi 'di cwpla?'

'Sa i'n siŵr ein bod ni wedi dechre, cariad.'

'Fydd hynny o dy blaid di yn y llys.'

'Llys, wir. Wy'n siŵr ddaw hi ddim i 'nny bach. Sneb moyn y gost na'r holl aros 'na—heb sôn am olchi sane brwnt yn gyhoeddus. Siawns na allwn ni ddod i gytundeb. Os byddwn ni'n dwy'n rhesymol.'

Fues i bron â llewygu.

'Wy *yn* bod yn rhesymol. Yn hollol resymol 'fyd.'

'Gweud odw i na fyse dy dad ddim moyn yr holl gwmpo mas 'ma. Wy'n folon cynnig ugen mil i ti—a fy ngair nag wy'n bwriadu priodi ar hast a rhoi'r gweddill i'r gŵr newydd.'

'A'r plant,' meddwn i.

'Cariad! Fydde'n rhaid mabwysiadu. Wy 'di mynd trwy'r *menopause* ers blynydde.'

Yn lle teimlo'n grac ddechreuais i chwerthin. Er bod Mam wedi drysu'n lân i ddechrau, dechreuodd hithau chwerthin fesul tipyn nes bod y ddwy ohonon ni'n piffian a phwffian a rhuo a rhochian a'r dagrau'n powlio. Pan ddaeth Simon 'nôl o'r dafarn roedd e'n meddwl bod y ddwy ohonon ni'n honco bost.

226

Iau yr 17eg

Ugain mil. Ody, Simon Tucker, mae e'n yffach o anrheg pen-blwydd. Ond so fe'n dy esgusodi di rhag dy ddyletswydd fel cariad a phrif roddwr anrhegion.

Er gwaetha eich ebychiadau lu, Mam-gu, wy'n amau nad oedd y newyddion bach yna yn syrpreis o gwbl i chi.

Gwener y 18fed

Galwad ffôn (yn hytrach na llythyr) oddi wrth y Coleg. Galwad oddi wrth Amanda Headland (pennaeth y cwrs) yn diolch i mi am fy CV ac yn cynnig lle i mi ar y cwrs busnes! Mae'r tymor yn dechrau mewn mis! Dewch nawr â'ch jôcs am fîns oer a chanabis!

Sa i'n gwybod ai lwc yw e, neu a yw Wncwl Barry wedi bod yn taenu ei hud a lledrith o gwmpas y Coleg. Ond 'mod i'n cael cadw ddigon pell oddi wrth ei hud a'i ledrith sa i'n becso dim. Sa i'n cadw myfyrwyr eraill oddi ar y cwrs felly sa i'n gwneud niwed i neb tra'n gwneud byd o les i fy nyfodol i.

Mae oriau'r darlithoedd (omegod darlithoedd!) yn golygu y galla i ddal ati i weithio yn y dafarn. (Odi person call ag ugain mil yn ei chyfrif banc yn gweithio mewn tafarn?)

Wedi bod i'r dre i brynu ffolder, papur A4 a chasyn pensel. Teimlo fel plentyn ysgol! Nodyn i ddileu unrhyw sylwadau negyddol am Wncwl Barry. Wy'n credu 'mod i'n caru Wncwl Barry. Fel ffrind yn unig.

Sadwrn y 19eg

Yn ôl Ler, fi yw'r jam mwya jam-llyd yn y byd i gyd yn grwn—er ei bod hi hefyd yn cydnabod fy mod i wedi cael fy siâr o anlwc.

Fydd dim angen y siwt newydd yna arna i i wisgo yn y llys nawr. Sdim cymaint o alw am y ddeiet frys er mwyn i mi allu gwasgu fy nghluniau i sgert syth.

Trueni. Nid Dad yw'r unig un i freuddwydio amdana i mewn gŵn a wig. Mae gen i hefyd ddyhead i sefyll y tu ôl i'r bar (yn hytrach na gorweddian tano'n unig). Mae gen i flys am y gyflog hael, y dillad a'r briffcês pwysig, pwysig ond nid am y blynyddoedd Coleg hir a'r holl ffeithiau cyfreithiol diflas fyddai'n rhaid eu dysgu ar eich cof. Petai modd dod yn gyfreithiwr trwy basio arholiadau mewn dramâu teledu wedi eu lleoli mewn llysoedd, mae'n bosib y byddwn i'n QC erbyn hyn!

Llun yr 21ain

Simon Tucker a finnau'n cyflawni'r amhosib heno —cwympo mas am y ffaith ein bod ni yn y bôn yn hollol gytûn.

'Nag o't ddim, Simon! O't ddim yn folon o gwbl i Mam ga'l yr arian i gyd.'

'O'n i ddim moyn neb yn dwgyd dy arian di. Ond o'n i *totally against* mynd i *court*!'

'O't ti'n mynnu bod Mam yn gwbl afresymol ac annheg a dylwn i ei hymladd dant yn nant. Shwt o'n i'n mynd i neud 'nny heb fynd i'r llys, y mwlsyn?!'

'*That was your decision.* O't ti moyn yr arian 'na, Cats, ac o't ti'n folon neud unrhw beth i'w ga'l e.'

'O'n i moyn yr arian er mwyn Dad.'

'Ac er mwyn ti.'

'Er ein mwyn ni.'

'O't ti ddim yn hapus nes i ti 'ga'l e. *I'm not criticizing.* Wy just ffaelu dyall *why you don't just admit it.*'

'Sa i'n mynd i gyfadde achos so fe'n wir! O'dd dim dewis 'da fi ond ymladd. Fel arall, fyddet ti wedi mynd trw'r to!'

Cynigiodd Simon gysgu yn y stafell sbâr ond ro'n i'n benderfynol na châi e'r boddhad o wneud yr aberth honno.

Mawrth yr 22ain

7.00am. Gysgon ni gefn wrth gefn. Nid cysgu yw'r gair cywir chwaith. Arhosais i ar ddihun am oes yn aros iddo ymddiheuro a rhoi cwtsh i mi, ond yn y diwedd gwympais i gysgu. Pan ddihunais i, roedd ei fraich amdana i.

Iau y 24ain

Siaced ledr—yr un ro'n i wedi ei hedmygu yn Next (ac ar yr un anadl wedi tynnu sylw at agosrwydd fy mhen-blwydd). Plannais gusan fawr ar ei wefus.

'Sa i'n mynd i weud faint gostodd hi. Ond fues i

bron â chael *heart attack*!' meddai Simon yn rhyddhau ei hun o'r goflaid.

'Beth yw cost ble mae cariad?' fel fyddai Dad yn ei ddweud.

'Ond mae'n well hala'r arian ar anrheg, rhwbeth i gadw yn lle mynd mas a'i biso fe yn erbyn wal.'

Mae gen i dalent i ddarllen rhwng llinellau Simon Tucker. Deallais yn syth.

'Mae croeso i ti aros mewn, Simon, ond wy'n mynd mas! Wy'n ca'l fy mhen-blwydd.'

'So'r arian 'na 'da ti 'to. Cats, ti'n gwbod cystal â fi fod ca'l fflat—*it means sacrifices*.'

'Fel mae'n gweud ar y garden, wy'n ddau ddeg pedwar nage cant a phedwar. Wy'n mynd mas!'

Chwarae teg i Ler, doedd dim ots ganddi fod yn ail ddewis. Ry'n ni'n mynd i'r Wine Bar. Mae'n noson Bacardi Breezers—punt y botel i unrhyw un mewn siorts. Wel, tu mewn fyddwn i a bydda i'n gwisgo siaced.

Gwener y 25ain

Wy'n gwybod yn gwmws sut mae Dat-cu'n teimlo â'i ben clwc. Maddeuer i mi am gymharu ei afiechyd difrifol gyda salwch wy'n ei ddiodde oherwydd fy ymddygiad Sodom a Gomor-aidd i fy hun.

Mae fy mhen i'n corco. Y feddyginiaeth orau bosib yw'r tawelwch llethol yma (ond am ambell slam drws dramatig). So Simon Tucker yn siarad â mi.

Dod o hyd i'r nerth i ffonio LA Lis. (Wy mor

230

ddewr.) Mae'n mynd i baratoi'r gwaith papur priodol i mi arwyddo cyn gynted â phosib—a chyn, gobeithio, i Mam newid ei meddwl. Rhy sâl i ofyn a fyddai rhywbeth yn weddill o fy ugain mil ar ôl talu am ei gwasanaeth cyflym ac effeithiol.

Sul y 27ain

Doethineb Solomon

Roedd Solomon yn ŵr doeth oherwydd iddo allu darganfod pwy oedd mam iawn babi bach trwy fygwth ei dorri yn ei hanner. Roedd e'n ddwbl doeth oherwydd ei fod e'n gwybod nad oes neb yn hoffi mistar clyfar, clyfar. Roedd e'n nabod mistar gwyleidd-dra.

Mae Mam-gu wedi dyrchafu ei hun yn feistres ar Solomon ers iddi uno'r teulu yn un giwed hapus, unwaith eto. Hapus oni bai wrth gwrs am y ffaith bod Dad wedi marw o hyd a bod y Parch yn rhy sâl i godi. So gwyrthiau ymhlith ei thalentau.

'Ti'n ferch dda. Fyse dy dad yn browd,' meddai pan es i draw i ddiolch am y sebonau Yardley a'r ornament o gi bach â phêl.

'Beth wyt ti'n mynd i'w neud â'r holl arian neis 'na?'

Trawodd ei llaw yn erbyn fy mhen-glin. Os oedd hi'n bwriadu bod yn gariadus roedd e'n brathu fel clatsien. Yn sydyn ro'n i'n ôl yn y car, yr ewyllys newydd ei darllen a'r hen deimladau'n cronni'n lympiau caled fel glo yn fy ngwddw.

'O's rhywbeth alla i neud i helpu Dat-cu?'

Dd'wedais i'r geiriau cyn i mi gael cyfle i newid fy meddwl.

'So Dat-cu moyn diodde a gwella dim yn y diwedd. Ond diolch bach . . . Ro'n i'n gwbod fyse popeth yn oreit. Wedes i ondofe.'

Trawodd fi eto ar fy nghoes. Wy'n siŵr bod fy nghroen yn goch fel tân o dan y teits trwchus. Mae bylchau mawr yng nghof Mam-gu.

Mawrth y 29ain

Yn y dyfodol, bydd heddiw'n cael ei gofnodi mewn llyfrau hanes fel Diwrnod ST. Y diwrnod gafodd Simon Tucker y llaw drecha. Dyma'r diwrnod y datgelodd y rheswm go-iawn y mae wedi bod yn cynilo mor galed. Y rheswm mae mor frwd dros y cymod a'r ugain mil. Y diwrnod y datgelodd bod ganddo ei gynllwyn bach ei hun nad yw wedi sibrwd gair amdano wrth neb (ond am Mami a Dadi Tucker).

Ry'ch chi'n meddwl eich bod chi'n nabod person am eich bod yn gwybod lliw yr ochr fewn i'w dillad isa a beth sy'n cronni yn eu botwm bol. Ond ges i yffach o sioc i glywed bod gan Simon Tucker rywbeth so fe erio'd wedi sôn amdano o'r blaen. Mae ganddo uchelgais!

Fe fyddwn wedi cael llai o sioc petai wedi cyhoeddi ei fod yn lico gwisgo sanau sidan merched o dan ei siorts pêl-droed. Mae wedi diflasu ar y gwaith yn y Swyddfa Bost ac yn difaru peidio â mynd i Brifysgol. Mae ei Swyddog Personél (angel o fenyw o'r enw Cheryl sy'n gwybod pob dim.

Gobeithio ei bod hi felly'n gwybod sut mae cadw ei phawennau iddi hi ei hun) wedi bod yn ei annog ac yn sibrwd melys bethau yn ei glust fel—'so ddi fyth yn rhy hwyr'.

A rhesymau Simon dros gadw'r gyfrinach fawr yma rhag ei bartner mewn bywyd, rhag ei wraig cyfraith gwlad? Doedd e ddim am ychwanegu at fy mhroblemau. Aaah! A gorau oll, roedd arno ofn y byddwn i'n chwerthin am ei ben. (Fi! Ei gariad?) Ody e'n meddwl ei fod e'n gysur i mi glywed ei fod wedi bod yn cynllwynio y tu ôl i 'nghefn? Mae wedi hel gwybodaeth, gwneud cais, cael cyfweliad, clywed ei fod yn llwyddiannus a hynny heb air wrtha i. Dyna pam roedd e mor flin â Mam. Roedd e'n meddwl y byddai'n rhaid iddo roi'r gorau i'w gynlluniau er mwyn gofalu amdana i. Mae'r ugain mil yn golygu y gall astudio am radd gan wybod y bydda i'n iawn.

Mae mwy i ddod. So'r radd yma ym Mhont-dawel nac Abertawe na Chaerdydd nac unrhyw fan arall y gallai deithio iddo bob dydd. Mae'r cwrs ym Mryste. Ac mae i fod yn gysur i mi wybod y bydd yn ôl ar y penwythnos.

Oes rhywun arall am fy ngadael? Oes rhywun ar ôl?

HYDREF
O na fyddai'n haf o hyd . . .

Iau y 1af

Llongyfarchiadau mawr, Simon Tucker. Wy'n falch iawn ohonot ti. Wir-yr! Wy wrth fy modd dy fod ti am wella dy addysg. (Sa i'n gwybod pam o't ti'n meddwl 'mod i'n credu bod 'na ddiffyg fan'na. Sa i erioed, erioed wedi meddwl y fath beth.)

Na, na. Cer di. Freuddwydiwn i ddim am sefyll yn dy ffordd. Fydda i'n oreit. Fel y boi. Wir, nawr. Ie, Simon Tucker. Ha, ha. Odw wy yn ddigon hen a salw i ofalu amdano fy hun.

Bydd, bydd yn rhyfedd i ddechrau. Bydd y gwely'n fawr ac yn oer. Ond mae gen i botel dŵr poeth a thedibêr. Mae ambell fantais hefyd. Bydda i'n gallu hawlio dy glustog di drosta i fy hun! Fydd hi'n dawel fel tŷ capel ar nos Sadwrn a'r oriau'n hir fel tragwyddoldeb. Ond fydd gen i Ler a Mam, Mam-gu a'r Parch. Cer glou cyn i fi newid fy meddwl!

Na, wy *yn* falch. Yn sobor o falch. 'Shgwla. Wy'n gwenu. Weli di. Gwên. Ha, ha. Mae 'di bod yn sioc, 'na'i gyd. Simon. Fy Simon bach i.

Gwener yr 2il

Hmm. Faint o'r gloch yw hi, gwedwch? Dyna'r oll yw hi? Mae'n gynnar 'to.

Mae Simon wedi mynd mas. Parti gwaith. Ei

ddiwrnod ola yn y Post heddiw. Mae e wedi pwyso parseli, stampio treth car, gwerthu stampiau ail ddosbarth a llond coelaid o waith arall cwbl dyngedfennol, i gyd am y tro ola. Sgwn i beth gaiff e'n anrheg? Set o stampiau coffa? Peiriant ffrancio? Blwch llythyrau bychan?

Gobeithio nag yw e am roi rhacs fel'na yn ein lownj ni! Byddai ei stafell newydd yn y neuadd breswyl yn lle mwy addas. Am bump y bore, pan fydd e newydd gymryd *beta blocker* arall i'w gadw ar ddihun tan yr arholiad un ar ddeg neu'n cyfogi Alka Seltzer yn y clawdd ar ei ffordd i'r ddarlith naw—dwy filltir ffwrdd, lan rhiw serth iawn, iawn —fyddan nhw yno i'w atgoffa am y dyddiau da.

Sdim pwynt eistedd fan hyn, Catrin. Mae bywyd yn mynd yn ei flaen. Mae mynyddoedd i'w dringo a chyfandiroedd i'w darganfod! Mae angen golchi dillad Simon Tucker. Wy wedi addo. Efallai, pan fydd e'n slochian yn yr Undeb yn ei grys di-grych, a bêbs deunaw oed mewn festiau tynn i bob cyfeiriad, bydd e'n cofio am adre ac am y wraig fach, ufudd.

Sgwn i beth sydd ar y teli? Pum munud fach. Aaah! *Pobol y Cwm.*

Sadwrn y 3ydd
Mae gweddill fy mywyd yn dechrau ar ôl fory.

Ar hyn o bryd, mae'n draed moch 'ma. Mae'r ffôn yn goch a chant a mil o bethau i'w gwneud. Siopa, golchi, trefnu, pacio. Fydd 'na ddigon o amser i garu?

Bara beunyddiol y myfyriwr:

Bîns. Jîns. Agorwr tun. Agorwr potel. Amrywiaeth o grysau-t o arwyr diwylliant poblogaidd a gwleid-yddiaeth *right-on*. *Trainers*. Cloc larwm. Cwilt. Grant. Llyfr siec.

Sul y 4ydd

'So ti'n mynd—*not until you wipe those tears.*'

'Fydda i 'ma am byth, 'te,' meddwn i.

Tra 'mod i'n helpu Simon i ddadbacio, ro'n i wedi bod yn dangos dewrder nas gwelwyd ei debyg gan Gymro ers i Caradoc Jones ddringo Everest. Ro'n i hefyd wedi dangos amynedd sant—yn caniatáu i Sandy ddod o gwbl a gwrando arni hi'n swnian am ei 'chrwtyn bach' heb orchymyn iddi gau ei cheg yn glep!

Roedd cyd-letywr newydd Simon Tucker yn clirio'r cwpanau paned. Roedd yn brifo bod Simon am fy nhrwco i am raca â chroen mor rhydlyd â'i wallt a boi sy'n amlwg yn methu gwybod y gwahaniaeth rhwng te a choffi. Roedd y cwpanaid o hylif tar wedi para hanner awr i mi ond nawr roedd hi'n bryd mynd.

Cnoais fy ngwefus nes ei bod hi'n las a chladdu fy ngewynnau yng nghledr fy llaw. Ond roedd y dagrau'n cronni. Ro'n i'n methu cwato 'mod i'n mynd i weld ei eisiau. Fi. Y fenyw annibynnol, fawr. Ro'n i'n cywilyddio.

'*C'mon*, Cats. Fyddi di'n joio mas draw hebdda i. *You'll see.*'

Mae gen i deimlad mai fel arall fydd hi. Ry'n ni

wedi cytuno i beidio â gweld ein gilydd am bythefnos i ST gael amser i setlo.

Beth wy'n mynd i'w wneud heb fy nghrwtyn bach i . . . ?

Ler newydd ffonio. Ry'n ni'n mynd mas. Gwell rhedeg bath. Sgwn i ody Simon yn mynd mas? Fentra i nag yw e'n cael bath. Mae e'n fyfyriwr nawr.

Llun y 5ed

10.00am. 'Mae'n wir beth maen nhw'n ei weud,' meddwn i.

'Os yw hyn am Simon Tucker 'to, wy'n mynd i sgrechen,' meddai Ler, yn gwbl ddiangen.

'Beth o'n i'n mynd i'w weud—cyn i ti dorri ar fy nhraws—oedd bod absenoldeb yn cynhesu'r galon.'

'Aaaah!'

'Beth sy'n bod 'not ti? Wedes i ddim gair am Simon.'

'Aaaah!'

'So ti'n dyall. Ro'n ni'n arfer siarad bob dydd.'

'Chwe mis yn ôl, o't ti ddim yn 'i nabod e o gwbl!'

'O'n ddim! Wy'n gweld isie fe.'

'Tyf lan, 'nei di! Dim ond cwpl o orie ti 'di bod hebddo fe.'

'Pump awr ac ugen munud.'

'Yf hwn a chau dy geg!'

Syniad da ar y pryd. Nawr, mae gen i galon dost

a phen tost. Wy'n mynd i aros fan hyn o dan y cwrlid am weddill fy mywyd.

Cloch y drws. Os mai Sandy Tucker sydd 'na gyda chrugyn o luniau o Simon fel babi, wy'n mynd i ladd fy hun.

1.30pm. Tair awr a hanner. Simon a'i gewyn brwnt cynta. Simon mewn siwt chwarae pinc. Simon mewn ffrog binc! Roedd Sandy'n benderfynol ei bod hi'n disgwyl merch. Simon â'i ben yn sownd rhwng ffyn y staer. Www! Y frigâd dân yn achub Simon rhag crafangau'r staer.

Aaah! Fy nghariad bach i.

Mawrth y 6ed
Mae Ler wedi gwneud penderfyniad.

Ro'n i'n busnesa trwy'r niwl sy'n gorchuddio hen ffenestri Fosters ar y Stryd Fawr ar y pryd.

'Ti'n gwbod beth sydd isie 'non ni'n dwy?' gofynnodd.

'Beth?'

'Dou Sbaniard mowr, cyhyrog.'

'A ble gythrel y'n ni'n mynd i ffindo dou Sbaniard?' meddwn i fel ffŵl.

'Sbaen . . . Dere 'mla'n.'

Cydiodd ynddo i gerfydd fy mraich a fy llusgo mewn i Going Places.

'So ti'n gall!' meddwn i, a hithau'n egluro i Mandy tu ôl y ddesg ein bod ni'n chwilio am rywle rhad â digon o haul, cyffro a thalent.

'Sdim byd i'n stopo ni,' meddai Ler.

A dyna ni. Dydd Llun, ry'n ni'n hedfan i baradwys Magaluf. Neu fel mae Ler yn mynnu ei alw—Shagaluf. Sdim syniad 'da fi pam. Wy'n epil merch gweinidog, cofiwch.

'Ry'n ni'n dwy'n my-y-ynd ar wy-lie tra-a-mor,
Bws a bo-is am wthnos lawn . . .'

Aaah, Cliff, 'machgen i. Petawn i ddeng mlynedd ar hugain yn hŷn.

Mercher y 7fed

Wy wedi cael benthyciad gan Mam i brynu pesetas ac i lenwi'r twll mae gwario £195 ar wyliau wedi ei adael yn fy nghyfrif banc. Fynnais i sgrifennu IOU a'i gorfodi i dyngu llw y bydd hi'n fy atgoffa, os bydda i'n anghofio ei thalu'n ôl pan ga i arian yr ewyllys.

Deimlais i bwl o euogrwydd pan alwais i yn y Mans gyda'r newydd.

'Gwylie. O 'na neis,' meddai Mam-gu gan odro cydymdeimlad fel llaeth o dethau buwch. 'So Dat-cu a fi 'di bod bant ers blynydde. Wthnos yn Tenby gelon ni bryd 'nny. Fwrodd hi law bob dydd a dynnodd Dat-cu fysyl yn 'i glun. Gorfon ni ddod gatre'n gynnar. Os gofia i'n reit, o'dd e'n dal i wisgo'r bandej wrth fyta'i gino Nadolig. Joia di, bach. Ond meddylia am dy hen fam-gu yn styc gartre.'

Ro'n i wedi bwriadu joio mas draw, diolch yn fawr. Ond sa i'n gwbod a fydda i'n gallu nawr, wir.

239

Iau yr 8fed

Simon yn ffonio i ymddiheuro ei fod heb ffonio ac i restru'r holl rwystrau (esgusodion) sydd wedi ei gadw rhag ffonio. Nid 'rhwystrau' fydden i'n galw crôl haneri, sesiwn blind dêt na thrip torri mewn. Joio gymaint 'mod i wedi anghofio popeth am fy nghariad, fyddwn i'n galw pethau fel'na.

Mae'n amlwg ei fod e'n teimlo'n euog—sy'n fy ngwneud i'n fwy amheus fyth ohono. Erbyn iddo gwpla ymddiheuro roedd y ffôn barus wedi llyncu ei ddeg ceiniogau i gyd. Roedd y blîps yn canu eisoes, pan gofiais i.

'Wy'n mynd i Magaluf,' meddwn i.

Bu tawelwch ochr arall y ffôn.

Gwener y 9fed

Wy wedi dechrau pacio.

Wyth peth ar gyfer y bocs meddygol:

1. Hylif croen haul—ffactorau wyth, deg a deuddeg. Wy o ddifri ynglŷn â gofalu am fy nghroen lili. Sa i'n bwriadu crebachu fel afal pwdr cyn 'mod i'n dri deg pump ac yna marw o felanomas gwenwynig pan wy'n ddeugain. Hylif blocio'r haul yn gyfan gwbl i'w roi ar y mannau sensitif yna fydd yn gweld yr haul am y tro cynta eleni—a'r mannau fydd wedi llosgi oherwydd 'mod i heb daenu'r factor wyth, deg a deuddeg yn ddigon trylwyr.

2. Does 'na ddim geiriau fwy creulon i glustiau newydd-ddyfodiaid yn ôl o'u gwyliau na 'So ti'n frown iawn'. Lliw haul ffug i'w daenu mewn

argyfwng yn y tai bach yng Nghaerdydd. Mae'n bosib y bydd ffactorau wyth, deg a deuddeg wedi gwneud eu gwaith yn rhy drylwyr.

3. Diacalm. Er y bydda i'n cofio brwsio fy nannedd â dŵr potel, yn osgoi pob dalen letys a thomato, bydda i'n siŵr o anghofio pa hylif sy'n cael ei ddefnyddio i greu'r iâ mewn fodca ac oren.

4. Alka Seltzer. Os bydda i'n swp sâl, mae'n siŵr o beri i beth bynnag sy'n gwasgu ar fy stumog i sgrialu lan fy nghorn gwddf.

5. Condoms. Pecyn o ddeuddeg. Rhag ofn bod Ler yn brin. Mae gen i gariad.

6. Plastars. Brown golau. Yr un lliw â fy sandals newydd.

7. Eli gwefus. Oes, mae gen i gariad ond chi'n gwybod sut rai yw'r pethau tramor 'ma. Mae cusanu, iddyn nhw, yr un peth â'n siglo llaw ni.

8. Chwistrell i gadw'r mosgitos draw. Sa i moyn lympiau twmpathau gwadd ar fy nghoesau lliw cnau.

Sadwrn y 10fed
Pasbort. Yma. Potatos (ein gair am pesetas!). Yma. Saith pâr o nicers thong a hanner bicini. Yma. Sbectol haul. Yma. Tywel. Yma. Pob dilledyn yn fy wardrob haf. Yma. Un gardigan. Yma. Wel, mae Mam yn mynnu 'mod i'n mynd â hi.

Sul yr 11eg
Ar ôl heddiw, mae arna i angen gwyliau.

Dat-cu'n dechrau llefain wrth i mi ffarwelio. Mae'n mynnu dweud 'hwyl fawr' tra 'mod i'n dweud *'au revoir'*.

Gofynnodd i mi beth oedd ta-ra yn Sbaeneg. Os do fe te. Torrodd gwely'r afon.

Ffraeo gyda Simon. Allech chi feddwl 'mod i wedi gwerthu'r fflat a'i bethau i gyd, a hel fy mhac i Ddyffryn Tipî i 'smygu pot a byw gyda chwech o ddynion eraill.

Roedd e am i mi addo peidio â fflyrtio gyda dynion eraill, yfed yn wyllt nag aros mas tan berfeddion. Roedd y llygaid—sydd siŵr o fod yn llygadu bêbs y coleg ers pythefnos—yn ddau emrallt o genfigen. Wrth gwrs, 'wrthodais i. Wedyn, ges i 'nghyhuddo o fod eisiau hel dynion eraill. Fel ffŵl dd'wedais i bod gen i fawr o ddewis. Ar hyn o bryd, does gen i'm dyn o gwbl.

Cerdyn Post 1

Hia, bêbs!

Mynd yn honco bost yn Shagaluf. Mae'n dinboeth 'ma. Yn ddyn-boeth! A sa i'n sôn am y tywydd. Mae'n 82°C ac ry'n ni'n diferu o chwys a Sbaniards. Gwely erbyn codiad haul, codi ar ôl cinio.

Heb gael pip o liw haul ond yn cael parti o amser da. Yr amseroedd da a'r Sangria'n llifo.

Wedi gweld sawl golygfa drawiadol—Carlos, Jacos a Menos. Peidiwch trafferthu chwilio amdanyn nhw mewn Atlas.

Hasta la vista!

Ler a Cats

Cerdyn Post 2

Annwyl Mam-gu a Dat-cu,

Mwynhau ein hunain ym Magaluf—ond yn meddwl llawer amdanoch.

Mae'r gwesty'n lân a chysurus a'r bwyd o ansawdd da. Mae'n sobor o boeth 'ma—82°C. Ond ry'n ni'n cadw mas o lygaid yr haul canol dydd ac yn gwisgo digon o hylif croen o dan ein crysau llewys hir. Ac ry'n ni'n gwneud yn siŵr ein bod ni'n yfed digon.

Mae'r Sbaenwyr yn bobl gyfeillgar iawn ac ry'n ni wedi gwneud llawer o ffrindiau newydd a dysgu nifer o arferion lleol diddorol.

Cadw draw oddi wrth gyffuriau—yn wahanol i chi, Dat-cu,

Cariad a chofion,

Catrin ac Eleri

Cerdyn Post 3

Annwyl Rhian Haf a DD,

Ie, dyma fi! Ym Magaluf! Mae'r haul yn gwenu—yn wahanol i chi DD—y pwll yn adfywio a'r Sangria'n llifo. Wedi ymlacio'n llwyr ac yn teimlo fel person newydd. (Ond peidiwch â dweud gair wrth Simon.)

Un o fanteision gweithio ar eich liwt eich hun yw eich bod chi'n gallu mynd ar wyliau pryd bynnag ry'ch chi'n dymuno. Wy wedi cael bargen munud ola go iawn—yn anffodus yn ystod eich cyfnod prysura chi.

Gweithio'n galed ar gael lliw haul. Fy unig

uchelgais am yr wythnos yw mwynhau. Sdim gair gan y Sbaenwyr am '*deadline*'.

Bydd yn rhaid i chi gael yr hanes i gyd rhyw amser cinio—ydych chi'n dal i gael y rheini?

Yn gywir,

Catrin

Cerdyn Post 4

Simon, fy anwylyd,

Mwynhau yn eitha ym Magaluf. Nid yw pelydrau'r haul ar fy nghroen mor gynnes â dy fwythau a dy gusanau di. Gweld dy eisiau yn ofnadwy. Yr unig gysur yw'r golygfeydd godidog a'r haul tanbaid.

Ler wedi fy llusgo i ambell glwb nos. Wel, mae yn ffrind i mi. Wy'n ofalus iawn i beidio â siarad â neb gwrywaidd nac edrych fel y byddwn i'n croesawu eu cwmni. Y fodrwy ddyweddïo yn darian effeithiol yn erbyn Sbaenwyr seimllyd—nid eu bod nhw'n fy llygadu i.

Boddi'r boen o hiraethu amdanat ti mewn Sangria—ond heb fynd dros ben llestri.

Cyfri'r diwrnodau nes dy weld di.

Cariad a chwtsh,

Dy fythol ffyddlon Cats

Cerdyn Post 5

Annwyl Mam,

Ler a finnau'n mwynhau'r gwyliau'n fawr. Gwerth pob ceiniog o dy arian di. Ond, er y miri—ry'n ni'n cymryd pob gofal.

Gewn ni ddim sunstrôc. Gwisgo digon o ffactor pump a deugain yn yr haul tanbaid ac yfed galwyni o donic lleol y mae'r ddwy ohonom wedi ffeindio'n fuddiol iawn.

Ry'n ni wedi gwneud llawer o ffrindiau newydd —heb fod yn or-gyfeillgar. Ry'n ni'n cofio am ein magwraeth bob munud. Ry'n ni'n mynd yn ddwy i bob man—hyd yn oed i'r tŷ bach—ac yn ein gwelyau ymhell cyn deuddeg.

Bwyta'n rheolaidd a chael digon o gwsg. Edrych 'mlaen i ddod yn ôl i realiti a dechrau ar bennod newydd. Ni all dyn fyw ar jolihoetian yn unig.

Heb gael cyfle i wisgo'r gardigan eto ond fel dd'wedaist ti, mae'n bosib y bydd hi'n oer ar yr awyren ar y ffordd 'nôl.

Cofion,

Dy barchus ferch

Catrin Helen

Cerdyn Post 6

Annwyl Nia a Nia,

Maga-shaga-luf yn mega! Joio mas draw! Yr unig beth i amharu ar ein mwynhad yw meddwl amdanoch chi yng nghanol y sŵn plant di-baid yn y stafell ddosbarth.

Mae'n gymaint o drueni na chewch chi ddim gwyliau tan hanner tymor. Mae 'na fargeinion mawr i'w cael o gymryd gwyliau amser ysgol. Mae'n dinboeth o dwym 'ma—fentrwn ni eu bod chi'ch dwy mewn teits gaea a chardigan.

Y dynion yn hynci a sbynci a hollol gorjys. Ein

gobaith yw dod yn ôl yn wyn fel eira. Ry'n ni'n byw a bod yn y bar a'r gwely.

Dim golwg o gwricwlwm cenedlaethol na thargedau cyrhaeddiad ond yn dal i chwilio—yn y llefydd mwya annisgwyl.

Hwyl a sbri,
Cats a Ler

Cerdyn Post 7
Annwyl Wncwl Barry ac Anti Helen,

Mwynhau ein hunain yn fawr ond heb wneud dim fyddai'n achosi gofid i Mam nac yn dwyn gwarth ar enwau ein teuluoedd. Gwneud yn fawr o'r cyfle yma i ymlacio a hel meddyliau adeiladol. Byddwn ni'n dwy'n dychwelyd yn ffres ac yn barod i edrych tuag at y dyfodol mewn ffordd ddeinamig.

Wedi cael llawer o brofiadau newydd—gan gynnwys dod yn filiynwyr dros nos. Wedi dod i ddeall yr arian lleol erbyn hyn. Cadw fy arian yn ddiogel yn y pwrs ar wregys ges i fenthyg gennych. Wedi dilyn eich cyngor. Pe bai'n dod i'r gwaetha, mae'r sieciau teithio yn sêff y gwesty.

Cofion,
Catrin Jones ac Eleri Williams

Llun y 19eg
Knackered.

Mawrth yr 20fed

Mae'n arwydd o wyliau da os oes angen tri diwrnod arnoch i ddadflino. Doedd dim disgwyl i mi godi ar yr ail ddiwrnod. Ond ganodd y ffôn. Rhag ofn mai Simon oedd yn ffonio i ymddiheuro, llusgais fy hun oddi ar y gwely a chodi'r derbynnydd. Mam.

'Byddai'n neis neud rhwbeth nos Iau,' meddai.

'Iawn,' meddwn i. Welwn i ddim byd yn od yn hyn. Ro'n i'n hanner cysgu.

'Beth wyt ti'n feddwl fyddai'n briodol?' gofynnodd.

'Lan i ti,' meddwn i. Oedd hi'n treial fy nala i mas?

'Ro'n i'n meddwl am swper yn y tŷ. Jyst ti, fi, Mam-gu a Dat-cu. Sdim isie hala trwy'r nos yn ein dagre ond sa i'n credu ein bod ni moyn bod yng nghanol sŵn pobol chwaith.'

Hitiodd fi fel trên ar gefn roced. Nos Iau fyddai pen-blwydd Dad.

Gwener y 23ain

Dyna'r parti pen-blwydd rhyfedda i mi fod ynddo erioed.

Mae hynny'n cynnwys pen-blwydd Ler yn wyth oed pan ddiweddodd y ddwy ohonon ni yn adran frys y 'sbyty ar ôl llyncu llond potel o asbrins. Ro'n ni'n meddwl mai da-da oedden nhw. Wrth gwrs, do'n ni ddim wedi eu bwyta nhw go iawn. Gafon ni anhawster mawr yn llacio'r caead diogel rhag plant a chydag un plwc da aeth yr asbrins yn drybowndian dros bob man. Ond pan ffeindiodd mami Ler ei merch yn dal y botel wag roedd hi'n gandryll. Feiddien ni ddim agor ein cegau i esbonio ac erbyn i ni gyrraedd y 'sbyty roedd arnom ni gymaint o ofn ei chega roedd y ddwy ohonon ni'n llefain y glaw. Ro'n nhw ar fin hwpo'r tiwb i lawr fy nghorn gwddf pan ffoniodd mam-gu Ler i ddweud ei bod hi wedi ffeindio'r asbrins yn garped o dan y soffa.

Ond dyma'r parti pen-blwydd rhyfedda fûm i ynddo erioed. Dim parti. Dim pen-blwydd i'w ddathlu. Dim sôn am y prif westai. Pwy glywodd erioed am ben-blwydd heb gardiau nac anrhegion? Doedd Mam, chwaith, fawr o help yn rhoi rhywun yn ysbryd y dathlu. Gwisgai ddu, o'r bluen yn ei gwallt i'r rhubanau crêp ar ei sgidiau. Ro'n i'n gwisgo gwyn—yn ôl Ler, y lliw gorau i ddangos lliw haul.

'So ti'n frown iawn!' meddai Mam.

'Sa i moyn marw o felanomas diolch yn fowr,' meddwn i'n siort. Mae'n amlwg bod angen mwy o'r hylif lliw haul.

Dyfrhaodd ei llygaid fel petawn i wedi ei bwrw. Ymddiheurais trwy roi'r anrheg gwyliau iddi—bag lledr a phlât tseina. Y funud nesa, roedd Mam-gu wedi ymddangos o rywle. Yn ei hast, fuodd bron iddi gwympo dros ei stiletos *sling-back* a chofleidiodd ynddo i fel boa constrictor.

'Hia, cariad fach. Croeso'n ôl. Sdim lot o liw 'not ti. Beth yw hwnna? Handbag! Ble mae'r sombrero?' gwaeddodd ar dop ei llais ac yna sibrwd yr un mor uchel, 'Oes rhagor o Cinzano?'

Swper o dwrci, tatws a grefi. Cinio Nadolig cynta'r flwyddyn, yn ôl Mam-gu. Ypsetiodd hynny

Mam. Fwytaodd pawb llond eu boliau—er gwaetha gwendid Dat-cu a honiadau Mam-gu bod ei stumog mor wan mai dim ond bwyd plaen mae'n gallu ei dreulio. Mae'n rhaid mai'r diffyg sbectol ac effaith y Cinzano wnaeth iddi gymryd dwy lwyaid o'r picl cyri a garlleg a thywallt hufen dwbl, fesul galwn, dros y pwdin siocled a sinsir.

'Un fach 'to,' meddai gan amneidio arna i i lenwi ei gwydryn, gyda gwin coch y tro hwn.

'Chi 'di ca'l eitha digon, weden i,' meddai Mam.

'Ie, Lilian. Pwyll piau hi,' meddai Dat-cu.

'Wy'n dathlu,' meddai Mam-gu.

Edrychodd pawb arni'n stond.

'Fuon ni i weld yr arbenigwr heddi. Yr *ornithologist.*'

'Osteotegydd, Lilian,' meddai Dat-cu.

'Peth bach ifanc. Menyw 'fyd. Ond neis iawn. Bydd Dad yn cael *radion therapy* cyn Nadolig.'

'Radio-therapi, Lilian.'

'Jiw, beth sy'n bod 'na i heno?'

Hanner potel o win a chwarter o Cinzano?

'Mae 'na obeth,' meddai'r Parch. 'Dewch i ni gofio am un sy tu hwnt i iachawdwriaeth y byd hwn.'

Pipodd Mam a finnau ar ein gilydd yn slei a rholio ein llygaid.

'Hywyr bach! Sdim isie ypseto pawb!' meddai Mam-gu.

'Na, Lilian, mae ond yn iawn ein bod ni'n cofio amdano ar yr awr hon. 'Na pam ry'n ni 'ma, ondefe?'

Chwarddodd Mam-gu mewn ffalseto.

'Glou, 'te. Sdim isie bod trwy'r dydd ambytu 'ddi,' meddai Mam.

Cliriodd Dat-cu ei wddw'n swnllyd,

'Roy Jones. Cofiwn amdanat ti ar yr achlysur hwn. Er nad wyt ti yma mewn corff, rwyt ti yma mewn ysbryd ac yn gyson yn ein meddyliau a'n gweddïau ni. Mab annwyl, gŵr cariadus a thad serchus i Catrin. Gŵr addfwyn, hynaws, clust i wrando, yn gefn ac yn arweinydd mewn dyddiau stormus. Byddi di gyda ni oll o'r awr hon hyd fyth. Yn oes oesoedd. Amen.'

Blin. Mên. Digyfaddawd. Penstiff. Gallai hwnna fod yn deyrnged i Joni Jones, 3 Stryd Unman, Tre Rhywle-Rhywle. Nid fy nhad oedd y dyn oedd newydd gael ei ddyrchafu'n sant. Llosgai'r gynddaredd y tu mewn i mi fel glöyn caled. Snwffiai Mam-gu wrth fy ochr, yn sychu'r dagrau ag unig gornel glân ei serfiet. Llowciai Mam ei gwin, ei llygaid yn bell.

'Ar ei ben!' bloeddiodd.

Sychais fy llygaid gwlyb yn gyflym, cyn i neb sylwi. Ddim hanner digon cyflym. Rhoddodd Mam ei braich amdana i a chwympodd y dagrau'n dew a throchi fy mochau fel dwy raeadr.

Yn y gegin, ro'n ni'r gwragedd yn cymoni ar ôl swper. Roedd Mam yn gwneud ei gorau glas i gadw Mam-gu rhag y llestri llithrig.

'Newyddion da am Dat-cu,' meddai Mam-gu yn chwifio lliain sychu llestri a hofran yn beryglus o agos at y Denbigh.

'Ma' 'da fe rywbeth i edrych 'mla'n ato nawr,' meddai Mam.

250

''Sen i ddim moyn 'ddo fe farw cyn Dolig. Fydden i'n cofio 'nny bob blwyddyn wedyn.'

Dy'ch chi ddim yn anghofio. Dim ots pa adeg o'r flwyddyn mae rhywun yn marw. Maen nhw yno o hyd. Yn enwedig pan ry'ch chi ar eich pen eich hun yn y fflat ar noson ddiflas o aeaf ac mae ofn arnoch bigo'ch trwyn rhag ofn i rywun eich gweld.

Sadwrn y 24ain

Panig nos Sul cyn yr arholiad Daearyddiaeth. Dros y ffôn ry'ch chi'n dangos eich gwybodaeth o gamlesi dwyrain yr Alban, pan fo'ch ffrind gorau yn tynnu eich sylw at bwnc y prawf—mynyddoedd De America. Gwaeth byth, mae swotio nawr yn golygu colli *London's Burning*!

Deg o'r gloch fore dydd Llun bydda i'n cofrestru ar y cwrs busnes. Ie, bore dydd Llun sy'n dod. Does gen i ddim pen ac ynddo inc na llyfr nodiadau â dalen lân na chasyn pensel nad yw yn blastr o enwau bechgyn a chalonnau tila. Yr ateb? Ewch yn syth i WH Smiths. Peidiwch â phasio '*Go*'. Peidiwch â chasglu £200.

Sêl ar ôl sêl haf a chyn sêl ar ôl Dolig yn WH Smiths. Tair ffeil am bris dau. Can tudalen ychwanegol o bapur am ddim. Dechrau addawol!

Llun y 26ain

Y peth gorau am y diwrnod cynta o unrhyw beth yw sdim disgwyl i chi wneud dim. O ysgol i'r gwaith, mae'r rheol yr un peth. Mae'n gyfnod newydd sbon. Mae angen amser i gyfarwyddo a dysgu. Does dim disgwyl i chi wneud yffach o ddim.

Ro'n i wedi anghofio bod dysgu yn gallu bod mor gyffrous. Y fantais fawr sydd gen i nawr yw 'mod i yn yr ysgol o ddewis. Wy am ddysgu. Wy felly'n gwrando ac yn gwneud nodiadau mewn llawysgrifen daclus yn lle syllu i'r pellafion yn breuddwydio am ryw.

Synnwn i ddim os mai fi fydd myfyriwr mwya cydwybodol y dosbarth i gyd. Bydd y cywion bach eraill yn rhy brysur ar y galifant i wneud gripsyn o waith.

Braf arnyn nhw, weda i.

Mawrth y 27ain

Ro'n i'n meddwl mai cwrs llawn amser oedd hwn. D'wedwch chi beth fynnwch chi, yn fy llyfr i, so deg darlith yr wythnos a phrynhawniau Mercher a Gwener rhydd, yn amser llawn. Fentra i, yn yr achos yma, y byddai Dad yn cytuno cant a chant â mi. Mwy o amser i dreulio yn y llyfrgell. Cadw ar ben y gwaith. Bydd dim panics gwyllt, wedyn, cyn cyflwyno traethodau neu eistedd arholiadau.

Amser am ddiddordebau allgyrsiol. Gwneud adduned i ddarllen yr holl glasuron y dylwn i fod wedi eu darllen pan sefais i fy ngradd Saesneg. Gallaf wneud argraff ar bawb gyda fy ngwybodaeth drylwyr a helaeth o lenyddiaeth yr iaith fain. Ble i ddechrau? Llyfrau ym mhob man. Beth am 'A' am Austen? Jane Austen. Welais i *Pride and Prejudice* ar y teli. Joio! . . . Austen wedi ei fenthyg. Bodloni ar 'A' am Archer. Jeffrey Archer a chlasur arall llên fodern, *Kane and Abel.* Yn ôl Mam-gu, dyma'r llyfr gorau iddi ei ddarllen erioed.

Mercher yr 28ain

Meddwl busnes ar fy mhrynhawn ffwrdd. Dechrau darllen *Marketing for Success* gan DB Brains— Beibl busnes am gadw llyfrau, llif arian, cynllunio a gwerthu. Wedi darllen dwy dudalen. Wel, mae'n rhaid dechrau yn rhywle. Dim amser i ddarllen mwy. Troi o'r bennod ar 'Lif arian' am eiliad, jyst i ddarllen paragraff gynta Jeffrey Archer. Llwyddo i gwpla'r nofel gyfan mewn un eisteddiad.

Iau y 29ain

Menyw â nyth cacwn am ei phen a gŵn hyd ei thraed yn fy stopio ar y staer.

'Heia, Catrin!' meddai fel hen ffrind. 'Dw i'n ffrindiau mawr efo dy Wncwl Barry. Wel, allai'm coelio. Dw i'n dy gofio di mewn clytiau. On'd wyt ti'n llond dy groen? 'Swn i ddim 'di dy nabod ond rwyt ti'r un ffunud â dy dad.'

Beth gythraul oedd yn gwneud iddi feddwl y byddai dweud hynny'n ein gwneud ni'n ffrindiau? Oedolion! Dy'n nhw ddim yn gweld bod siarad am eich magu chi fel babi yn eich llenwi ag embaras a chasineb. Wy'n anghofio weithiau 'mod i'n oedolyn. Fydda i fyth y math yna o oedolyn!

Gwener y 30ain

Wedi blino'n swps. Rhoi'r bai ar yrru lan a lawr y draffordd. Gwrthod y syniad 'mod i ffaelu ymdopi â bod yn fyfyriwr rhan amser.

Sadwrn yr 31ain

9.30am. Pan ddihunais i bore 'ma roedd rhywbeth yn fy mlino. Rhyw chwannen o broblem, rhy fychan o dipyn i fy ymennydd naw o'r gloch, blinedig ei adnabod.

Ond roedd e yno. Hyd yn oed wrth i mi fferetian o dan y gwely am fy slipers ac wedyn wrth anelu llond ceg o ddŵr a phast ar anghenfil o bry cop yn y sinc. Roedd pob un synhwyrydd trwy fy nghorff naw stôn (wel, heb fy nillad. Peth cynta'n y bore) yn fy rhybuddio i olchi'r wên hunanfoddhaus yna oddi ar fy ngwep. Roedd gen i achos i boeni.

Cynnau'r teledu. Yn absenoldeb Simon Tucker— a dyn o unrhyw fath—wy wedi symud y teledu mewn i'r stafell wely'n gwmni. Fe fyddai Simon yn gwrthwynebu hyn yn ddygn. (Ond yna, petai Simon Tucker yma i wrthwynebu, fyddai dim angen y bocs lluniau.) Os oes gennych chi egni i wylio teledu, meddai Simon, mae gennych chi egni i garu. Yn absenoldeb dyn, mae cyfleoedd i garu mor brin â charafanwyr sych ar faes yr Eisteddfod. Sa i ddigon despret eto i fuddsoddi mewn fibrator.

A dyna fe. Y peth oedd yn fy mhoeni yn fy nharo'n glatsh fel bricsen yn taro gên. Simon Tucker. A bod yn fanwl gywir, absenoldeb Simon Tucker.

Yn fy mlinder ôl-Magaluf, cyffro dechrau'n Coleg a chynnwrf pen-blwydd nad-oedd-yn-ben-blwydd Dad, do'n i heb gael munud i sylwi nad oedd ST wedi ffonio. Heb sôn am deimlo'n grac am y peth. Ond nawr ro'n i'n berwi. Nid yn unig roedd stêm yn dod o fy nghlustiau, roedd e'n codi'n gymylau trwchus o bob croendwll ar fy nghroen. Sut allai'r pwrsyn bach fod mor galon galed ag anghofio amdana i mewn chwinciad amrant llygoden? Sdim cythraul o ots 'da fi pa mor brysur yw bywyd glasfyfyriwr. Ddylwn i—ei ddyweddi—ddod yn gynta, ail a thrydydd.

10.00am. Wrth gwrs, mae'n bosib bod Sims wedi treial ffonio ond heb gael ateb. Dyna syniad ar gyfer anrheg Nadolig. Peiriant ateb! Byddai Simon Tucker da-i-ddim, cynhyrchwyr teledu pwysig gan gynnwys Steven Spielberg a fy nghariad nesa, y seren ffilm Brad Pitt, yn gallu gadael negeseuon di-ri i mi tra 'mod i mas yn joio.

Omegod. Yr arwydd cynta o Dachwedd. Wy wedi dechrau llunio fy rhestr anrhegion Dolig.

Heb beiriant ateb, does dim ffordd o wybod a ydi Sims wedi ffonio ai peidio. Efallai ei fod wedi treial droeon ac yn tynnu ei wallt yn glympiau o ffaelu cael ateb. Fydda i fyth yn gwybod. Oni bai am 1471. Hip hip hwrê am dechnoleg fodern! . . .

Hmm. Sa i'n nabod neb gyda'r rhif 223 407. Wrth gwrs, mae gen i lawer iawn o ffrindiau. Mae'n amhosib cofio rhif pob un. Un ffordd o ffeindio mas. Ffonio nhw'n ôl . . .

Doedd dim angen bod mor bigog, Mr Rhif Anghywir. Cofiwch mai chi ffoniodd fi gynta.

Dim galwadau ffôn trwy'r dydd. Nid fy mod i'n cyfrif. Wy llawer yn rhy brysur. Miloedd ar filoedd o bethau i'w gwneud. Os yw Simon Tucker yn meddwl am funud 'mod i'n mynd i'w gwrso, mae'n mynd i gael andros o siom.

Addunedu i fyth, bythoedd eto roi dynion cyn ffrindiau.

TACHWEDD
Tân Gwyllt

Sul y 1af

Difaru mynd mas gyda Ler neithiwr. Difaru mynd mas o gwbl. Mae gen i dafod sy'n teimlo fel wal hen danc dŵr poeth a stumog sy'n troi fel peiriant golchi. Sut yn y byd alla i wynebu cwrw'r dafarn?

Yn waeth na hynny, mae Ler yn fy hala i'n gacwn! Fel ei gariad, mae'n ddyletswydd arna i i esgusodi diffygion Simon. Nid esgusodi, wrth gwrs, ond gweld ei safbwynt e. Ac fel ei gariad, mae gen i bob hawl i dynnu sylw at un neu ddau o'i feiau ac i'w alw wrth ambell enw sarhaus. Fel fy ffrind, swyddogaeth Ler yw esgusodi'r esgusodion a meddwl am ragor o resymau rhesymol i gyfiawnhau ei ymddygiad. Hyn i gyd er mwyn i mi allu cytuno â hi, teimlo bod dyfodol i fi a ST wedi'r cwbl, a bod yn hapus unwaith eto. Nid yw'n rhan o'i disgrifiad swydd i gytuno â mi yng nghanol fy mhryderon ac ychwanegu at fy ngofidiau trwy brocio fy nychymyg gyda syniadau hurt.

'Se fe'n poeni taten amdana i fyse fe wedi ffono,' meddwn i.

'Y peth lleia alle fe 'i neud, weden i,' meddai hi.

'Wrth gwrs, falle ei fod e wedi treial ffono,' meddwn i.

'So fe 'di treial yn galed iawn, 'te. So fe fel se rhyw fywyd cymdeithasol anhygoel 'da ti a dy fod ti byth gatre,' meddai hi.

'Wy'n fyfyriwr fy hun. Mae siŵr o fod lot o waith 'da fe. Falle'i fod e wedi bod yn fishi.'

'Ac ma' siŵr o fod ddigon o bêbs deunaw oed yn cynnig helpu. Fishi? Wir!'

Un diwrnod, Ler, byddi di'n ffeindio rhywun sy'n llwyddo i gadw dy ddiddordeb di'n fwy na dwy ddêt, byddi di'n cwympo dros dy ben a dy glustiau mewn cariad. Yna, fe ddaw fy niwrnod i. Bydd y dial yn felys iawn.

Llun yr 2il

Ro'n i'n llythrennol hanner ffordd mas trwy'r drws. Roedd fy ffolder yn fy llaw chwith a fy mag Kookai—trendi iawn, ond rhy fach i ddal y ffolder—yn fy llaw dde. Fe ganodd y ffôn. Byddwn wedi gadael iddo ganu hefyd. Ond beth os mai Brad oedd yna neu Steven Spielberg? Gadewais y ffeil a'r bag yn yr unfan a rasio at y ffôn cyn iddo dewi.

'Helô,' meddwn i'n anadlu'n ddwfn fel ecstra mewn ffilm bornograffig.

'Helô, Catrin,' meddai'r llais stiff fel cardfwrdd.

'O helô,' meddwn i yn methu celu'r siom.

'Mae gen i newyddion da,' meddai LA Lis. Y tro cynta iddi hi. 'Mae gen i'r gwaith papur o fy 'mlaen. Dewch mewn wythnos 'ma i lofnodi, a 'da bach o lwc bydd yr arian yn eich cyfrif banc chi wythnos nesa.'

Saethodd yr adrenalin trwy fy nghorff, fel tân gwyllt yn poeri fflamau i bob cyfeiriad.

Er gwaetha fy ymdrechion i ganolbwyntio ar fy

ngwaith—mae llif ariannol yn ddiddorol dros ben, wir yr!—wy'n ddwl bost o gyffrous. Deg mis ac un diwrnod yn ddiweddarach wy'n mynd i fod yn gyfoethog. Gallaf siopa bwyd ym Marks, prynu Clinique yn lle Body Shop heb deimlo'n euog a mynd i Next i brynu yn lle edrych. Am ennyd, anghofiais bopeth am ST. Ydi bod yn llawen eich calon yn bwysicach nag yn hapus eich poced?

Ffonio Dat-cu i ddymuno'n dda iddo gyda'r sgan. Mam-gu'n gobeithio cael amser i ddechrau siopa Dolig. Allech chi feddwl ei bod hi'n porthi'r pum mil gydag aur, thus a myrr.

Fy mysedd yn hofran uwchben y rhifau. Wel, tra 'mod i ar y ffôn . . . Ac mae gen i reswm go iawn dros ei ffonio. Newyddion da sy'n effeithio nid yn unig arna i ond arno yntau. Mae ganddo hawl i wybod.

Ond, y peth diwetha ddylwn i ei wneud yw dal fy ngafael fel rhyw lysywen. Yn enwedig os yw e'n rhannu ei wely â rhyw hoeden oedran ysgol. Byddai'n well gen i roi'r argraff 'mod i'n rhy brysur i sylwi nad yw ST wedi ffonio. Simon? O, ie. Ro'n i'n arfer ei nabod.

Ymddiswyddo o fy ngwaith yn y dafarn.

Mawrth y 3ydd
Sa i'n gwybod pam mae'r ymennydd yn gorfod bod mor gydwybodol. Co fe 'to, yn mynnu cofrestru pob newid bach yng nghuriadau arferol y galon. Os nad yw e'n ffonio? Wfft iddo fe! Colled pwy? Ei golled e. Wy'n haeddu can mil gwell. Alla i'u cael nhw

hefyd, yn ddigon hawdd. Wy'n ifanc (cymharol), deniadol (sa i'n hyll!) yn beniog (gweddol—ac yn barod iawn i ddysgu) ac yn gwmni da (yn yr hwyliau iawn).

Shit! Ffôn!! Omegod, omegod, omegod. Hylô-ô! O. Mam-gu. Chi sy 'na. Nag o'n. Neb. Nag o'n. Dim. Shwt a'th pethe heddi? O . . . o, na . . . o, na . . . mae'n flin gen i . . . ry'ch chi siŵr o fod yn siomedig iawn.

Ar ôl y dreif hir i'r 'sbyty roedd Dat-cu'n rhy wan i fynd â Mam-gu rownd y siopau. Fuodd hi'n gaeth yn y coridor am deirawr tra bod y Parch yn datgelu ei organau i lygaid y sgan. Yn y coridor, roedd hi'n ddrafftlyd ac yn oer. Ac mae Mam-gu'n siŵr ei bod wedi dal annwyd. Roedd y bwyd yn eitha yn y cantîn.

Dat-cu? Mae e'n esmwyth ond yn flinedig. Fe gafodd ginio. Pwdin a thri phaned o de yn y 'sbyty. Mae e ond wedi cyfogi ddwywaith hyd yn hyn.

Ry'n ni'n disgwyl canlyniadau'r sgan o fewn deg diwrnod.

Pam so ti'n ffonio?!

Mercher y 4ydd

Yn ystod ei fywyd, faint o weithiau mae dyn yn sgrifennu ei enw? Yn amlach na heb, mae'n weithred bwysig, arwyddocaol. Ar ben papur arholiad i ddangos eiddo pwy yw'r fath anwybodaeth, i hawlio perchnogaeth neu i ddilysu cerdyn er mwyn talu am nwyddau. Catrin Helen Jones. Tri gair bach sy'n diffinio pwy ydw i. Heddiw, maen nhw'n mynd i newid fy mywyd am byth.

'Diolch, Catrin. Fe ddylai'r arian gyrraedd eich cyfrif o fewn rhyw wythnos. Dwy ar y mwya.'

Gorweddai ei gwallt yn unffurf a sgleiniog uwch ei 'sgwyddau. Ro'n i'n difaru 'mod i heb olchi fy mwng innau. Saethai'r blew yn gnotiau caled i bob cyfeiriad. Cribodd y cudynnau â bysedd ei llaw ac mewn ymdrech i edrych yr un mor soffistigedig gwnes innau'r un peth. Gwridais hyd fonau fy nghlustiau pan fu'n rhaid i mi gael ei help i ddatgymalu'r gwelltynau oddi ar fy modrwy ddyweddïo.

'Diolch am eich help. Gyda bach o lwc fydd dim angen yr arian arna i am sbel,' meddwn i gan wenu i ddangos 'mod i ond hanner o ddifri. Ar ôl ennyd, fe wenodd hithau'n ôl.

'Ry'ch chi siŵr o glywed wrtha i cyn diwedd y mis. Pan ddaw'r bil.'

'Gobeithio y bydd yr ugain mil 'ma'n ddigon i'w dalu!' meddwn i.

Wel, ry'ch chi'n darllen storïau ysgeler am bobl yn cael eu gorfodi i werthu eu tai i dalu am filiau cyfreithwyr. Y tro hwn, wenodd hi ddim. Ro'n i'n crafu 'mhen am rywbeth call i'w ddweud. Wy'n teimlo ein bod ni wedi rhannu cymaint dros y misoedd diwetha, fyddai hi ond yn deg nodi hynny.

'Wel, rhag ofn na fyddwn ni'n gweld ein gilydd, Nadolig Llawen.'

Wy dal yn methu credu 'mod i wedi dweud hynny. Tachwedd yw hi, er mwyn Duw. Mae'n swyddogol. Er gwaetha pob ymdrech, wy'n raddol troi mewn i Mam-gu.

Addunedu i ddefnyddio cyfran o'r arian i brynu anrhegion Dolig gwerth chweil i bawb sydd wedi bod yn gefn i mi—Mam-gu, y Parch, Simon Tucker a Ler, a'r rhai sydd wedi fy ngwrthwynebu—Mam. Gweler y wers ysgol Sul am droi'r foch arall.

9.00pm. Mae ond yn iawn i mi rannu'r newyddion da gyda Simon. Beth bynnag yw fy nheimladau personol amdano, mae'n ddyletswydd arna i i drosglwyddo'r wybodaeth iddo.

Canodd ffôn y neuadd fel alarch unig yn galw ei gymar ar lyn anghysbell.

Cofiais ei bod hi'n nos Fercher. Yn y Neuadd, roedd hi'n sesh ganol wythnos. Y sesh ar ôl sesh nos Fawrth a chyn sesh nos Iau a dechrau'r penwythnos. Fyddai yffach o neb yno. Ro'n i ar fin gosod y derbynnydd yn ôl yn ei grud pan dewodd y canu.

Gym'rodd hi eiliad i mi sylweddoli bod y canu wedi troi'n "helô, helô". Fe atebwyd fy ngalwad gan yr unig un ar ôl yn y neuadd: Efengyl. Ta beth, so fe'n nabod ST'n bersonol ond mae wedi addo rhoi neges o dan ei ddrws. Mae e'n siŵr o ffonio nawr.

1.00am. Wrth gwrs, sdim disgwyl iddo ffonio heno. Mae e'n siŵr o fod yn meddwl 'mod i wedi hen fynd i 'ngwely.

Iau y 5ed

11.00pm. Wel, os yw e'n meddwl 'mod i'n mynd i'w ffonio e . . . Fe fyddai ganddo fwy o obaith dechrau ffatri cynhyrchu dŵr potel yng nghanol yr anialwch.

Gwener y 6ed

8.00pm. 'Pam so fe 'di ffono?' gofynnais i Mam.
   Pam sa i'n dysgu cau fy ngheg.
   'Dynion. Jawled, pob un o'n nhw!'
   'Ar wahân i Dad a Dat-cu, wrth gwrs.'
   'O ie, ar wahân iddyn nhw! . . . Wrth gwrs, mae'n bosib ei fod e'n disgwl i ti ffonio 'to. O'dd dim byd yn y nodyn i weud 'tho fe am dy ffonio di.'
   'Ti'n meddwl bod 'nny'n bosib?'
   'Mae'n bosib.'

9.00pm. Wrth gwrs ei fod e'n bosib! Mae'n fwy na phosib. Mae'n amlwg! Y funud hon, mae Simon Tucker siŵr o fod yn ei stafell yn cerdded yn ôl a 'mlaen ar hyd y coridor ffôn, mewn gwewyr yn holi, pam? pam? pam so Catrin yn ffonio'n ôl? O, Simon, maddau i fi. Weithiau, wy'n hen ffŵl dwl!

9.05pm. Wrth gwrs laddai e mo'r diawl i fy ffonio i!

Sadwrn y 7fed

Ro'n i yn fy ngwely yn gwylio *Live and Kicking* ac yn profi'r hen ddihareb—so chi fyth yn rhy hen i wylio rhaglenni plant. Yn ystod y cartwnau, ro'n i hefyd yn ystyried cwestiynau dwys bywyd fel, pam so ST wedi ffonio? Yn sydyn, glywais i allwedd yn troi yn y clo. Am eiliad, ro'n i'n argyhoeddedig 'mod i am gael fy llofruddio yn fy ngwely—ar ôl cael fy arteithio am ddeg awr a fy nhreisio gan giang o ddynion boliog, salw. Yna, calliais. O ble roedd y giang o lofruddwyr, treiswyr ac arteithwyr wedi cael allwedd y drws?

'Hia!' gwichiais fel llygoden, gan anghofio fy adduned i chwarae'n cŵl.

Tynnais fy ngŵn nos, sy'n blastr o staenau te, tynnu fy sbectol a chribo fy ngwallt â'm bysedd. Tynnais siôn cwsg o fy llygaid a chwythu yn erbyn fy llaw i arogli fy anadl. Ych! Gobeithio na fydd e moyn rhyw. Do'n i heb eillio fy ngheseiliau na fy nghoesau ers pythefnos.

Ro'n i wedi anghofio dyn mor olygus oedd Simon Tucker. Mae ei lygaid glas yn pefrio fel dwy em a'r wên ddireidus yn mynnu gwên yn ôl. Roedd y llygaid yr un peth. Dim ond y wên oedd ar goll.

'Dishgwl ar fy ngolwg i,' meddwn i. Tactegau gwael iawn yw tynnu sylw at eich gwendidau. Mae'n bosib na fyddai wedi sylwi nad oeddwn i'n edrych fel siwpyrmodel—yn ôl fy arfer—petawn i heb ddweud dim. Wedi'r cwbl, dyn yw e. Roedd Simon wedi newid. Edrychai mor wyn â'r galchen. Roedd lindysyn o flewiach coch ar ei ên ac roedd wedi bod yn cysgu yn ei ddillad ers dechrau'r tymor. Doedd dim angen i mi boeni am fy anadl. Roedd e'n drewi fel ffatri gwrw a nicotîn.

Ro'n i'n gwenu fel giât serch fy ymdrechion i ymddangos yn ddi-hid.

'Sa i 'di ca'l lot o amser i siafo,' meddai Simon gan anwesu ei ên.

'Mae e'n goch iawn,' meddwn i.

'*Strawberry blonde*,' meddai e.

'I pwy ma'r rheina?' gofynnais gan sylwi ar y Milk Tray yn ei law.

'O, ie. Co ti.'

'Fy ffefryn! Diolch, cariad. Wy wirioneddol yn gwerthfawrogi'r rhain!'

Ro'n i'n gobeithio y byddai canmoliaeth yn hwb iddo fod yn fwy rhamantus yn y dyfodol.

'Alwes i am betrol. Ro'n nhw ar *special offer* yn y siop.'

Fentrais i gusan. So pobl sydd mewn cariad go iawn yn sylwi ar anadl drewllyd . . .

Mae e'n cysgu. Druan. Sdim gwahaniaeth. Digon o amser i mi eillio, cael bath a golchi fy ngwallt a smwddio trowsus a thop du. Wy'n edrych yn eitha tenau ynddyn nhw ac mae gen i beth lliw haul ar ôl. Digon o amser am un jin fach i ymlacio.

Dy'n ni ddim yn mynd mas. Tec-awê. Cyfle i ddal lan. Eisoes wedi ffonio Ler i esbonio.

'O odw, Cats, dyall yn iawn. Wy'n gwbod yn net ble ma' dy flaenoriaethe di.'

Sul yr 8fed

Ar fy mhen fy hun. Rhy ypset. Hanes eto.

Llun y 9fed

Dyma'r ddeiet orau fuais i arni erioed. Anghofiwch

am bils slimo, grawnwin ac wyau neu ryseitiau llawn ffibr. Rhowch gynnig ar y ddeiet hon. 'Mae'r dyn ry'ch chi'n ei garu wedi gadael.' Fydd pob tamaid yn troi arnoch chi. Hyd yn oed siocled.

Wy ffaelu credu'r peth. Wy wedi dweud hynny droeon yn fy mhen. Ond mae'n werth ei ddweud eto. Sa i'n credu'r peth. Roedd popeth yn mynd fel wats. Fuon ni'n cloncan am hanner awr dda am fywyd yn y Coleg a finnau'n ochneidio a chwerthin yn frwdfrydig yn y mannau iawn i gyd—hyd yn oed trwy'r holl nosweithiau meddw, y ffrindiau newydd a'r hyn roedd e'n ei ddisgrifio fel 'amser gorau ei fywyd'.

Dros hanner ffordd trwy'r ail botel o win ac roedd e'n dal heb ofyn am fy ngwyliau na dweud gair am y cwrs busnes. Ro'n i'n treial bod yn amyneddgar. Byddai digon o amser i hynny.

'Fyddi di'n falch o gael sbel fach ar ôl yr holl gyffro,' meddwn i.

'Sa i'n aros. Wy'n chwarae pêl-droed i'r Coleg prynhawn fory,' meddai e.

'Ond sa i 'di gweld ti ers wthnose,' meddwn i'n teimlo llaw yn gafael yn fy nghalon a'i wasgu'n galed mewn dwrn.

'Ddes i'n ôl achos ma' 'da fi rwbeth i'w weud.'

'O'dd lot 'da ti i'w weud. Ni 'di bod yn cloncan ers orie!'

'*You don't understand!* Wy 'di newid.'

'Wrth gwrs 'nny. Mae'n ddechre cyfnod newydd i ti.'

'Gad i fi gwpla. Ma' hyn yn ddigon caled fel mae . . . Mae'r wthnose dwetha 'ma, maen nhw 'di bod yn *brilliant*! Wy 'di bod yn byw bywyd *to the max*—gweitho'n galed, joio'n galed. Do'n i ddim yn gwbod bod shwt fywyd i ga'l. Y peth yw, Cats, wy moyn sbês i allu joio. Wedyn, wy'n credu mai'r peth gore i'r ddou 'non ni fyse cwpla. Wy'n gwbod nage 'ma beth wyt ti moyn clywed. Ond mae'n flin 'da fi, *that's how I feel*.'

Ar ôl tipyn, yr unig beth ro'n i'n ei glywed oedd 'blah, blah, blah' i gyfeiliant ei enau'n agor a chau. Byddai'n cael help Jake a Sandy i dalu'r rhent tan y byddwn i mewn sefyllfa i'w dalu fy hun ac roedd hynny i fod yn gysur. Mae'r newydd wedi fy nharo fel tunnell o frics. Tu mewn, roedd yna bâr o ddwylo'n gwasgu fy ymysgaroedd. Roedd e'n boenus.

Dechreuais i lefain, wrth gwrs. Ro'n i ffaelu stopio. Yn lle rhoi ei fraich amdanaf fe gynigiodd Simon bicio mas am Indian er mwyn i mi gael llonydd. Eisteddodd y ddau 'non ni fel dwy ddelw, fe'n gwylio fideo a finnau'n treial tewi'r dagrau rhag amharu ar y teli.

Cynigiodd e gysgu yn y stafell sbâr. Cyn i mi ddringo i 'ngwely, fe dynnais i'r thong lycra sy'n diflannu lan fy nhin a gwisgo hen bâr o flwmyrs cyffordddus ges i gan Mam-gu.

Allen ni fyth wynebu Coleg. Byddai Dad yn gynddeiriog.

Mawrth y 10fed
Coleg heddiw. Diwrnod o berfformio. Bore 'ma, do'n i ddim yn gwybod sut ro'n i'n mynd i fynd

trwy'r dydd heb gwympo'n bishys. Mae wedi bod yn gêm rhyngdda i a gweddill y byd. Golchais y dagrau peth cynta'n y bore (pam mae'r dagrau mor barod yn y bore?) yn nŵr cynnes y sinc a choluro masg dros fy emosiynau.

Wy'n siŵr i mi roi sioe a hanner. Gwenu fel giât ar bawb a phopeth mewn ymgais i wneud ffrindiau, dweud ambell 'helô' serchog wrth wynebau cyfarwydd a hoelio fy sylw ar bwnc y dydd—'y berthynas rhwng cyflenwad a galw yn y farchnad le'. Twyllais i bob un. Sa i'n dymuno twyllo fy hun. Cyn gynted ag agorais i ddrws y fflat, fe deimlais i'r gwacter i fy mêr a llifodd y dagrau.

Cwestiynau i ofyn i ST:

Pa hawl sydd gen ti i 'ngadael i?

Pa hawl sydd gen ti i chwarae â mi trwy ddweud dy fod yn fy ngharu ac yna newid dy feddwl glatsh?

Pa hawl sydd gen ti i wneud ymrwymiad hirdymor (y fodrwy a'r fflat) ac wedyn troi dy gefn ar y cwbl?

Pa hawl sydd gen ti i wastraffu blwyddyn gyfan o fy mywyd?

Pa hawl sydd gen ti i racso fy mywyd yn jibidêrs?

Eisteddais yn y tŷ gwydr â'r drws ynghlo rhag ofn bod Mam a Siani fach y pentre yn fy nghlywed i'n udo. Rhwng chwarae di-glem Siani a fy meichio i, roedd hi'n gôr cathod go-iawn.

'Beth sy'n bod?' gofynnodd Mam yn dyner. Fe ddaeth y dagrau eto.

'Popeth. Ma' Simon a finne 'di cwpla.'

'. . . O, Cats!'

'Mae e 'di 'ngadel i, Mam! Mae e moyn bod yn rhydd i joio a tanco a mercheta . . .'

'Y cythrel bach hunanol! Ti'n haeddu deg gwaith yn well! Wy wastad 'di meddwl 'nny!'

Yn naturiol, roedd Mam yn ypset o fy ngweld yn y fath gyflwr. Ond roedd ganddi un cysur mawr— hi oedd yn iawn.

Mercher yr 11eg

Fel pe na bai gen i ddigon o ofidiau. Maen nhw newydd osod ein gwaith cartre cynta. Y teitl? 'Cymharwch a gwrthgyferbynnwch rymoedd y Farchnad mewn Busnes Masnachol a Phreifat yn Nwyrain Siapan gan gynnig esiamplau.'

Nawr, wy'n wirioneddol yn teimlo fel petawn i'n ôl ym myd addysg.

Meddyg da yw amser. A'i gynorthwyydd yn y feddygfa yw cadw'n brysur. Byddai'r dewr yn gweld hyn fel cyfle i ddangos ei fetel i'r byd trwy gyflwyno'r traethawd gorau mae'r Coleg erioed wedi ei ddarllen.

Cloriau'r llyfrau ymchwil yn teimlo'n rhy drwm i'w hagor. Mae'n bwrw glaw. Mynd i'r gwely i swatio.

Pwy sy'n mynd i ofalu am y biniau? Pwy sy'n mynd i roi'r silff deledu, sydd heb erioed fod mas o'r bocs, ar y wal? Pwy sy'n mynd i osod y polyn llenni yn y lownj? Aaah! Pwy sy'n mynd i dorri'r gwair? Lwcus ar y naw mai concrit yw'r lawnt!

Wy'n mynd i'r bath i eillio fy nghoesau. Arhosa di Simon Tucker nes weli di fy nghariad nesa.

Penderfynu peidio ag eillio. Wy'n mynd i dyfu fy ngwallt yn goedwig o ddüwch.

Iau y 12fed

Mae yna bethau da i'w dweud dros dorri dyweddïad:

1. Ry'ch chi'n cael cydymdeimlad parod o bob cyfeiriad—Dat-cu, Ler a Mam. Hyd yn oed o gyfeiriadau annisgwyl—Sandy Tucker, mam y priodfab.

2. Bydd yna un anrheg yn llai i'w brynu Dolig hyn. O ganlyniad, bydd yna fwy i'w wario ar fi fy hun. Wy'n haeddu trît.

3. Mae pethau'n saff o newid er gwell nawr. Ges i lythyr pwysig heddiw. Cwmni teledu TifiTv yn cynnig cyfle'r ganrif i mi. Swydd rhedwr. Cytundeb tri mis. Omegod. Allwn i gymryd fy nghamau cynta i'r cyfryngau! Dechrau newydd i ST ac i mi. Wy'n mynd i fod yn seren deledu! Wel, tu ôl y llenni i ddechrau.

4. Wy'n cael gwylio beth wy moyn ar y bocs. *Blind Date*, *Brookside*, *Pobol y Cwm* a'r ffilm ramantaidd yna ar BBC2—er bod *Big Match Live* ar BBC1.

5. Does neb yn eich dihuno am dri o'r gloch y bore am fod ganddo ysfa. Hynny yw, am ei fod wedi bod yn breuddwydio am dorri lawr yn yr anialwch tinboeth a dwy flonden, fronnog yn dod i'r adwy.

Gwener y 13eg

'A beth am y cwrs busnes a'r siop?'

Jyst fel Mam i arllwys dŵr dros fy nghynlluniau gyda rhesymeg oer.

'Fe allai hyn fod yn gam gynta at yrfa ddisglair.'

'Mae'n fwy tebygol o fod yn gam gwag. Gadael coleg er mwyn tri mis o waith? Beth wedyn? Allet ti fod 'nôl ar y clwt glatsh. Byddi di wedi colli dy gyfle i fod yn wraig fusnes am flwyddyn arall. Ac i beth? I wneud te i bobol sy'n meddwl eu bod nhw'n bwysig. 'Styria! Cyn i ti dowlu popeth i'r gwynt.'

Ar ôl yr araith, un gic arall.

'Wrth gwrs, os wyt ti am strywo dy fywyd unweth eto, mae lan i ti.'

Ailchwaraeais fy fersiwn i o'r sgwrs.

'O mae hynna'n ffantastig cariad! Llongyfarchiade. Byddi di'n cwrdd â'r sêr i gyd yn y partïon a'r *premières* a'r *galas*. Cofia fi at Richard Gere a Mel Gibson. Fydd pobol fel'na ymhlith dy ffrindie gore. O, a beth ambytu'r un bach 'na, ti'n lico. Yr un â'r gwallt melyn.'

'Brad Pitt. A so fe'n fach.'

'Pum mlynedd i heddi, byddi di'n cyfarwyddo clasuron y ganrif. Ble wyt ti'n mynd i roi dy Oscar cynta di?'

Efallai y galla i ofyn i Steven Spielberg.

Sadwrn y 14eg

Dim lot o chwant mynd mas. Teimlo'n euog am beidio â dechrau ar y traethawd er bod y prynhawn yn ymestyn yn llinyn hir ac yn wag fel ogof. 'Cymharwch a gwrthgyferbynnwch rymoedd y Farchnad mewn Busnes Masnachol a Phreifat yn Nwyrain Siapan gan gynnig esiamplau.'

Mae Ler yn mynnu 'mod i'n dod mas heno hyd yn oed os bydd yn rhaid iddi fy llusgo gerfydd fy nghlustiau. Un diwrnod, wy'n mynd i fagu gwreiddiau yn y soffa 'ma. Ffeindiais i un o sanau brwnt Simon i lawr cefn y soffa. Fe ddaeth â dŵr i'r llygaid ond dim pellach. Mae'n rhaid 'mod i'n gwella.

'Cymharwch a gwrthgyferbynnwch rymoedd y Farchnad mewn Busnes Masnachol a Phreifat yn Nwyrain Siapan gan gynnig esiamplau.'

'Mae arian yn nwydd sylfaenol cwbl angen-rheidiol. Hebddo fydden ni ddim yn medru prynu bwyd i'n cynnal. Ond nid yw'n nwydd dymunol ym mhob achos. Yn fy achos i, mae fy nyth wedi ei blufio â phlu aur ond alla i ddim bostian amdano— er 'mod i'n dymuno sgrechian o'r to 'mod i'n gyfoethog. Ni fyddai hynny'n weddus o gofio na fyddwn i yn y ddrysfa yma petai fy nhad yn fyw. Mae'r boen o'i golli i fod yn fwy na'r pleser o'r etifeddiaeth fydd yn dod i'm rhan.

Mae e, wrth gwrs. Wrth gwrs, ei fod.'

Sul y 15fed
Neithiwr oedd fy noson mas gynta fel menyw sengl. Mae'n wyrthiol 'mod i wedi llwyddo i godi o gwbl bore 'ma. Do'n i methu cysgu chwaith. Ers yr oriau mân, mae dril yn taranu yn fy mhen.

Roedd Ler wedi fy ngwahardd rhag syllu'n freuddwydiol ar gyplau'n lapswchan nac i gyfeirio at 'ddyddiau da' fy mherthynas i â Simon. Roedd wedi rhoi caniatâd i mi gyfeirio at Simon fel 'y bastard' ac i ffeindio pishyn go handi er mwyn ymuno â'r cyplau'n lapswchan.

'Wedais i ddim byd tra bo chi gyda'ch gilydd, ond nawr eich bod chi wedi cwpla mae'n oreit i fi weud,' meddai Ler. 'Wnes i rio'd lico Simon!'

Wrth gwrs, doedd hyn ddim yn sioc i mi o gwbl. Ro'n i'n gwybod ei bod hi'n casáu Simon o'r funud gynta 'na pan ddaliodd hi ni'n cusanu yn y stafell folchi ym mharti tŷ Nia—i ddathlu ei swydd ddysgu gynta a'i cham cynta i fyd golchi nicers brwnt yn y feithrin.

'Fel ffrind da, wedes i ddim gair ond o'n i wastad yn meddwl y gallet ti neud yn well na 'na . . .'

'O, cytuno! Mae wastad ciw anferth o ddynion yn gofyn i fi am ddêt!' atebais i'n siarp.

'Ma' digon yn gofyn. Ti sy'n gwrthod.'

'Marcie llawn am dreial codi 'nghalon i ond fentra i fod dim un enw go-iawn 'da ti i gefnogi'r honiade gwyllt 'ma.'

Ro'n ni wedi claddu pedwar Hooch yr un erbyn hyn.

'Gwilym Parry Evans,' meddai Ler yn fuddugoliaethus.

'Gwilym Parry Evans. Mae hynny i fod yn gysur? Yr unig enw alli di gynnig yw rhyw hanner dyn gyda digon o sbots i ddechre epidemic a thrwch o wallt â digon o saim i lenwi ffreipan tships!'

'Llewelyn Owen.'

'Ha! Ar blaned ffantasi yn unig. So Llewelyn Owen erio'd 'di fy ffansïo i.'

'Gewn ni weld. Ofynnwn ni iddo fe nawr . . . LLEWELYN!'

Gwaeddodd yn groch at y bwrdd nesa ond dau ble roedd Llewelyn yn cloncan â'i fêts pêl-droed. Ro'n i am ei heglu hi o'na ond ro'n i wedi fy sowldro i'r sedd gan ofn. Glynwn i'r unig gysur fel mantra, 'fyse hi ddim, 'fyse hi ddim.

'Llewelyn, on'd yw e'n wir dy fod ti'n ffansïo Catrin Helen ers ysgol fowr . . .'

Roedd y cryts yn eu dyblau a wy'n siŵr i mi glywed un yn gweiddi, 'Ishte fan hyn am funud cariad a ffindi 'di mas yn gwmws faint ma' fe'n dy ffansïo di.'

Dd'wedodd Llewelyn ddim gair, dim ond gwenu.

'Wedes i!' meddai Ler.

'Ti 'di codi cwilydd ar y peth bach—heb sôn amdana i!'

'Wadodd e ddim, do fe, Cats?'

Mae'n iawn, wadodd e ddim. Mae e'n olygus 'fyd. Ac yn ogleuo'n neis. Sylwais i hynny wrth i ni ddawnsio gên yng ngên yn y Metro nes 'mla'n.

'Trueni 'fyd, ambytu Cheryl Birdlock,' meddai Ler.

'Pwy yffach yw Cheryl Birdlock?'

'Ti'n cofio. Ysgol fach. *Pony tail* ar dop ei phen a thlyse yn ei chlustie'n ddigon mowr i alw "chi" arnon nhw. Ta beth, maen nhw'n caru'n dynn.'

Fel wy wedi dysgu yn ystod y bythefnos

ddiwetha, so hynny'n golygu yffach o ddim i ddynion!

Llun yr 16eg

Talu fy nyledion am oferedd nos Sadwrn trwy ymweld â Mam-gu a Dat-cu. Jest mewn pryd i glywed hanes y sgan. Llun am lun, heb anghofio'r canlyniad a gafwyd heddiw dros y ffôn.

Roedd hi'n hanes awr o hyd. Roedd fersiwn Mam-gu rhywbeth fel hyn . . .

'Gyrhaeddon ni. O'dd hi siŵr o fod rhywbeth fel, wel, beth wedech chi o'dd hi? Ga'th Dat-cu fynd ar un o'r pethe 'na. Beth y'ch chi'n eu galw nhw? Wedyn ddaethon nhw i hwnna fe . . .'

Saib mawr ac yna sgrech o chwerthin.

'Wel, y jiw jiw, beth sy'n bod 'na i?'

Ac i dorri stori hir, ddiflas, heb ben na chynffon i un frawddeg fer, mae'r Parch yn dechrau triniaeth radio-therapi ddiwedd y mis.

Er ei ffydd gadarn yn Nuw, does gan y Parch ddim ffydd o fath yng nghynrychiolwyr meddygol Duw ar y ddaear. Mae arno ofn.

Gododd e ddim heddiw a so fe wedi bwyta dim byd ond llaeth a bara.

Mae Mam a minnau'n gytûn na ddylwn ei flino gyda'r newydd amdana i a Simon tan y bydd e'n well. Wy'n gorfod cymryd arna i mai'r rheswm dros 'yr olwg wael' sydd arna i—diolch Dat-cu— yw fy mhryder am iechyd Dat-cu.

'Sa i'n gwbod shwt fydd e,' meddai Mam-gu wedyn. Roedd y Parch yn gorffwys yn y gwely a ninnau'n cloncan yn y lownj mewn gwres tebyg i draeth yn y Bahamas.

'O leia, fydd 'da fe rwbeth i ddishgwl 'mla'n 'ddo fe. Bydd e'n lot yn well ar ôl y drinieth, gewch chi weld,' meddwn i.

'Ond ma' fe mor wan â chlwtyn. A'r *radion rays* 'na, ych a fi! Alle fe fod yn ddigon 'ddo fe!'

Mawrth yr 17eg

Rhestr o bethau roedd Simon yn eu gwneud. (Ond na fydd bellach yma i'w gwneud.)

1. Mynd mas â'r biniau.

2. DIY.

(Er, mae'r dril yn y bocs o hyd.)

3. Dyletswyddau stafell wely.

Ystyried rhoi fibrator ar fy rhestr Dolig. Wel, mae rhywun siŵr o holi.

4. Talu biliau.

Dim problem nawr fy mod i'n ariannol annibynnol am y tro cynta ers fy ymddiswyddiad. (Ges i ddim y sac.)

5. Cwtshys a chusys.

Sgwn i a ydi Tedi yn yr atig o hyd?

6. Rhannu problemau.

Diolch byth am Ler, Mam, Mam-gu a llond gwlad o ffrindiau eraill.

7. Rhyddhau tensiynau (*a.k.a.* ffraeo).

Wrth gwrs, mae gen i Mam.

Mae'n dawel iawn heb Simon.

Mae'n rhy dawel.

Mercher y 18fed

Mae'n swyddogol. Wy'n fyfyriwr go-iawn. Hyd yn hyn, ro'n i wedi: Mynd i ddarlithoedd. Colli darlithoedd oherwydd 'mod i'n ffaelu codi. Dechrau traethawd. Gadael traethawd ar ei hanner. Ond do'n i heb fod yn aelod llawn o urdd y myfyrwyr tan i mi fod am fy sesh gynta.

Ro'n i'n nabod ambell un yn ddigon da i ddweud 'helô' a gofyn sut hwyl ro'n nhw'n cael ar eu traethawd, ond dyma'r tro cynta i mi gael fy ngwahodd am beint.

Ro'n i yn y llyfrgell—yn treial ffeindio unrhyw lyfr a'r gair 'arian' ynddo er mwyn fy helpu gyda'r traethawd cwbl amhosib ac annheg. Roedd hi'n amlwg oddi wrth y cyfrifiadur nad fi oedd y cynta. Ar wahân i ddau lyfr da-i-ddim roedd pob dim ar y pwnc eisoes wedi ei fachu.

Wrth gamu mewn i'r twnnel cynta o lyfrau adnabyddais Cari, merch ifanc o'r cwrs. Am embaras! So'r twnelau y pethau lleta weloch chi erioed, a heb fod yn gas so Cari gyda'r teneua. A dweud y gwir, mae'n babell o fenyw sy'n gwneud i mi edrych fel sgimren ag angen pryd da o fwyd.

'Cymharwch a gwrthgyferbynnwch rymoedd y Farchnad mewn Busnes Masnachol a Phreifat yn Nwyrain Siapan gan gynnig esiamplau,' meddai Cari.

Gym'rodd hi eiliad i mi ddeall ac yna dechreuais chwerthin. A dechreuodd Cari chwerthin. Roedd y ddwy ohonon ni'n chwerthin fel petai hi wedi dweud jôc y ganrif, gan bipio ar ein gilydd bob hyn a hyn. Rhag ofn bod y llall wedi callio.

'Sa i 'di dechre,' cyffesais fel croten ysgol.

'Rhy fishi'n joio?' gofynnodd Cari.

'Go brin. Wy'n ofni 'mod i'n colli mas ar yr ochr 'na o bethe. Wy'n byw yng Nghaerfyrddin.'

'Wel dydi hynny ddim yn iawn. Gorfod neud y pethe cas fel blincin traethode heb ddim o'r plesere. Ma' criw 'non ni'n mynd mas i'r Red nos Wener. Wyt ti'n ffansi dod? Gei di aros 'da fi.'

A dyna ni. Mae Catrin 'stiwdant' Jones yn cyfarfod Cari, Heulwen, Medi a llwyth o ferched eraill erbyn saith. Ac ydw, wy'n aros gyda Cari, er nad wy prin yn ei nabod. Mae rhywbeth cyfarwydd yn y wên fawr a'r trwyn ffroenuchel.

Ro'n i'n teimlo ar ben y byd. Gallwn goncro cyfandiroedd. Gallwn sicrhau heddwch yng Ngogledd Iwerddon.

Ro'n i'n teimlo mor falch drosof fy hun, ro'n i wedi cyrraedd Cross Hands cyn i mi gofio 'mod i wedi anghofio'r llyfrau.

Iau y 19eg

Does neb yn mwynhau'r Dolig yn fwy na fi. Unwaith wy yn fy hwyliau, wy'n llawn o ysbryd yr ŵyl yn siopa, cynllunio, pacio ac addurno. Gan gadw'r ochr iawn i'r ffin rhwng y clasurol a bric a brac. Un sniff o fins pei a sip o sieri a wy'n hymian 'Clywch lu'r nef' ac yn edrych faint o'r gloch mae *The Sound of Music* yn y *Radio Times* Nadolig.

Ond! . . . wy'n meddwl y dylid gwahardd yn swyddogol—o dan gosb dienyddiad—ddweud y gair 'Nadolig' ar goedd cyn Rhagfyr y cynta.

Dyna lle oedd y ddwy, mewn darlith Economeg yn clecian fel dau o goblynnod Santa.

'Sa i'n gwbod pryd wy'n mynd i ga'l amser i neud 'yn siopa Dolig.'

Er mwyn dyn! Tachwedd un deg naw yw hi!

'Wy 'di prynu'r cwbl lot! Pob presant!'

A beth yffach y'ch chi'n mynd i'w neud pan ddaw Nadolig go wir? Eistedd ar eich tin yn chwarae gyda'ch tinsel?

Ba, *humbug*!

Gwener yr 20fed

Diwrnod cynta triniaeth y Parch. Cyn anelu pelydrau'r radio-therapi ar y cancr maen nhw'n gorfod gwneud cast o'r rhan berthnasol o'r corff. Cast o ben-ôl y Parch. Sa i'n dymuno i fy nychymyg byw fyfyrio ymhellach ar y pwnc.

Sadwrn yr 21ain

Ych. Sa i fyth yn yfed peints 'to! Sa i moyn gweld lagyr—dim hyd yn oed potel o Bud neu hanner â leim. Yn y Coleg, os nad y'ch chi'n gallu clecio peint ar ei ben a sglaffio pecyn o gracers sych yn bwdin, ry'ch chi'n alien o blaned arall. Clecio dwbl jin a thonic yw'r oll y gall yr hasbîn yma lwyddo i'w wneud. Sa i'n meddwl eu bod nhw'n sylweddoli'r niwed caloriaethol maen nhw'n ei wneud i'w cyrff yn claddu rhes o beints, un ar ôl y llall. Mae yna 250 o galorïau mewn peint. Ar ôl tair blynedd o lowcio fyddan nhw'n lwcus i gael rhywbeth i ffitio yn Evans Outsize. Yn ogystal â Cari, Heulwen a Medi, roedd Gini Mair Môn, y ferch weinidog Dwynwen Puw, Brian o Lundain a Malcolm rhywbeth neu'i gilydd o Taunton yno. Hed-cesys go iawn.

Ar ôl cwpl o beints, ro'n ni i gyd yn tynnu 'mlaen yn grêt—neu fel'na roedd hi'n ymddangos ar ôl cwpl o beints.

'*Ever been to Watford*?' gofynnodd Brian.

'*No, but I've seen it on telly. In Eastenders.*'

Edrychodd arna i fel petai mynydd o bloryn ewynnog yn ffrwydro oddi ar fy nhrwyn.

'Chi fyfyrwyr hŷn yn *past it*,' meddai Gini Mair Môn.

'Ry'n ni'n aeddfetach. Fel caws da.'

Grêt. Nawr byddai Brian yn meddwl 'mod i'n drewi fel slabyn o Gorgonzola.

Rhyfedd. Un sip o'r ddiod gadarn ac yn eich meddwl eich hun ry'ch chi wedi eich trawsnewid yn Ryan yr ail. Mewn gwirionedd, byddech chi ddim yn pasio clyweliad ar gyfer y *Jocars*.

'Beth o't ti'n neud cyn dod i'r coleg 'te, Catrin?' gofynnodd Dwynwen Puw.

'Gweithio i gwmni PR yng Nghaerfyrddin.'

'Pobol ffein?' gofynnodd Cari.

'Nag o'n. Roedd y bòs yn rêl slej diflas. Ond roedd e'n nefoedd i gymharu â'r llall—hen ast fach, hollwybodus.'

'Ma' 'da fi reswm dros ofyn. Mae fy chwaer yn gweithio i gwmni PR yng Nghaerfyrddin.'

'O. Pwy yw dy whar?' Ro'n i'n treial fy ngorau i swnio'n ddidaro.

'Rhian Haf. Fyse hi'n nabod y disgrifiad 'na o'r bòs diflas. Ond bydd rhaid i fi ofyn iddi pwy yw'r ast fach, hollwybodus.'

Ar ôl hynna, ro'n i ond yn agor fy mhen i ddweud 'ie', 'na' ac i gogio chwerthin i fod yn un o'r giang.

Y siarad gwag 'na ddoe yn fy ysbrydoli. Hynny a dihuno bore 'ma i gytgan hysbysebion teganau plant. Prynu fy anrheg Nadolig cynta. I fi fy hun—gyda'r swm nid sylweddol y bydda i'n ei arbed trwy brynu yffach o ddim byd i Simon Tucker. Gweld Sandy yn Tesco. O bell. Rhaid prynu anrheg iddi hi a Jake i ddiolch am y cydymdeimlad.

Mynd i'r banc i checio'r cyfrif. £350.00 yn y coch!

Difaru edrych nawr. Teimlo'n euog am siopa. Amynedd piau.

Sul yr 22ain

'Ar hyd pa lwybrau fydd y cwrs busnes yn dy arwain?' gofynnodd y Parch ar ôl dwy sip o Solpadol. Roedd Mam-gu a minnau'n bwyta'r cig eidion a phwdin treiffl yn y lownj rhag ofn i'r oglau droi arno.

Do'n i heb feddwl am yr ateb tan y funud honno. Dd'wedais i'r peth cynta ddaeth i fy meddwl. Ond cyn gynted ro'n i wedi dweud y geiriau, ro'n i'n gwybod mai dyna ro'n i am ei wneud.

'Wy'n mynd i rentu adeilad gwag yn y dre ac agor siop ddillad.'

Fel fflach o oleuni. Moses a'r berth yn llosgi.

'Fel Super Seconds?' meddai Mam-gu.

'Yffach gols nage!'

Chwarddodd Mam-gu fel petai'n jocan. Ro'n i'n gwybod ei bod hi'n hollol o ddifri.

'Dillad *designer* ar y stryd fawr.'

'Mmm. *Designer*. Ti'n meddwl fydd rhywbeth i ffitio dy fam-gu?'

Gwthiodd y Parch ei fowlen i ben draw'r hambwrdd. Arwydd i Mam-gu godi a hwylio paned. Aeth yn ufudd a gwrthod fy nghynnig i olchi'r llestri.

'Byse dy dad yn falch 'not ti cofia. O'dd e'n meddwl y byd 'not ti.'

'O'dd e?' meddwn i'n bigog.

'Pam ti'n feddwl adawodd e'r arian 'na i ti?'

'Sa i'n gwbod wir! Sa i tamed balchach o'i ga'l e.'

'I sicrhau dy ddyfodol.'

'A beth ambytu dyfodol Mam?'

'O'dd e'n becso y byse Mam yn ailbriodi a byse'r cwbl yn mynd i'r gŵr newydd. Wrth gwrs, o'dd e ddim yn gwbod y byse fe'n marw mor ifanc. O'dd e'n dishgwl byw tan oed yr addewid.'

'Shwt y'ch chi'n gwbod ta beth?'

Galwad arall oddi wrth Dduw siŵr o fod.

'Achos wedodd e wrtha i, bach.'

Gyda hynny daeth Mam-gu i mewn a'r te yn llithro ar yr hambwrdd fel ar lyn o iâ. Neidiais i afael ynddo i arbed y Parch rhag llond côl o ddŵr berwedig.

Llun y 23ain

Fydden i fyth wedi meddwl am y ddau beth law yn llaw. Peth un: Gwireddu breuddwyd Dad amdana i. Peth dau: Gwireddu fy mreuddwydion i. Hynny, trwy fodloni fy ysfa i siopa, siopa, siopa heb wario arian Dad i gyd. (Fyddai hynny wedi ei blesio.) Mae fy nghynlluniau ar gyfer y siop yn dod â'r ddau yn un!

Mae'n anodd canolbwyntio . . .

Fi wrth y cownter talu—cwpwrdd clawr gwydr yn llawn o'r gemwaith diweddara a mwya chwaethus yn y byd i gyd. O fy nghorun i fy sawdl mewn French Connection. Maint wyth. (Wel, fy ffantasi i yw hon.) Yr holl sefyllian yn llosgi calorïau fesul dwsin. O fur i fur, dillad cŵl fel papur wal— Kookai, Diesel, Guess. Ffasiwn yn ffres o *catwalk* Milan, ble ro'n i'n eistedd rhwng Posh a Becks.

Yn byseddu'r dillad mae hufen cymdeithas ifanc, cŵl a bys-ar-byls Caerfyrddin.

O na! Pwy yw'r hen fenyw, du loyw ei gwallt yn y ffrog llewpard a'r stiletos, sydd newydd dynnu arddangosfa o nicers Calvin Klein ar ei phen?

Mam-gu!

Mercher y 25ain

Deuparth gwaith, meddai'r hen ddywediad ac mae benthyg dau lyfr o'r llyfrgell yn gam pwysig ac angenrheidiol yn y frwydr galed i gwblhau'r traethawd cyn y *deadline*. Mae 'na bedwar diwrnod cyfan i fynd. Digon o amser. Os bydda i'n dal heb ei sgrifennu yn oriau mân bore Llun, yna allwch chi fy nghyhuddo o'i adael tan y funud ola.

Mae angen ocsigen ar yr ymennydd iddo allu gweithio'n iawn. Lles y traethawd ac ennill marciau da yw'r unig beth oedd gen i mewn golwg wrth bicio i'r dre. Wnes i ddigwydd pasio Fosters. Hyd yn oed trwy'r cymylau gwyn ar y ffenestri gallwn weld fy hunan yn wraig fusnes mewn berw o gwsmeriaid a dillad *designer*. Byddwn i hyd yn oed yn gwneud argraff ar Dad gyda'r hyn fydda i'n arbed ar ddillad. Fydd ddim rhaid i mi brynu hyd yn oed bâr o sanau, bydda i'n gallu 'benthyg' y cwbl o'r siop!

Sul y 29ain

'Dal 'ma 'te?'

'Odw. Pam?'

'O'n i'n meddwl y byset ti 'di pacio dy fagie a mynd *off* i Hollywood!' meddai Ler.

'Am beth yffach wyt ti'n siarad gweda?' meddwn i.

'Wel y cwmni teledu. O'n i'n siŵr y byse Steven Spielberg wedi cynnig can mil o ddoleri ac *apartment* i ti erbyn hyn!'

Wy'n caru Ler, ond mae'n gallu bod yn hen ast sarcastig.

'Omegod!'

'Beth? Ti 'rio'd 'di anghofio?'

'Cofio dim.'

'Wel, ti 'di piso ar dy dships fan'na gwdgirl.'

Potel o win yn ddiweddarach ac roedd Ler 'di

rhoi ei llwy bren i lawr a finnau wedi maddau iddi am droi'r cawl yn y lle cynta. Roedd cael cwmni Gary Rhys, y bardd, yn help.

'Shwt ma' trefniade'r briodas?' gofynnodd.

'O. So ti 'di clywed? Ma' Simon a finne'n hen newyddion.'

Ro'n i'n siomedig. Ro'n i wedi meddwl mai'r newyddion am fy stad sengl oedd wedi ei ddenu atom yn y lle cynta.

'Mae digon o bysgod yn y môr,' meddai Ler.

'A sêr yn yr awyr,' meddai'r Bardd.

Nesa peth at ennill y Gadair eich hun. Priodi Bardd y Gadair.

Hmm. Priodi Bardd y Gadair.

RHAGFYR
Y Diwedd a'r Dechrau

Mawrth y 1af
Mis Rhagfyr. Omegod. I ble'r aeth blwyddyn gyfan?

Mercher yr 2il
Cyn i'r larwm gael cyfle, ces fy nihuno gan gloch o fath arall. Y ffôn. Mam-gu. Saethais lan yn y gwely. Ro'n i'n effro mewn chwinciad.

'Beth sy'n bod?' gofynnais yn ofni'r ateb.

'Bod? . . . Oooo!'

Chwerthiniad ar yr ochr arall.

'Nage! Dim byd, bach.'

Fi oedd yn ddwl, sbo, yn meddwl bod 'na rywbeth yn bod am ei bod hi'n ffonio cyn saith y bore.

Roedd hi am ddod draw. Record. Roedd wedi cadw mas o'r car am wythnos gyfan.

Trwy lwc, roedd hi wedi bod yn siopa. Roedd pice bach ar y maen yn drwch o fenyn yn newid braf o Weetabix i frecwast. Ac yn dipyn fwy blasus. (Wel, sdim disgwyl i mi slimo a hithau'n Ddolig.)

'Cacenne cartre?' gofynnais.

'Ie,' meddai'n Mam-gu'n chwyddo ei brest fel twrci.

'Bendigedig.'

'Wel, o'n nhw'n eitha rhwydd.'

'Chi 'nath nhw?'

'Wel, nage. Mair y Siop, actiwali.'

Nid y byddai gwraig i weinidog yn camarwain yn fwriadol. Ond . . .

Gwrthodais ei chynnig o bàs i'r dre. Wy wedi bod yn y car gyda hi o'r blaen.

Sadwrn y 5ed

Mae'r Parch wedi dewis ei wythnos i gael radio-therapi. Wythnos ola'r tymor coleg. Mae'n wythnos nodedig am y prinder darlithoedd a'r partïon lu.

Yr hangofyr yn peri i mi chwysu. Nid yr hangofyr alcoholic ond hangofyr yr euogrwydd crefyddol am fy mod wedi crybwyll partïon a salwch Dat-cu yn yr un anadl.

Annwyl Santa,

Anrheg i Catrin Helen—tocyn syth i fflamau uffern. Un ffordd.

Wy'n rhedeg bath. Wy'n drewi fel trempyn sy'n cysgu mewn tomen sbwriel.

Mawrth

Diwedd y darlithoedd. Traethawd mewn. Dim ond diwrnod yn hwyr. Dwi'n angel.

Mercher

Noson Caws a Gwin y Gymdeithas Economeg.

Iau

Parti'r neuadd. Oreit, wy'n gwybod nad wy'n aros mewn neuadd breswyl. Yn swyddogol. Ond . . .

Gwener

Mynd i'r dafarn i drafod smonach y parti. Trafod yn troi'n sesh debyg i noson y parti ei hun.

Yn eu trefn:
Mawrth

Math newydd o fodca ar werth yn yr Undeb. Hanner pris. Ffordd dda o dynnu sylw at ddrinc newydd. Nawr, methu cofio ei enw. Rhaid yfed i anghofio am dafodau aflafar grŵp roc o gryts chweched dosbarth roedd y swyddog adloniant wedi trefnu'n uchafbwynt i'r flwyddyn. Rhaid eu bod nhw'n perthyn. Doedd ganddyn nhw ddim math o dalent gerddorol. Sgwn i a oedden nhw'n gyn-ddisgyblion i Mam?

Mercher

Wy'n aelod llawn o'r Gymdeithas Economeg ers wythnos gynta'r tymor. Hwn oedd fy nghyfarfod cynta. Trodd noson caws a gwin, sych yn yffach o noson dda. Dim caws. Digonedd o win. Cam-ddealltwriaeth rhwng y trefnwyr. Y ddau yn meddwl mai nhw oedd yn prynu'r gwin. Cyffesiad 1: Wyddwn i ddim y gallai Economeg fod mor ddifyr. Cyffesiad 2: Do'n i ddim yn economaidd iawn gyda'r gwin.

Iau

Ar ôl y ddau ragbrawf, y Noson Fawr. Noson dewch â photel. Wedi yfed y poteli cyn cyrraedd y neuadd. Gorfod troi at y punch. Gwell peidio â gofyn am wreiddiau'r punch. Copian gyda myfyriwr

Economeg Ôl-radd. Amseru gwael. Wythnos diwetha oedd angen ei help. Cysgu ar y llawr. I frecwast, dwy bilsen a sip o ddŵr.

Gwener

I'r dafarn i wyntyllu smonach neithiwr. Ailadrodd hanesion yn troi'n ailadrodd y sesiwn.

Moyn cysgu am fis.

Er 'mod i wedi ymlâdd cymaint nes bod angen matsys i gadw fy llygaid ar agor a ffyn i fy nghadw rhag cwympo ar lawr, wy'n mynd i ffonio Ler ynglŷn â threfniadau heno. Mae'n ffrind. Sa i moyn iddi fod fel pysgodyn ar y lan o'm hachos i.

Wel! 'Na'r tro diwetha wy'n gwneud ffafr â honna. Mae hi Madam ishws yn mynd mas, os gwelwch yn dda. Gyda rhywun arall ar wahân i fi, os clywsoch chi erioed shwt beth. Mae 'di treial fy ffonio ond heb gael ateb! Bla, bla . . .

''Da pwy wyt ti'n mynd mas, 'te? Os ga i fod mor hy â gofyn.'

Dim ond ei ffrind gorau dw i.

'O, y, Llew.'

'Llewelyn fi?'

'Sa i'n gwbod pam ti'n ei alw fe'n hynna.'

'Ar blydi dêt?'

'Ie. Pam? Ma' 'da fi hawl i fywyd cymdeithasol 'fyd.'

'Sa i'n gweud llai. Ers pryd ma' hyn yn mynd 'mla'n 'te?'

'Rhyw wthnos.'

'Wedes ti'm byd wrtha i.'

'Sa i 'di dy blydi weld di, odw i?'

Typical! Mae'n rhy styfnig i weld mai hi sydd ar
fai. Gobeithio y gall hi joio heno! Bradwr.

Gwely . . . Methu cysgu. Codi. Sa i'n mynd i
bydru fan hyn am weddill fy oes. Cawod. Gwallt.
Mêc-yp. Dillad. Arian. Mas.

Sul y 6ed

Os do fe 'te. Y person cynta welais i oedd Simon.
(Doedd dim sôn am y pram na'r wejen sy'n ddigon
ifanc i angen pram.)

'Wow!'

Gym'rais i ddim gripsyn o sylw. Do'n i ddim am
wneud ffŵl o fy hun drwy droi a ffeindio nad fi
oedd yr 'wow' o gwbl.

'Wow, *I said!*'

Y tro yma, adnabyddais y llais.

'Ti'n edrych yn ffantastig.'

Trodd y balchder dros dro yn gasineb.

'Odw i? Wy'r un person ag o'n i fis 'nôl. Pan
gwples di 'da fi.'

'*I deserved that.* Galla i brynu drinc i ti?'

Edrychais yn ddwfn i'r ddwy em syfrdanol. Ro'n
i'n toddi fel iâ mewn meicrodon.

'Dim amser. Wy'n cwrdda rhywun. Sa i moyn ei
gadw fe.'

Cliriwch le ar y silff ben tân i'r Oscar. Ro'n i'n
ffantastig. Fel menyw mewn ffilm. Roiais i
berfformiad fy mywyd.

'Ry'ch chi'n ôl 'da'ch gilydd 'te,' meddai Gary'r
Bardd oedd yn digwydd sefyll wrth y bar.

'Gobeth mul,' meddwn i.

Gwenodd, bron fel petai hynny'n newyddion da.

'Cats!' Llais Nia o'r cwmwl o gyrff. Roedd ei bol fel mynydd. Mae'n disgwyl tri o leia!

Pan droais i'n ôl roedd y Bardd wedi mynd.

Mawrth yr 8fed

Marciwch y diwrnod ar eich calendr. Mae'r Parch tam'bach yn well! Fe gododd am awren. Camau babi, ond camau pwysig.

Mercher y 9fed

Damia fe am sbwylio popeth! Yr unig beth sy'n rhoi'r siwgr ar bilsen y gaeaf yw dyfodiad y Nadolig.

Eleni, sa i'n gwybod a fydda i'n gallu mwynhau'r ŵyl. Hyd yn oed os bydda i'n llwyddo i fwynhau, sa i'n gwybod a fydd hawl gen i ddangos hynny. A beth am flwyddyn nesa a'r flwyddyn wedyn? Am ba hyd mae'n weddus galaru ar y diwrnod yna? Am byth?

Ac eto, wy'n gwybod na fyddai Dad am i ni fod yn ddiflas chwaith.

'Beth wyt ti moyn Nadolig—neu o's popeth 'da ti?' gofynnodd Mam.

O, oes. Ma' 'da fi bopeth! Angen clamp o sugnwr llwch i lanhau'r cawl potsh wy wedi ei wneud o fy mywyd. Edrychodd Mam arna i ac am ennyd ro'n i'n meddwl 'mod i'n gweld fflach o emosiwn dieithr. Oedd hi'n difaru?

'Sdim lot o chwant dathlu arna i chwaith. Ond mae'n rhaid gwneud ymdrech, sbo . . .'

'Wel, dere 'mla'n groten! Man a man i ti ga'l rhywbeth ti'n lico neu fydd dim ond rhaid i fi chwilio am y blwmin *receipt*.'

'O, sa i'n gwbod. Cariad. Job. Tad.'

Mam.

'Paid â siarad dwlu!'

'Mae'n wir!'

'Ti mor ddramatig. Yn gwmws yr un peth â dy dad.'

'Ie, wy'n gwbod. Ti'n fy atgoffa i byth a beunydd.'

'Sut ma' pethe 'da'r siop?' meddai'n newid y pwnc, yn gwneud ymdrech i gyfaddawdu am unwaith.

'Shwt wyt ti'n gwbod am y siop?' gofynnais.

'Dat-cu. O leia ma' fe'n siarad â fi.'

'Mae'n *bosib* siarad ag e. So fe'n nido lawr fy ngwddw i. So ni'n dwy 'di cael sgwrs gall ers y blwmin busnes arian 'ma.'

'Arian! Ti'n meddwl bod ots 'da fi am yr arian? O's, ti'n iawn, ma' 'na wal rhyngddon ni. Ond nage'r arian yw'r wal.'

'Sa i'n dyall.'

'Wel ti, ondefe. Ti sydd ffaelu madde i fi.'

'Madde beth?'

'. . . Am bido gadel i ti weud ta-ra wrth dy dad. Ti'n bod yn annheg, ti'n gwbod. Do'n i ddim yn gwbod o'n i. Do'n i ddim yn gwbod na gyrhaedde fe'r 'sbyty. Do'n i ddim yn gwbod ei fod e'n mynd i farw yn y blincin ambiwlans.'

Dyna'r tro cynta i mi ei gweld hi'n llefain ers yr angladd. Rhoiais fy mraich amdani. Teimlai'n stiff fel crys newydd. Gafaelais yn dynn ynddi ac fe doddodd fel clai mewn i 'nghesail i ac udo.

'Pan o'dd e'n gorwedd 'na ar yr hewl, o'dd e'n treial gweud rhwbeth. Stopes i fe. O'n i moyn iddo fe orffwys. Safio'i egni. Achos fi, gath e ddim gweud ei eirie dwetha. O'n i'n treial helpu. Helpu o'n i pan hales i ti'n ôl i'r tŷ 'fyd. Do'n i ddim am i ti 'weld e fel'na. Ro'n i'n treial dy arbed di.'

'*Cer yn ôl i'r ffycin tŷ!*'

Anghofia i fyth. Ro'n i'n sefyll ag un troed ar gerrig mân iard ein tŷ ni a'r llall ar yr heol fawr. Roedd Mam yn ei chwrcwd ar yr heol yn darian rhyngdda i a Dad. Roedd lluniau'n gwibio. Ro'n i'n cymryd popeth mewn ar unwaith. Fel croten fach yn cael cipolwg ar fyd yr oedolion. Roedd hi'n ormod o sioc i mi ddadlau.

Dad! Dim isie mynd i'r tŷ, Mam. Ody Dad yn iawn? Corff ar lawr. Ai gwaed yw hwnna? Y beic yn rhacs. Olion teiars. Heol yn dawel. Cwestiynau'n poenydio. Dagrau'n dallu. Cer yn ôl i'r ffycin tŷ. Troi ar fy sawdl a mynd.

Eistedd yn y stafell aros. Llaw Wncwl Barry ar fy mhen-glin. Teimlo'n braf. Teimlo'n dadol.

Dad wedi ei anafu'n ddrwg. Roedd pethau i'w dweud. Byddai'n rhaid cael nerth i'w dweud. Drws yn agor. Mam. Doedd dim rhaid iddi ddweud gair.

'O'dd, Mam. Mi o'dd 'na bethe fydden i 'di lico'u gweud, o edrych 'nôl. Ond allwn i fyth fod wedi 'gweud nhw pry'nny. Roedd y cwbl yn ormod o sioc.'

'So ti'n beio fi, 'te?' gofynnodd.

'Nagw.'

Dechreuodd wylo eto.

'Caru ti,' meddwn o dan fy anadl.

Os clywodd hi fi, wnaeth hi ddim ymateb.

Iau y 10fed

Roedd Ler wedi ffeindio awren yn ei hamserlen brysur—rhwng codi o'r gwely gyda Llew a mynd am ginio gyda Llew.

'Sa i erio'd wedi gweld neb tebyg iddo yn y gwely.'

Beibl newydd Ler. Os na allwch chi fod yng nghwmni eich cariad, siaradwch yn ddiddiwedd amdano. Byddwch chi bron yn teimlo ei fod yno.

'So ti 'di ca'l lot o gariadon i gymharu, sbo,' meddwn i'n biwis.

'Y peth pwysica iddo fe yw 'mod *i'n* dod. Mae ei bleser e'n eilradd.'

'Wyt ti'n siŵr dy fod ti'n ei droi e 'mla'n ddigon?' gofynnais i.

'Ma' fe ffaelu ca'l digon. Ry'n ni'n caru am orie.'

'Gwna'r mwya ohono fe. Fel'na ma' pob dyn i ddechre. Barith e ddim.'

Ro'n i mor sur â hen ferch. A honno'n wyryf. Wy'n difaru nawr. Ar y pryd, allwn i fod wedi ei thagu. Petawn i'n clywed gair arall am y blydi Llewelyn dauwynebog 'na . . . Roedd yn rhaid gwneud rhywbeth yn glou. Roedd yn rhaid tynnu ei sylw at bwnc newydd.

'Beth gythrel y'n ni'n gwneud fan hyn?' meddai

Ler mewn sioc, wrth ffeindio ei hun gerfydd ei chlust yn yr asiantaeth dai.

'Prynu siop,' meddwn i.

Ar ôl sgwrs gyda neb llai na Rheolwr yr asiantaeth, wy wedi darganfod nad yw Fosters ar werth. Y les yn unig sydd ar werth. Mae'r perchennog yn Tenerife ar wyliau ond mae menyw fusnes y flwyddyn nesa—sef fi—wedi gwneud apwyntiad i'w weld.

'Ti'n gallu ca'l grantie a phethe i ddechre busnes, ti'n gwbod,' meddai Ler.

'Odw, wy'n gwbod.'

Anwybyddodd fi.

'Busnesa yw enw'r asianteth—maen nhw'n rhoi cyngor ar helpu ffindo grantie ac yn rhedeg cyrsie am ddim a phethe fel'na.'

'Ac ers pryd wyt ti'n shwt arbenigwr?'

'O, o'dd Cheryl Birdlock yn arfer gwitho 'na.'

'Cheryl, cariad Llew?'

'*Hen* gariad, Llew.'

'Y ci tawel. Mae e'n newid ei gariadon yn amlach na ma' rhai dynion yn newid eu sane.'

Sul y 13eg
Fy rhestr Nadolig mewn byd delfrydol:

1. Heddwch dros y byd—neu o leia o dan ein to ni i ddechrau.

2. Iechyd i'r Parch.

3. Cariad bytholwyrdd i Ler.

4. Gyrfa lwyddiannus.

5. Gwared dyledion Trydydd Byd.

6. Diwedd ar ryfeloedd ac arbrofi ar anifeiliaid.

7. Diwedd ar gasineb a thrais.

8. Dyfodol i'r iaith.

9. Hapusrwydd.

Fy rhestr Nadolig go-iawn:

1. Bod yn gariad newydd a pherffaith i Brad Pitt.

2. Ffrog ddu o Next i fachu Brad Pitt.

3. Ategolion y fenyw fusnes lwyddiannus—siwt, briffcês, ffôn symudol, ffeiloffacs a phin aur i arwyddo cytundebau pwysig a sieciau mawrion.

Rhestr Nadolig Mam-gu:

1. Steil gwallt newydd.

2. Noson yng nghwmni Ainsley Harriott.

(Bydd hi wrth ei bodd yn cnoi ar ei *vol au vents*.)

3. Blocbystyr newydd Jackie Collins.

4. Llyfr mawr, parchus i guddio blocbystyr newydd Jackie Collins yn ei gesail.

5. O, ac iechyd i'r Parch.

Rhestr Nadolig Mam:

1. *Toyboy*. (Rhyw fersiwn iau o Wncwl Barry fyddai'r delfryd.)

2. Llwyddiant i'w disgyblion piano yn eu harholiadau.

3. Cyfranddaliadau yn Audrey B.

4. Gŵr i'w merch.

(Yn ddelfrydol, doctor neu gyfreithiwr.)

5. Llonydd.

Mawrth y 15fed

'Gredet ti fyth beth mae hi moyn.'

Roedd Mam yn ei dyblau. Siarad am Mam-gu oedd hi. Roedd y chwerthin yn heintus.

'Ofynnes i bore 'ma. Beth alla i ga'l i chi Nadolig? Medde hi, "Wel, 'na beth licen i, 'na beth *really* licen i fyse . . . wig!"'

Chwarddais nes 'mod i mor biws â jam mafon.

'I beth gythrel ma' isie wig 'no ddi. Ma' 'da ddi lond pen o wallt du yn barod!' meddwn i'n dod ataf fy hun.

'A so ddi fyth yn mynd i unman ta beth. Ar wahân i Tesco,' meddai Mam.

'Ti 'di gofyn pa liw? Yffach dân, falle'i bod hi moyn bod yn flonden nawr!'

Iau yr 17eg

Fy nghyfrif yn y coch o hyd. Ffonio LA Lis.

'Yn anorfod mae'r pethau yma'n cymryd yn hirach na'r disgwyl, gwaetha'r modd. Bydd yn rhaid bod yn amyneddgar. Meddyliwch amdano fel anrheg blwyddyn newydd.'

Blwyddyn newydd! Mae'n amlwg nad oes gan hon syniad o'r costau ariannol wy'n wynebu amser Dolig. Fentra i ei bod hi wedi cwpla ei siopa hi i gyd ers canol mis Awst.

Mae'n argyfwng. Mae yna anrhegion i'w prynu, partïon i'w mwynhau, dillad nos i'w bachu o Next.

Hmm.

Gwener y 18fed

Cymryd cip ar y swm yn y cyfrif banc rhag ofn bod LA Lis wedi gwneud camgymeriad. Mae 'na lai o arian na ddoe! Sut?

Sadwrn y 19eg

Mae Ler newydd ffonio. Mae moyn mynd mas heno. Mae'n draddodiadol, mae'n debyg, a hithau'n ddydd Sadwrn cyn y diwrnod dathlu mawr.

Mae pob dilledyn deche o fy eiddo yn y fasged golch brwnt.

Mae llai na chwe diwrnod siopa llawn cyn dydd Nadolig.

Mae'n argyfwng go-iawn! Sdim byd amdani. Help. Mam.

4.30pm. Byddai'n well gen i petai hi'n flin, petai wedi rhoi pregeth go-iawn i mi am beidio rhoi gwell trefn ar fy materion ariannol (fel y byddai Dad wedi ei wneud). Mae'r dôn nawddoglyd 'na'n canu fel cloch yn fy nghlustiau o hyd.

'Beth wyt ti'n dda 'ma? O'n i'n meddwl y byddet ti'n y dre'n siopa.'

Am groeso. Mae'n ddyletswydd ar rieni i fod yn fythol falch i'ch gweld, sdim ots pa mor anghyson neu anghyfleus yw'r ymweliadau.

''Na beth licen i fod *yn* 'neud ond mae un broblem fach,' meddwn i'n llyncu'r bilsen cyn i mi dagu ar y geiriau. 'Wy bach yn brin.'

'Wyt ti nawr,' meddai, fel petai hi'n synnu dim.

Ond ro'n i wedi ymarfer y geiriau ddegau o

weithiau o flaen y drych ac ro'n i'n benderfynol o ddweud fy nweud.

'Wy'n dal i aros am yr arian 'wrth y cyfreithwyr ac ma' lot o goste 'di bod 'da fi'n ddiweddar—y fflat a dechre'n y coleg. Wy'n gwbod 'mod i'n cael rhywfaint o grant ond ma' lot o arian wedi mynd ar deithio'n ôl a 'mla'n i ddarlitho'dd a phrynu llyfre a phethach.'

'Faint wyt ti moyn?' meddai Mam yn ddiamynedd.

'Cant neu ddou. Gei di'r cwbl 'nôl.'

'O, wy'n gwbod 'nny. Gei di dalu fe i gyd gyda'i gilydd—gyda'r arian gwylie. Mae'n mynd i fod yn flwyddyn newydd dda i mi.'

Daeth yn ôl i'r lownj â bwndel trwchus o bapurau a chyfrif dau gant ar ei ben. Roedd hynny'n gyfran fach o'r domen yn ei llaw. Ofynnais i ddim rhagor.

Es i'r dre'n syth i brynu top newydd i godi 'nghalon. Trwy ryw ryfedd wyrth, mae'r top yn llwyddo i wneud i mi edrych yn fronnog tu hwnt.

Sul yr 20fed

Dim nerth i siopa. Digon o amser cyn dydd Iau.

Noson ryfedd neithiwr. Roedd Ler wedi 'anghofio' dweud wrtha i y byddai Llewelyn hefyd yn cadw cwmni i ni. Fe esgusodd y ddau eu bod nhw wedi cael sioc syfrdanol o weld ei gilydd. Mae hynny'n sioc ynddo'i hun a nhwythau'n byw yn yr un dre. Ond yn lle gwahanu ar fyrder i fwynhau noson yng nghwmni eu ffrindiau fe dreulion nhw trwy'r nos yn lapswchan fel dwy lysywen. Wy'n siŵr nad oeddwn i a Simon mor gyfoglyd â'r ddau 'ma.

Aaah, Simon. Dechreuais i yfed fel pysgodyn oedd wedi treulio deugain diwrnod a deugain noson yn yr anialwch, a buan iawn ro'n i'n hiraethu am ST. Ond fe galliais i ar ôl jin mawr a chlonc gyda Ler yn y tai bach. Mae Nadolig wedi ei dargedu at gyplau, meddai Ler, ac mae ond yn naturiol i deimlo gwacter fel tragwyddoldeb os ry'ch chi'n newydd i fod ar eich pen eich hun.

'Wy'n gwbod beth ddylet ti 'neud,' meddai a'i llygaid yn sgleinio'n ddireidus. 'Cusanu'r dyn cynta weli di pan ddei di mas o'r tai bach.'

Chwarddais i'n uchel ond roedd y syniad yn apelio.

'Beth os yw hwnnw'n salw fel pen-ôl asyn?' gofynnais. Petai hynny'n digwydd ro'n i'n bwriadu cymryd arnaf 'mod i heb ei weld.

'Beth os yw e'n olygus fel Brad Pitt? Dere 'mla'n ferch, mae'n Ddolig.'

Petai Ler yn gwybod pwy fyddai'r dyn cynta welais i, sa i'n credu y byddai wedi awgrymu'r ffasiwn her.

Llun yr 21ain

11am. Siopa! Wy'n ddwl bost jest yn meddwl am yr antur gyffrous. Wy'n drefnus iawn. Am unwaith. Wy wedi gwneud rhestr o beth i'w gael i bawb. Bydd hyn yn hwyl! Wy'n dwlu ar Ddolig!

3pm. Blwmin siopa! Mae'n gas 'da fi Nadolig.

Iau y 24ain

Ler wedi mynd mas gyda Llewelyn. Ffoniais i Mam a chynnig dod draw i helpu paratoi ar gyfer fory. Mae pob dim o dan reolaeth, meddai hi. Mae'r llysiau wedi eu glanhau, y twrci wedi ei stwffio a'r pwdin yn dadrewi. Mae wedi cynnig i mi ddod draw'n gynnar bore fory i helpu osod y bwrdd.

Cynigais i ddod draw, ta beth. Mae siŵr o fod yn colli Dad. Os oes 'na un noson nad y'ch chi am ei threulio ar eich pen eich hun, noswyl Nadolig yw honno. (A dydd Nadolig, wrth gwrs. A nos galan.)

Wy'n treulio gormod o amser ar fy mhen fy hun. Wy'n dechrau clywed pethau. Wrth i mi ffarwelio â Mam, wy'n siŵr i mi glywed llais yn y cefndir.

Gwener y 25ain

Wy'n sgrifennu hwn yng ngolau cannwyll. Dim dewis. Mae'r trydan wedi bod i ffwrdd trwy'r dydd.

Ein gwyrth dydd y geni ni oedd bod Dat-cu'n ddigon da i eistedd gyda ni o amgylch y bwrdd. Roedd e'n ddigon da i ofyn am ragor. Roedd e'n ddigon da i sylwi nad oedd 50c yn ei bwdin. Dyna'r unig draddodiad Nadoligaidd roedd Mam wedi ei anghofio. Roedd y trimins eraill yno i gyd—cracers, tanjerîns, cnau, coeden. Popeth ond trydan.

Am dri o'r gloch, ro'n ni wedi rhoi'r gorau i ddisgwyl i'r trydan ddod yn ôl a dechrau gwneud brechdanau o'r twrci. Trwy lwc, gorffennodd hwnnw gwcian rhyw chwarter awr cyn i'r trydan ddiffodd.

O gwmpas y bwrdd, eisteddwn i, Mam, y Parch a Mam-gu—yn ddigon o ryfeddod yn yr het fôr-leidr a'r wig newydd.

'Iechyd,' trawais fy siampên rhad yn erbyn gwin coch Mam, Martini Mam-gu a dŵr y Parch a phlannu fy nannedd mewn brechdan.

Prin bod y darn ola o bwdin wedi diflannu lawr ei gorn gwddf, pan floeddiodd y Parch—'Anrhegion!' Ro'n ni'n glynu at ein harfer flynyddol o rannu'r anrhegion ar ôl cinio. Mam-gu oedd yr unig un fethodd ddisgwyl. Roedd hi wedi mynnu agor parsel y wig ben bore. Ro'n i wedi bod yn ymarfer 'O, hyfryd. Jest beth o'n i isie.' Lwc 'mod i wedi perffeithio'r perfformans.

'Rhywbeth bach i'r fflat,' meddai Mam-gu.

'O! Sosban!'

'A rhywbeth personol.'

Ro'n i'n gweld o'r wên ei bod hi'n falch iawn o'r anrheg yma.

'Sgarff?' gofynnais mewn penbleth go iawn.

'*Snook.*'

Mae'r '*snook*' nesa peth at hosan giangster. Fydd e jest y peth y tro nesa bydda i'n lladrata o fanc.

Llwyddais i gelu fy siom. Roedd Mam-gu'n rhy brysur yn dweud wrth bawb oedd yn fodlon gwrando nad oedd hi'n deall pam ro'n i wedi prynu llyfrau Jackie Collins ac Ainsley Harriott iddi—a hynny er ei bod eisoes yn pori trwy'r ddau. Roedd y Parch yn rhy brysur yn darllen *Esboniadau'r Beibl* tra'n gwrando ar dâp *Goreuon Dechrau Canu, Dechrau Canmol* ar ei stereo personol.

Wrth i Mam a finnau gyfnewid diolchiadau—

hithau am benwythnos mewn fferm iechyd a finnau am ffrog fach, ddu hynod o secsi a drud o Next— canodd y gloch. Yno, roedd Wncwl Barry ag anrheg i'r teulu. Bisgedi, meddwn i wrthyf fy hun, gan lygadu'r bocs wedi ei lapio'n hardd.

'Barry! O, mae'n hyfryd!' meddai Mam yn agor y bocs siâp bisgedi a thynnu gŵn sidan oddi yno, heb pip o embaras.

'Martini?' gofynnodd Mam-gu, yn sugno'n swnllyd ar ei phedwerydd gwydraid ac yn sglaffio'i degfed Milk Tray.

'Brenda, so ti 'di'n cyflwyno ni. Pwy yw'r ferch ifanc 'ma fan hyn?' Toddodd Mam-gu'n swp o chwerthin wrth glywed y weniaith rad. Collodd ei gafael ar y Martini ac yn ei chyffro i'w fachu cyn iddo lanio ar y carped Persian, cwympodd yr het— a'r wig—oddi ar ei phen.

Sadwrn y 26ain

Sa i'n bwriadu codi bore 'ma. Wy gartre o hyd. Do'n i ddim mewn stad i yrru adre neithiwr. Hefyd, mae'r Parch a Mam-gu yma o hyd. Petai Mam-gu wedi treial mynd 'nôl neithiwr, fyddai gwaeth siâp nag arfer ar ei gyrru.

Sosej rôl a llond dwrn o siocledi Roses i frecwast. Bwriadu cael tanjerîn yn nes 'mlaen er mwyn y fitamin C.

Dyma'r peth gorau am Ddolig. Mae'n amser i ddiogi heb deimlo'n euog. Mae'r wlad gyfan yn diogi.

Adre heno. Syth i'r gwely i sglaffio gweddill y

Roses a photel o win. Glanio fyny'n swp o ddagrau ar ôl gwylio'r ffilm *Terms of Endearment* am y degfed tro a hynny tra 'mod i wedi meddwi ar win. Camgymeriad. Camgymeriad ola'r flwyddyn?

Mawrth y 29ain
Bwriadu segura am dridiau. Dihunwch fi Nos Galan.

Iau y 31ain
Wy newydd adael Mam, Mam-gu a'r Parch yn gwylio *Dechrau Canu, Dechrau Canmol* yn y lownj tra 'mod i'n cwpla pincio. Mae 'na un ymwelydd arall. Gafodd Mam 'syrpreis' pan gyrhaeddodd Wncwl Barry a hynny 'yn gwbl ddirybudd'. Roiodd e glamp o gusan iddi, hefyd! Wy'n gwybod ei bod hi'n dymor gŵyl ond roedd hi braidd yn hwyr am gusan Dolig a tham'bach yn gynnar am gusan blwyddyn newydd.

Calan. Cyfnod cyffrous. Cyfle i ddechrau o'r newydd. Dalen lân. Ac esgus gwych i yfed gormod a chusanu dynion golygus ry'ch chi prin yn eu nabod.

Cloch y drws eto. I fi fydd e'r tro hwn.

Os bydda i'n ddigon sobor, gewch chi'r hanes i gyd fory . . .